U0830007

大学新生入学导读

主　编　韩继锋

副主编　徐秋萍　张旭锋

编　委　瑞　祥　张卫燕　姜媛媛　王晶晶
许凤凤　李宇聪　何小红　曹佳慧
余　红　赵云云　徐　泽

中国纺织出版社有限公司

内 容 提 要

《大学新生入学导读》一书旨在帮助大学生适应校园生活，理解校园文化，并为学习生活和职业规划提供指导。本书内容详尽、全面，设有认知篇、学习篇、生活篇、安全篇和规范篇五个篇章，涵盖校园文化、学生守则、学习指导、生活辅导、职业引导等多个方面。根据大学生的实际需求提供科学、全面、实用、具体的指导和建议，帮助大学生提升自我管理能力、独立生活能力，快速地适应校园学习和生活，让他们更好地掌握专业知识和技能，了解就业市场和职业发展方向，为未来的职业发展做好准备。

图书在版编目（CIP）数据

大学新生入学导读 / 韩继锋主编；徐秋萍，张旭锋副主编 .-- 北京：中国纺织出版社有限公司，2024.8.
ISBN 978-7-5229-2064-1

Ⅰ. G645.5

中国国家版本馆 CIP 数据核字第 2024KE3295 号

责任编辑：顾文卓　向连英　　责任校对：高　涵　　责任印制：储志伟

中国纺织出版社有限公司出版发行
地址：北京市朝阳区百子湾东里 A407 号楼　邮政编码：100124
销售电话：010—67004422　传真：010—87155801
http://www.c-textilep.com
中国纺织出版社天猫旗舰店
官方微博 http://weibo.com/2119887771
三河市双升印务有限公司印刷　各地新华书店经销
2024 年 8 月第 1 版第 1 次印刷
开本：787 × 1092　1/16　印张：17.5
字数：340 千字　定价：48.00 元

凡购本书，如有缺页、倒页、脱页，由本社图书营销中心调换

致新生的一封信

亲爱的同学们：

欢迎你们加入南昌工学院！这将是一段充满期待与挑战的旅程，同时是人生的一个重要转折点，它标志着你们从青涩的学子逐渐成长为能够独立思考、自主选择的个体。在这个新起点上，我们将一起探讨如何树立正确的人生观、世界观和价值观，为未来的人生道路奠定坚实的基础。《大学新生入学导读》作为你们在这段旅程中的第一本入学指南，旨在为你们提供宝贵的建议和实用的指导，帮助你们更好地适应大学生活，实现个人成长与梦想。该入学导读可以帮助你们更好地适应校园生活、理解校园文化，并为你们的学习、生活和未来职业发展提供方向。具体包括以下六个方面的内容：

（1）学校概况：介绍了学校的历史、发展、地理位置、校园设施等基本情况，让新生对学校有一个全面的了解，以校为荣，爱国爱校，成就辉煌人生。

（2）校园文化：介绍了学校的校训、校徽、校风等文化元素，以及学校的优良传统和特色活动，让新生能够尽快融入校园文化，帮助新生开拓视野，为未来发展奠定更好的基础。

（3）学生手册：包括学生行为规范、课堂纪律、考试规则、奖惩、资助、综合素质测评等，帮助新生了解学校的规章制度，规范自己的行为，做到守纪律、讲规矩。

（4）学习指导：提供学习方法、学习技巧、选课指导等，帮助新生掌握有效的学习方法和技巧，引导新生制订合理的学习计划，高效学习。

（5）生活辅导：介绍了学校的生活设施、餐饮服务、医疗保健等，以及提供心理咨询服务，帮助新生解决生活中的问题和困惑，体验多姿多彩的大学生活。

（6）职业引导：介绍了学校的就业政策、职业规划、实习实训等，帮助新生了解就业市场和职业发展方向，为未来的职业发展做好准备。

这本入学导读基于学校“真心关爱、热情服务、科学管理”的学生工作理念编写，同时以学生为本，以教师为主，“三全”育人，“五育”并举，培养德、智、体、美、劳全面发展的卓越人才。让我们携手共进，在美好的大学时光里共同书写辉煌的篇章！

编　者

2024 年 6 月

目 录

PART 1 认知篇

PART 2 学习篇

PART 4 安全篇

PART 5 规范篇

PART 1

认知篇

CHAPTER 1　南昌工学院概况

学校简介

南昌工学院是一所以工科为主、多学科协调发展的全日制应用型本科院校。学校前身是中共七大代表、江西省委原书记傅雨田等一批老同志创办于1988年的民办赣江大学。1998年学校更名为赣江专修学院；2003年学校更名为江西赣江职业技术学院，同年被教育部选定为“全国高校民族预科教育基地”；2011年4月，经教育部和江西省人民政府批准，在江西赣江职业技术学院的基础上设立南昌工学院，成为普通本科院校。2017年学校顺利通过教育部本科教学工作合格评估；2021年学校被列入硕士学位授予建设单位。学校现为教育部首批“1+X”证书制度试点院校、江西省人民政府首批“向应用型高校转型发展试点院校”，中国社会组织评估5A等级院校。

学校占地面积2386.48亩，校舍建筑总面积99万平方米。校园山水相依、风景优美、设施齐全、功能完备，2020年获批国家3A级旅游景区。

学校设有机械与车辆工程学院、经济与管理学院、信息与人工智能学院、建筑与环境工程学院、艺术与传媒设计学院、马克思主义学院、体育与健康学院、教育学院等8个二级学院，开设有60个本科专业和37个专科专业，涵盖工学、理学、经济学、管理学、文学、法学、艺术学和教育学等8个学科。

学校现有在校生2.92万余人，教职员工2000余人，其中专任教师1500余人，具有高级职称的教师占比30%以上，博士和在读博士283人，硕士及以上学位教师占比近80%。参与国家级行业标准制定，享受国务院特殊津贴，纳入“赣鄱英才555工程”、香江学者人才计划的人才，以及海外高端A类人才、万人计划领军人才、武汉楚天学者、工艺美术大师、江西省技术能手、江西省青年岗位能手等共计15人。全国优秀教师1人，省级教学名师4人，省高校中青年骨干教师1人，省高校中青年学科带头人2人，省级模范教师1人，省、市级教学团队7个。

学校现有教学科研仪器设备总值2.12亿元，馆藏纸质图书236.46万册，数字资源772万册。拥有江西省汽车零部件数字化制造工程实验室、江西省智能楼宇网络重点实验室（培育基地）、南昌市DME光电工程应用研究重点实验室等各级各类科研平台近30个，各类省市级科研团队近10个。拥有省级重点学科1个，省级一流专业2个，省部级优势专业、综合改革试点专业3个，省级人才培养模式实验区2个，省级教学团队2个，国家级一流课程2门，国家级精品在线开放课程1门，省级一流课程8门，省级课程思政示范课程2门，精品在线开放课程9门，省级教学成果奖3项。近年来，学校获批立项国家级课题10余项，其中包括国家自然科学基金3项；获批省部级课题300余项，市级课题、横向课题等其他各类课题近200项；发表论文（出版专著）4000余篇（部），授权国家专利600余项。

学校开设了拔尖创新人才培养实验班、卓越工程师实验班和“1+X”人才实验班，通过实施科教协同育人计划、产教融合育人计划、校企合作育人计划等助力学生特色发展。截至目前，学校先后与华为技术有限公司、上海保隆汽车科技股份有限公司、麦格纳动力总成（江西）有限公司、西格迈股份有限公司、中兴软件技术（南昌）有限公司、上海麦语网络科技有限公司、中国铁塔股份有限公司（南昌市分公司），以及贵溪市经济开发区、龙南市人民政府、全南县人民政府、乐安县人民政府、江西新建经济开发区等100余家企业、地方政府建立了校企、校地合作。

学校紧密围绕江西省科技产业和区域经济发展，依托省级一流专业，与知名企业合作建立现代产业学院，积极推动适应现代产业发展的高素质应用型、复合型和创新型人才培养，各二级学院与企业合作开设了10余个校企合作定制培养人才实验班，先后从校企合作企业聘任了80余名兼职教师，与企业人员合作开发了20余门校企联盟课程。学校毕业生以爱岗敬业、基础扎实和技能突出获得社会和用人单位的肯定。近年来，学生参加各类竞赛获省级以上奖项1500余项。学校连续6年获评江西省普通高校毕业生就业工作评估优秀等级学校和江西省普通高校毕业生就业工作先进单位。

学校秉承“育人为本、追求卓越”的办学理念，坚持“学科引领、本科立校、文化兴校、人才强校、特色发展”的办学思路，以应用技术为核心，以制造业为重点，以产教融合、校企合作为路径，培养工程实践与创新能力强、具有时代工匠精神的高素质应用型人才，先后被国务院授予“全国民族团结进步模范集体”荣誉称号，被中央宣传部、中央统战部、国家民委授予“全国民族团结进步创建活动示范学校”荣誉称号。

学校按照“专业建设与产业需求相对接、课程内容与职业标准相对接、教学过程与生产过程相对接”的原则，梳理应用型人才培养关键要素，构建以职业需求、就业能力为导向，以实践能力培养为重点，产教融合、协同育人的人才培养模式。聚焦应用型人才培养，实施拔尖创新人才、卓越工程师、“1+X”三类人才教育培养计划，大力发展职业教育。

一是确定职业导向的应用型人才培养目标，即以培养高素质技能人才为目标；二是建立与“1+X”证书对接的职业教育课程体系，形成“纵向层次化、横向复合化”的课程结构；三是优化专兼结合的职业教育教师队伍，形成校企混编教师团队，把企业的新技术和新工艺带到人才培养过程中；四是规划以职业岗位技能为指引的实践教学环节，实践教学环节与职业岗位要求相融合，开设专业劳动教育让学生更早地接触与职业技能相关的实践实训；五是设计以职业能力为导向的课程考核机制，通过学校对专业课程知识与技能的考核评价及通过学分认定实现“1+X”职业证书与课程考核相融通两条主线对学生进行评估考核。

南昌工学院自成立以来，得到中央及省里众多领导的高度重视。学校在新华社、《人民日报》、《中国民族报》、《中国青年报》、人民网、光明网、中国青年网、中国教育电视台等国家级媒体发表新闻多篇。其中学校创意策划的“开学礼”手写信件活动得到中央电视台《朝闻天下》栏目的关注报道，新华网等重要媒体也纷纷转载报道，进一步扩大了学校在全国的知名度和美誉度，提升了学校的社会影响力。

校训

南昌工学院校训为“忠信笃行，自强不息”，这八个字是学校办学理念、指导思想、校园文化的凝结与体现，是勉励全校师生修身、求学、处世的格言。“忠信”一词出自《论语·卫灵公十五》：“子张问行。子曰：言忠信，行笃敬，虽蛮貊之邦行矣。言不忠信，行不笃敬，虽州里行乎哉？”“笃行”一词出自《中庸·问政章》：“博学之，审问之，慎思之，明辨之，笃行之。”“自强不息”一词出自《周易》：“天行健，君子以自强不息。”

要而言之，“忠信笃行，自强不息”的基本内涵就是：开拓创新、坚忍刚毅、奋发有为、不避艰险，不断提高个人的道德修养；诚恳厚道、正直坦率、格物穷理、努力践行，使自己成为一个志存高远、品德高尚、博学笃志、知行合一的全面发展的人。

分而言之，“忠信笃行，自强不息”的内涵，其旨有三：

一是立志“天行健，君子以自强不息”。其意义是，天上的日月星辰是不分昼夜、永恒运动的，所以“天”是“刚健”的。人法地，地法天，所以人应积极进取，永不停息。

二是修身“言忠信，行笃敬”。忠，就是直心；信，就是讲出的话一定要兑现。行为态度上要“笃敬”，忠厚而诚敬。对人要诚恳，正直坦率。

三是为学“博学之，审问之，慎思之，明辨之，笃行之”，说的是为学的几个层次。“博学”意味着博大和宽容；“审问”指穷根追底；“慎思”指仔细考察、分析；“明辨”是越辨越明；“笃行”是为学的最后阶段，“笃”有切实履行、坚持不懈之意，含行为淳厚、纯正踏实之意，就是既要学有所得，又要努力践行所学，做到“知行合一”。

校徽

校徽，是学校的重要标识，也是学校办学理念的体现，更是学校精神、内涵的象征。

南昌工学院校徽（图 1-1）总体设计为圆形，以蓝色为主色调，以白色为底色；内外圆之间镶刻中英文校名。具体释义如下：

第一，标志外圆采用同心圆为基准，以中华民族传统装饰云纹衔接，既寓意多民族师生手牵手，团结一心，“互包有容，有容乃大”，携手实现“中国龙、中国梦”的美好愿景，也寓意大学传承文明、创新科技、服务社会、严谨规范。

第二，校徽内外圆之间选用学校的中英文名称，在构图上通过两种文字的对比形成造型上的美感和平衡感，同时体现学校继承传统、面向世界的发展理念。

第三，校徽核心由“龙”“行”天下、双手托梦、平台 / 讲台圆梦、1988（学校创办之年为龙年）等元素组成。主图“龙”的形象出自中国“源龙”。龙既是中华民族的精神图腾，也是中华文化的历史符号，与“行”组合，寓意“中国龙、中国梦”，勉励当代大学生要肩负起“龙行天下，复兴中华”的历史责任，体现出南昌工学院植根于中国历史文化，以传承中华文明、服务社会发展为育人之本的办学理念，也寄予广大父母“望子成龙”和学校“育人成才”的美好愿望。数字“1988”呼应南昌工学院创建于 1988 年（龙年），寓意南工人不仅是龙的传人，还是中华民族悠久历史文化的传承者和弘扬者。基座由汉字“工”“行”组成。“工”代表“工学院”，即学校的学科特色；“行”，取自校训“忠信笃行，自强不息”，融合道德品行、盛行、规律、实践、职业、能干等含义，寓意“以人为本，德育为先”，注重学生实践能力的培养，努力把南昌工学院办成一所以工科为主、多学科协调发展的技术应用型综合本科院校。基座造型形如翻开的书本、平台、讲台，又似双手托起状，寓意全校师生教学相长、齐心协力，共同托起未来之梦。同时也表达了广大南工学子翱翔于知识的海洋，在学校教师的潜心教育和呵护下成龙成才的决心。内圆整体下重上轻，寓意根基稳固，在坚韧包容中创新，不断积淀、厚实校园文化底蕴，培养学生坚强的意志、坚韧不拔的精神。

图 1–1　南昌工学院校徽

第四，校徽以天空和海洋的本色蓝为主色调，白色为底。蓝色既象征天高任鸟飞、海阔凭鱼跃，又寓意学校面向世界，开放性办学的理念；白色则象征纯洁与品行高尚。

CHAPTER 2 面向学生的主要部门及机构

党政办公室

党政办公室是学校党委和行政领导下的综合办事机构。其主要职能是围绕学校中心工作，积极发挥学校领导班子的参谋助手、信息枢纽、部门间综合协调和工作督促落实等作用。把握大局，服务领导，服务部门，服务基层，做好组织协调、公文处理、机要保密、档案管理、对外联络、综合统计、督查督办等相关工作。针对学生办理的事项有：学校用章工作、查阅学生档案等。

办公地点：T2（卓越楼）1415/1524。

办公电话：0791—87713744/87713655。

党委组织部

党委组织部是在学校党委领导下的职能部门，主要是抓好党的思想建设、组织建设、作风建设、制度建设、廉政建设和党群口干部队伍建设。其主要工作职责是：基层党组织建设、党员教育管理、发展党员、党群口中层干部队伍建设、日常党务管理。针对学生办理的事项有：党员发展的监督、党员档案的转接等。

办公地点：T2（卓越楼）12 楼。

办公电话：0791—87713682。

纪委监察室

纪委监察室是在学校党政领导下，构建教育、制度、监督并重的预防和惩治腐败体系的职能部门。受理全校师生各类侵权事件的举报。

举报电话：0791—87713781。

教务处

教务处是学校教学运行与管理的核心业务部门，是规范教学运行、维护正常教学秩序、掌控教学工作状态、推动人才培养改革、促进专业与课程建设、保证人才培养质量的教学管理部门。其担负着组织全校教学内容和课程体系的改革工作；负责教学运行与管理、专业与课程建设、教材建设、学风建设的组织协调工作；实施教学秩序管理、考试管理、成绩管理、教学质量管理等工作。教务处下设教务科、考务科、学籍科、教学保障科、教学改革科、教学建设科和综合科等 7 个科室。针对学生办理的事项有：高考录检查询、办理休学退学复学、考试违纪、学士学位授予的处理等。

办公地点：T2（卓越楼）6 楼。

办公电话：0791—87713803/87713870。

学工处（部）

学工处（部）是负责学生日常行为规范及习惯养成的部门，主攻学校学风建设、资助管理、宿舍管理、学生思想政治教育、辅导员队伍管理、心理辅助及其他日常管理工作，下设学生事务管理中心、心理健康教育中心、宿舍管理中心、思想政治教育引领中心、学生资助管理中心。针对学生办理的事项有：学生证补办、火车优惠卡充磁、学生医疗报销、学生资助证明、心理咨询、宿舍门禁信息的录入等。

办公地点：29 栋学生服务与素质发展中心 2 楼。

办公电话：0791—87713656（资助） 0791—87713773（宿舍）
0791—87713613（心理） 0791—87713612（综合）。

共青团南昌工学院委员会

共青团南昌工学院委员会是学校先进青年的群团组织，是学校党委的助手和后备军，紧紧围绕学校党政工作的中心任务和上级团组织的中心工作，以保持和增强政治性、先进性和群众性为根本目标，突出共青团改革主线，以“建设青年身边的共青团”为主方向，紧紧围绕共青团引领凝聚青年、组织动员青年、联系服务青年三项基本职责，始终把握思想政治引领这一核心任务，坚持立德树人，坚持服务学生成长成才，建设更加充满活力、更加坚强有力的共青团，进一步融入学校“大思政”工作格局。近年来，南昌工学院团委锐意进取，成绩显著，荣获 2018 年度“江西省五四红旗团委”称号；连续多次获评全市共青团工作优秀单位、全省共青团工作优秀单位；多次获评全省暑期社会实践活动先进单位；学校团学工作的具体做法和先进事迹多次被《人民日报》、澎湃新闻、光明网、凤凰网等主流媒体报道。

办公地点：29 栋学生服务与素质发展中心 3 楼。

办公电话：0791—87713738。

保卫处（部）

保卫处（部）是在学校党委行政领导下，在公安机关的业务指导下，负责学校政保、消防、治安、交通安全，以及在军事部门业务指导下，负责学校人民武装工作的职能部门。

办公地点：南门 B 区 1 楼。

报警电话：0791—87313110。

武装部

武装部是在学校党委行政领导下，在上级兵役机关的指导下，负责学校国防教育、兵役登记、兵员征集、拥军优属和军事课教学等工作的职能部门。

办公地点：南门旁保卫处（部）103 室（武装部）

25 栋宿舍架空层西侧（兵役服务站）。

办公电话：0791—87837206。

财务资产管理处

财务资产管理处是负责全校财务、资产管理工作的职能部门。针对学生办理的事项主要有：缴纳学费、缴纳各类杂费、开具各类缴费证明等。

办公地点：卓越楼 1 楼财务资产管理处大厅。

办公电话：0791—87713709。

就业与招生处（继续教育学院）

就业与招生处是负责全校招生和就业管理工作的职能部门，下设招生咨询办公室、就业核查办公室、宣传办公室、综合办公室、继续教育办公室等。其主要职责包括普通本专科招生计划编制、宣传与录取，毕业生就业创业指导、信息服务，毕业生派遣和校友跟踪服务等工作。

继续教育学院是隶属于南昌工学院的一个二级学院，主要从事成人高等学历教育、自学考试和非学历继续教育。

办公地点：29 栋学生服务与素质发展中心 03G 办公室 3 楼。

办公电话：0791—87713759（招生） 0791—87713756（就业）

0791—87713755（宣传） 0791—87713758（综合）

0791—87713634（继续教育）。

基建后勤处

基建后勤处是负责学校后勤服务保障工作的职能部门之一，该处紧紧围绕立德树人这一根本任务，牢固树立“三全育人”理念，始终坚持“服务至上、质量优先”的工作理念，以坚守食品安全红线、守住水电保障底线、建设环境卫生亮线、建立维修管理流线的“四线”工作标准为总目标，以服务教学、服务科研、服务师生为中心，为全校师生提供餐饮保障、水电维修、校园修缮、校园环卫、绿化养护、通勤保障等管理服务工作。

办公地点：卓越楼 7 楼。

办公电话：18679156815（餐饮服务） 0791—87713673（水电服务）。

投诉信箱：48078402@qq.com。

图书馆

南昌工学院图书馆是集“信息、学习、文化、学术”四中心为一体的现代化智慧型多功能图书馆。总面积4.5万平方米，建筑楼层24层。截至2024年6月，馆藏纸质图书236.46万册，数字资源772万册，可使用数据库50余个，全面满足学校学术研究和教学活动需求。内设美术馆、研修室、报告厅、智慧教室、数字资源体验区、疗愈阅读解压区等，为美学教育、学术交流、会议论坛、团队合作提供育人空间。成立文献检索教研室，重点培育学生科学检索与分析利用文献信息资源的综合素养，增强其科研能力和自学能力。通过“天工讲坛”“天工书影”、天工IP“宋小星”等构建了“天工阅读”品牌体系，深入挖掘传播《天工开物》精神内核，培养学生伟大科学精神和新时代工匠精神，弘扬以“天工蓝”为核心的校园文化。

2023年，在第十四届全国科学计量学与科教评价研讨会现场，武汉大学中国科学评价研究中心等联合发布《中国图书馆网络影响力评价报告（2023—2024）》，南昌工学院图书馆在全国421所民办本科院校中排名第27名，江西省第1名。

办公地点：图书馆T1楼办公室。

办公电话：0791—87713600。

CHAPTER 3　人才培养目标

南昌工学院人才培养特色

以工科为主、多学科协调发展，以应用技术为核心，以制造业为重点，以产教融合、校企合作为路径，培养工程实践和创新能力强、具有时代工匠精神的高素质应用型人才。

三类人才培养模式与培养要求

（1）拔尖创新人才培养要求：探索小班化研究性教学，强化通识课程和学科基础课程学习，强化学科专业素质和应用能力培养，强化创新实践能力培养，进一步激励学生专业学习的主动性和能动性，培养一批思想敏锐、专业素质高、实践能力强、具有开拓精神和创新能力的优秀本科毕业生，为培养造就未来在相关学科领域的领军人物和拔尖创新人才奠定良好基础。

（2）卓越工程师人才培养要求：对接《卓越工程师教育培养计划通用标准》，细化培养规格，聚焦工程实践能力培养，建立对口、稳定的联合培养企业基地，实现学校与用人单位共同制定人才培养标准、共同设计培养目标、共同制定培养方案、共同开展专业和课程建设，按照通用标准和行业标准，培养具备工程实践能力和创新能力的卓越工程师人才。

（3）“1+X”人才培养要求：主动对接职教本科，坚持面向职业岗位技术技能，以“1+X”职业技能证书为抓手，将“1+X”证书制度试点与专业建设、课程建设、师资队伍建设、实验实训条件建设等紧密结合，进一步优化人才培养方案，促进考试考核方法改革。通过试点，要求学生在校期间至少取得 1 项“1+X”职业技能等级证书或 1 项学科竞赛获奖证书。通过以赛代训、以证代考，全面提升学生实践动手能力，拓展职业技能，培养具有一技之长，体现工匠精神，适合我国经济社会发展需要的复合型技术技能人才。

CHAPTER 4 校级学生组织机构

大学生自我管理与服务委员会

南昌工学院大学生自我管理与服务委员会简称“大自委”，由校党委领导、学工处（部）具体指导，以“自我管理、自我服务、自我教育、自我监督”为宗旨，以“讲政治、讲服从、讲奉献、讲服务、讲创新、讲发展”为指导思想，充分发挥广大学生在学校管理中的重要作用，培养自我管理的能力，做到“引导同学、服务同学、树立形象、共同进步”。

大自委现设有办公室及新媒体中心、大学生自律委员会、宿舍管理服务委员会、义工联盟及学生资助宣传大使服务中心、大学生心理健康服务委员会、大学生思想政治素质发展委员会，其下设有学生权益维护部、校风督察部等48个部门，共同推动全校学生日常工作及学生组织工作的开展。

学生会

南昌工学院学生会成立于1988年，是校党委领导、校团委指导下代表全校学生利益的学生群众组织。学生会秉承“全心全意为同学服务”的宗旨，倡导“内强素质、外树形象，高效做事、低调做人”，力求做到“从学生中来，到学生中去”，积极组织开展学生代表大会以及“挑战杯”课外学术科技作品竞赛、校园十佳歌手大赛、“和谐杯”辩论赛等众多校级大型活动。

学生会下设办公室、权益服务部、融媒体部、文体活动部、学生发展与联络部、学习部等6个部门，切实发挥学校联系学生的桥梁和纽带的作用。

社团服务管理中心

南昌工学院社团服务管理中心成立于2006年，是在校团委指导下管理社团、指导开展校园社团文化活动的学生组织。

社团服务管理中心对全校社团进行有组织、有计划、有目标的引导和管理，提倡和组织社团开展积极向上的社团活动和社会服务活动，在社团与社团、学校与社团、社会与社团之间搭建交流的桥梁，并代表学校维护会员正当权益，促进学生社团科学有序发展。社团服务管理中心下设办公部、公关部、监察部、财务部、宣传部、外联部、组织部等部门。

国旗护卫队

南昌工学院国旗护卫队成立于2008年，主要负责日常升旗以及校级大型活动的升旗和执勤工作，同时完成校团委安排的其他工作。

国旗护卫队是一支以护卫国旗、弘扬爱国主义精神为己任的队伍，培养了一批高素质队员。队员们纪律严明、作风严谨，团结友爱、积极向上，风雨无阻、无怨无悔，用青春之热血，护国旗之荣光。

国旗护卫队的宗旨是：捍卫国旗的尊严以及荣誉，弘扬爱国主义精神，陶冶爱国主义情操，保卫校园文明与和谐发展。国旗护卫队的原则是：心系国旗、乐于奉献，超越自我、率先垂范。国旗护卫队的队训是：不抛弃，不放弃。

青年志愿者协会

南昌工学院青年志愿者协会成立于2007年4月，是由志愿从事社会服务事业的青年和青年志愿者组织组成的具有法人资格的社会团体。其主要职能是：负责全校青年志愿者活动的规划、组织、协调、指导及研究工作；实施重点项目和重大活动的组织和开展以及资金的筹措等。

协会坚持围绕中心、服务大局、奉献社会，以青年志愿服务为基础，大力弘扬和传播“奉献、友爱、互助、进步”的志愿精神，团结带领广大青年志愿者推动青年志愿服务事业健康蓬勃发展。自成立以来，协会组织开展的活动得到社会各界的广泛关注和一致好评，并取得令人瞩目的成绩，多次被中央及省级主流媒体关注报道。

红十字会

南昌工学院红十字会成立于2008年4月17日。自成立以来，遵循红十字运动人道、公正、中立、独立、志愿服务、统一、普遍的七项基本原则，以发扬人道、博爱、奉献的红十字精神，保护人民的生命和健康，促进校园和平为宗旨开展活动。

在学校党委和团委的大力支持下，南昌工学院红十字会先后获得“南昌高校红十字会先进集体”以及南昌高校急救知识邀请赛第五名等荣誉。多次参加省红十字会和市红十字会举办的大型活动。目前正为创建“全国红十字模范单位”而努力。

团委学生工作委员会

南昌工学院团委学生工作委员会是南昌工学院对团员青年、基层团组织进行管理的学生组织，致力于建设学校基层团学阵营。

该委员会本着“求真务实、创新高效”的原则，不断促进团员青年的发展。举办团学特色活动，宣传团学思想，弘扬团学正能量，培养了一批又一批优秀团员青年。下设6个部门：秘书处、组织部、团务管理中心、团员发展中心、团校培训中心、网络宣传中心。

记者团

南昌工学院记者团成立于2004年4月28日，隶属于学校党委宣传部，是以校报、网站、宣传栏等校园媒体运作为核心的学习型文化传播学生组织，是学校宣传思想工作的一支主力军。

记者团秉承“传播校园资讯，反映师生心声，繁荣校园文化，搭建成长平台”的发展宗旨，协助党委宣传部做好学校宣传思想工作，现设有一级机构 1 个（主席团）、二级机构 2 个（行政中心、新闻中心）、三级机构 4 个（通讯部、摄制部、校媒督查委员会、专访组）。紧跟学校发展的步伐，围绕学校各个时期的中心工作扎实做好宣传思想工作，为南工发展贡献青春力量。

新媒体中心

南昌工学院新媒体中心是学校进行媒体宣传的新媒体机构，隶属于校党委宣传部，负责学校官方微信、官方 QQ、官方微博等平台运营，是一个由思维活跃的写手和技术大咖组成的新媒体宣传团队，以一种更直观的工作理念展现团队对于新时代精神文明建设的实践。

新媒体中心设有微信组、微博组、QQ 组、抖音组、拍摄组、航拍组、后期组、音频组。通过文字、图片、视频、音频，打造多位一体的媒体宣传，展现校园新面貌，畅享青春新活力，为学校媒体宣传发展作出了贡献。

旗帜践行社

南昌工学院旗帜践行社是以学生党员和入党积极分子为主体，以服务学生成长为宗旨的学生志愿服务组织，接受校党委领导，由党委组织部具体指导，开展学生党建和思想政治教育工作。

旗帜践行社秉承“先锋引领、凝聚同学、共同成长、发挥作用”的宗旨，充分发挥学生党员的先进性与模范带头作用。下设部门有办公部、信息部、宣讲部、微媒部。

大学生艺术团

南昌工学院大学生艺术团成立于 2006 年，现旗下有舞蹈团、声乐团、器乐团、新媒体剧团、藏舞团。

大学生艺术团以弘扬中华民族艺术文化，丰富学生课外艺术教育和业余文化生活，打造良好的校园文化艺术氛围，促进学校精神文明建设为宗旨，定期进行艺术训练和汇报演出。艺术团是全校唯一正规且全面的艺术体系，代表南昌工学院整体艺术水平，专业代表学校参加各项文艺演出及比赛，在加强与社会文艺界的联系、扩大求知领域、陶冶情操、营造良好校园艺术形象等方面发挥了积极作用。

团学新媒体运营中心

南昌工学院团学新媒体运营中心隶属于校团委，负责整合团学宣传资源，统一团学宣传战线，打造团学新媒体矩阵，下设微信编辑部、抖音技术部、时政宣发部、办公发展部、校园之声部等 5 个部门。

本着“宣传团学思想、立足校园动态、紧贴学生生活”的工作理念，团学新媒体运营中心紧跟时代热点，顺应时代要求，以“南青年 1988”微信公众号、“南昌工学院团委”官方微博、“南昌工学院团委”QQ 空间、“南青年 1988”抖音号为阵地，积极参与学校新闻宣传，追踪校园热点；执笔成文，对话大咖；洞察校园百态，引领时代潮流。

赣江民族管乐团

南昌工学院赣江民族管乐团成立于 2019 年 4 月 23 日。管乐团各项设备齐全，为南工学子提供了更加开阔、高端的锻炼平台和展示才艺技能的舞台，是学校美育教育教学工作中灿烂的一笔，是校园文化建设的重要组成部分。

赣江民族管乐团现有 6 个声部：长笛声部，单簧管声部，萨克斯声部（中音萨克斯、次中音萨克斯），小号声部，低音声部（次中音号、圆号、长号、大号），打击乐声部（大军鼓、小军鼓、铃鼓、军镲、钢片琴）。

校园之声广播台

南昌工学院校园之声广播台成立于建校初期，在校团委的指导下，负责学校的日常播音、播音设备调节、各项活动主持等工作。台内工作人员来自不同的学院、不同的专业。

经过 30 多年的努力，广播台建立了一系列框架式制度和岗位职责，不断发展进取，充分发挥着校园宣传作用，是南昌工学院颇具影响力的有声媒体。现台内由播音部、传媒中心、办公部、组织部、讲解团、主持人队等 6 个部门组成。

设备技术站

南昌工学院设备技术站成立于 2008 年，自成立以来始终坚持以设备为基础，以技术为核心，以服务全校为宗旨。

设备技术站主要负责学校场地设备的管理使用与维护，同时负责校级、各个二级学院以及各个社团演出活动的技术支持工作，是各类大型演出、比赛以及运动会等活动不可或缺的技术力量。该站目前统管外围设备和学术报告厅、民族活动中心、宏越达 3 个场地的管理工作，日常工作包括保持会场卫生整洁、维护设备日常使用以及为各个活动提供技术支持。

民族礼仪队

南昌工学院民族礼仪队是隶属于校团委的校级组织，主要负责南昌工学院的晚会、庆典、比赛、会议等大中型活动的迎宾接待、颁发奖品、走秀等工作，是展现学校学生风貌、代表学校礼仪风范的一个重要组织。

民族礼仪队的宗旨是：协助学校开展各项工作，塑造南昌工学院学生的良好形象，提高学校的知名度。自成立以来，民族礼仪队一直以形象良好、认真负责受到师生们的赞赏。

PART 2

学习篇

CHAPTER 5　新生入学问答

学校的学制是几年

答：本科标准学制为四年；本科（专科起点）标准学习年限为两年；高职（专科）标准学制为三年。

学生不喜欢现在的专业可以转专业或转学吗

答：原则上学生应在被录取专业完成学业。学生要求转专业必须在学校教学资源允许的情况下提出，由教务处统一规划。学生在校期间一般只能转一次专业（申请条件中的第六种情形只能在大一第二学期申请，学校统一考核）。

学生有下列情况之一，可提出在校内转专业的申请：

（1）学生入学后发现某种疾病或生理缺陷，经学校指定的医疗单位检查证明，不能在原专业学习，但尚能在本校或其他学校别的专业学习的。

（2）在拟转入专业领域确有特殊才能或兴趣爱好，并有省级或市级等材料证明已取得相应业绩者。

（3）经学校认可，学生确有某种特殊困难，不转专业则无法继续学习者。

（4）学校根据社会对人才需求情况的发展变化，经学生同意，必要时可适当调整学生所学专业。

（5）休学创业或退役后复学的学生，因自身情况需要转专业的，并提供相关证明材料。

（6）思想品质优良，积极参与集体活动，团结同学，无违纪行为，成绩优秀，原则上所修课程均取得学分且课程无补考。

学生有下列情况之一，不予考虑转专业：

（1）由招生所在地的下一批次录取专业转入上一批次录取专业的。

（2）已有转专业或转学经历的。

（3）招生时有特殊要求的。

（4）非统一招生的特殊招生类型的（专升本、五年一贯制等）。

（5）应予退学的。

学生应当在本校完成学业。因患病或者有特殊困难、特别需要，无法继续在本校学习或者不适应本校学习要求的，可以申请转学。

有下列情形之一，不得转学：

（1）入学未满一学期或者毕业前一年的。

（2）高考成绩低于拟转入学校相关专业同一生源地相应年份录取成绩的。

（3）由低学历层次转为高学历层次的。

（4）通过定向就业、艺术类、体育类等特殊招生形式录取的。

（5）未通过普通高等学校招生全国统一考试或未使用高考成绩录取入学的（单独考试招生、专升本等）。

（6）拟转入学校与转出学校在同一城市的。

（7）跨学科门类的。

（8）应予退学的。

（9）其他无正当理由的。

学生休学的年限是多久

答：学生休学以一学年为限，特殊情况经学校批准可连续休学两次，累计休学年限不得超过两学年；因创业休学，经申请批准，修业年限一般可延长至6年。

学生休学后如何办理复学

答：（1）因伤、病休学的学生，申请复学时需经学院指定医院诊断证明已恢复健康，可以正常学习，方可复学。伪造诊断证明或复查不合格者不得复学。

（2）因其他原因休学者，须提供必要的证明，方可办理复学手续。

（3）休学期间，如有违法乱纪行为者，取消复学或持续休学资格，予以退学。

（4）休学学生复学后均应降级编入原专业。

考试作弊会如何处理

答：学生违背考试公平、公正原则，以不正当手段获得或者试图获得试题答案、考试成绩，则认定为考试作弊。学生在考试过程中有作弊等行为，视其情节轻重给予记过或记过以上处分，该门课程总成绩按零分计分。考试作弊累计两次者，给予留校察看处分；考试作弊累计两次以上者，给予开除学籍处分；由他人代替考试、替他人参加考试、组织作弊、使用通信设备作弊，以及对监考人员进行恐吓、人身攻击或事后报复等作弊行为情节严重者，视情节轻重进行处理，严重者将开除学籍。

凡在考试中，因违纪或作弊课程总成绩按零分计分，不能参加正常补考或重修。

学校的考试怎么进行及考试不及格怎么办

答：学生在校期间每门课程只可参加三次考试，即期末考试、补考、重考。凡修读必修课程、经教务处确认已选修课程，正常参加课程教学活动，在学时、作业等方面达到了该课程的基本要求，并遵守学生学籍管理规定的在册学生或经批准办理了进修旁听手续的学员，即获取参加该课程期末考试的考试资格。期末考试不及格者（非缺考）将参加补考，补考仍不及格者将参加重考。补考设置在所修读课程考核学期的下一学期第三周左右；重考时间由学校统一安排，学生申请后方可参加考试。

如果有事不能上课，如何请假

答：学生因病请假，必须持有学校医院或二级以上医院诊断书方可办理请假手续。病假在三天以内的，由所在学院辅导员批准；病假在三天以上至两周以内的，经辅导员同意后报学院主管领导批准；病假在两周以上至一个月以内的，由辅导员报学院主管领导签署意见后，报学工处（部）批准；病假超过一个月，需经学院主管领导签署意见后报学工处（部），由学工处（部）呈报校主管领导批准，并转教务处备案。病假超过或累计超过一学期总学时的三分之一者，应办理休学手续。

事假在三天以内的，由所在学院辅导员批准；事假在三天以上至一周以内的，经辅导员同意后报学院主管领导批准；事假在一周以上至两周以内的，由辅导员报学院主管领导签署意见后，报学工处（部）批准；事假两周以上，需经学院主管领导签署意见后报学工处（部），由学工处（部）呈报校主管领导批准，并转教务处备案。事假超过或累计超过一学期总学时的三分之一者，不予准假。

学生身体不好可以不上体育课吗

答：为落实教育部《高等学校体育工作基本标准》(教体艺〔2014〕4号)，学校通过加强体育教学、促进体育锻炼、严格体育课外测试等措施，促进学生健康成长。学生因残、因病无法参加体育课考试、无法参加体育测试等情况可申请体育免考，申请者需提供伤残证或三甲医院开具并由该院医务科盖章的疾病诊断证明。

如果不能参加期末考试怎么办

答：学生因故不能按时参加修读课程的期末考试，需由本人在考试前一周提出缓考申请，并附有关证明（如因病缓考，则需县级及以上医院出具的医疗证明），经学院主管教学领导批准，报教务处审批后方可缓考，否则，按缺考论处。学生缓考课程的考试，原则上随该课程的补考同时进行，若不及格，则无正常补考机会。

毕业、结业、肄业分别是什么意思

答：具有学籍的学生在学校规定学习年限内（一般情况下不超过其学制两年），修完教育教学计划规定内容，成绩合格，达到学校毕业要求的，学校准予毕业。

具有学籍的学生在学校规定学习年限内，修完教育教学计划规定内容，但未达到学校毕业要求的，学校准予结业。学满一学年以上退学的学生，按肄业处理。

CHAPTER 6　学习过程答疑

大学期间学什么

（1）一生的格局 。大部分人踏入大学校门是在 19 岁左右的年龄，正是价值观和学习精力最旺盛的青春期。在这个时候，人的心灵会获得最大程度的开放，通过对事物的高度认知构建自我的格局，是大学最重要的内容。

（2）一生的气度。大学是一个微缩的社会，每个人都扮演着不同的社会角色。气度体现了一个人的修养，也反映了一个人的心理素质，有意识地培养这方面的素质，会给以后的人生道路带来新的高度。

（3）一生的学习能力。相对于大学四年等量的知识储备，大学带给我们更多的是一种自我学习能力，变高中时的被动为主动。应该强化这种吸收精神，因为浩瀚的知识和书海是无限的，拥有学习的能力就意味着在生存和自我超越的路上有了方向。

（4）一生的好心态。踏入大学意味着开始正式地向成人世界迈进，开始独自面对这个世界无数的复杂关系。学会调适自己的情绪和心态，是人生的必修课。

（5）一生的财富观。相对于中学，在这个阶段，学生们的财富观是相对自由的。学会开源节流，合理分配金钱，往往能提高一个人的生活质量。

（6）一生的自立。离开家人远赴异乡读书，并不能说明你是一个自立的孩子。心理上的自立，能够独立面对生活中的各种困难、阻碍，能够在种种自我提升中远离困惑、迷茫和空虚，才是真正的自立。

大学学习方式和方法有何变化

（1）从待哺到自觉——大学学习的自学性要求。由“要我学”到“我要学”的转变，由被动学到主动学的转变，由盲目性到清醒性的转变。

（2）从知识到理论——大学学习的理论性要求。中学学习侧重知识，而大学学习则侧重理论。知识是常识性的，理论则是对常识的解释或产生常识的原创性内容。

（3）从隔绝到结构——大学学习的相关性要求。强调知识的关联性、跨学科性、跨文化性是大学学习的必然要求。

（4）从常识到思想——大学学习的创新性要求。不是重复常识，而是锻炼学术意识，这是大学学习的根本任务。

（5）从泛泛到方向——大学学习的专业性要求。培养专业意识、专业兴趣，专业化地读书、专业化地选择学习内容是大学学习的最基本要求。

（6）从专业到兴趣——大学学习的个性化要求。大学学习为今后的发展奠定坚实的基础，学习一些研究方法，最重要的是培养浓厚的兴趣。

（7）从书本到实践——大学学习的实践性要求。与中学学习中不那么强调知识向实践的转换不同，大学特别是今天的大学要求学生必须实践性地去学习。

（8）从内容到方法——大学学习的方法性要求。大学学习中最重要的不是某种积累的内容，而是学会学习的方法。

（9）从困顿到反思——大学学习的总结性要求。每学期甚至每周都要进行反思和自测，从而找到不足。

大学的学习目标是什么

大学是人生成才、成就事业的一个新起点。“有志者事竟成”“为学须先立志”。观念是行动的先导，大学生需要树立正确的学业观。大学生的学业是指在高等教育阶段进行的以学习为主的一切活动，不仅包括科学文化知识的学习，还包括思想、政治、道德、业务、组织管理能力、科研及创新能力等的学习。

大学阶段的学习会直接影响到今后的就业，该学什么，怎么学，如何安排学习时间，如何完成学习任务，可根据个人特点有所侧重。步入大学阶段，应转变中学时代的思维模式和学习方式，提升自己的主观意识，自主自发地参与学习。同时，在学习过程中要了解所学的专业，也要关注未来的就业，规划职业的目标，并努力去实现。这意味着大学生要善于处理学业、职业、事业、专业四者之间的关系，制订出个人的奋斗目标和行动方略，以增强进取的内动力，为开创大学阶段的人生辉煌打下良好的基础。

如何对待公共选修课

公共选修课要能反映当代政治、经济、文化、教育、科技、社会发展等方面的状况，能拓宽学生的知识视野，改善学生的知识结构，提高学生的综合素质，有利于培养学生的应用能力、动手能力和创新能力。公共选修课是人才培养的重要组成部分，人才培养方案在毕业条件中明确提出了公共选修课的要求。

大学学习与中学学习有什么不同

（1）教学内容由少而浅变为多而深。在中学阶段，我们一般学习十门左右的课程，而且都是基础知识；而大学里，每个学期学习内容不同而且内容多，大学一、二年级主要学习公共课程和基础课程，三年级主要学习专业知识和部分选修课，四年级主要学习专业课、毕业设计以及毕业论文。

（2）学习方法由监督学习变为自主学习。中学是跟着老师走，一切听老师指挥；而大学提倡学生自主学习，课外实践自己安排，由“要我学”向“我要学”转变，提倡生动活泼地学习，提倡勤于思考。

（3）授课方式由多讲解到少讲解、多思考、多讨论。大学教师讲课介绍思路多，详细讲解少，主要是讲授重点和难点内容，一节课可能讲一章或几章的内容，抽象理论多、直观内容少。

（4）学习目标不同。在中学阶段，学习的主要目标是考大学；而大学阶段学习与就业挂钩，主要实行学分制。学什么、如何安排时间，可根据个人特点有所侧重。

如何制订科学的学习计划

科学可行的学习计划，是主动学习、实现理想目标的重要手段，是当代大学生做好职业生涯设计的前提和基础。制订学习计划需注意以下五点。

（1）制订科学可行的学习计划。要全面分析主客观条件，对自己今后的发展方向以及采取的对策应该有一个总体上的要求。

（2）尽快了解自己所选择专业的性质、课程结构、课程与专业之间的关系等，以便从总体上认识和把握专业情况，了解每一门课程在专业课程体系中的地位和作用。

（3）重视本专业和课程的发展前沿。专业报刊、网络、学术报告会是及时报道专业和课程发展的重要载体，要经常留意，将其作为业余时间阅读的重要资料。

（4）规划好时间。大学学习期间应该规划好自己的学习进度、时间和内容，从而使学习合理有序。

（5）掌握正确的学习方法。自主学习、探索和实践，在学习中善于从全新的角度出发思考问题，激发潜在的学习能力、思考能力和创造能力，为将来走进社会、适应社会打下坚实的基础。

大学生的思维方式应该如何转变

大学生思维方式的现代化转变是成为高素质人才的重要基础。实现大学生思维方式由传统向现代的转变要做到以下四点。

（1）由偏重理论思维向理论与实践辩证统一的思维方式转变。大学生一方面要认真读书、深入钻研，真正读懂弄通理论；另一方面更要重视实践，实践的直接现实性特点为理论的完善和发展提供了手段和物质条件。

（2）由静态的思维方式向动态的思维方式转变。大学生要在头脑中建立科学的时间和空间系统，并提高在动态中处理信息的能力。

（3）由依赖性思维方式向独立性思维方式转变。大学生要有怀疑批判的精神，克服胆怯心理，学会运用创新思维的原理和方法，冲破头脑中的思维定式。

（4）由单一的思维方式向多样的思维方式转变。作为接受现代文明的大学生，要善于进行多方位、多层次和多变量的思考，以建立起对立统一、多样性统一的思维方式。

考试成绩如何认定

课程成绩采用百分制，100 分为满分，60 分为及格线。课程成绩采取平时考核与期末考试综合评定。原则上，授课方式为讲授的课程，平时成绩占比 30%，期末成绩占比 70%；授课方式为理实一体化的课程，平时成绩占比 40%，期末成绩占比 60%；授课方式为实践的课程，平时成绩与期末成绩各占比 50%。补考、重修考试成绩无平时考核成绩，以卷面成绩（实践考核成绩）为准。对期末成绩有异议者，可于下学期第一周内提出书面申请，补考、重修考试成绩申诉时间为网上成绩发布后一个星期内，经教务处批准后，由开课单位组织相关人员查阅试卷、记分册等原始资料，核查属实的，由教务处更正成绩并通知学生，逾期不再受理。

大学英语四、六级考试是什么

全国大学英语四、六级考试（CET）系教育部主办、教育部考试中心主持和实施的一项大规模标准化考试。自 1987 年实施以来，四、六级考试已走过近 30 年的历程。为顺应我国高等教育发展的形势，深化大学英语的教学改革，四、六级考试经历了多次改革和完善，目前考试内容涵盖听、说、读、写、译等语言技能。

CET 笔试考试时间为每年 6 月和 12 月，CET 口试考试时间为每年 5 月和 11 月。自 2016 年 12 月起，报考同一年度笔试的考生具备报考同一级别口语考试资格。

根据教育部规定，四、六级考试不设置及格线，四级 425 分以上可以报考六级。

全国计算机等级考试是什么

全国计算机等级考试（National Computer Rank Examination，NCRE），是经原国家教育委员会（现教育部）批准，由教育部教育考试院（原教育部考试中心）主办，面向社会，用于考查应试人员计算机应用知识与技能的全国性计算机水平考试体系。

NCRE 级别科目设置及证书体系分为四级，其中，一级为操作技能级，二级为程序设计、办公软件高级应用级，三级为工程师预备级，四级为工程师级。报名者不受年龄、职业、学历等限制，均可根据自己学习情况和实际能力选考相应的级别和科目，但大学期间一般根据自身需求选考一级或二级。

NCRE 考试实行百分制计分，以等级形式公布成绩。成绩等级分为“优秀”“良好”“及格”“不及格”四等。100～90 分为“优秀”，89～80 分为“良好”，79～60 分为“及格”，59～0 分为“不及格”。

参加研究生考试的条件与途径

考生须登录“中国研究生招生信息网”(以下简称“研招网”)，认真查阅教育部公布的《全国硕士研究生招生工作管理规定》以及招生单位有关管理规定、招生简章和报考点公告，准确选择报考单位和报考点进行网上报名和网上确认。

专升本的条件与途径

专科学生升本科一般有以下途径：高等教育自学本科考试、成人高等学历教育考试和统招专升本考试等。

可登录省教育考试院获取招生高校、招生计划、招生对象、报名条件以及报名、考试的相关信息。

CHAPTER 7 颁发毕业证书

毕业证书

颁发毕业证书（图 7–1）。

普通高等学校

毕业证书

学生 性别 ， 年 月 日生，于
年 月至 年 月在本校
专业 年制 科学习，修完教学计划规定的全部课程，成绩合格，准予毕业。

校 名： 校（院）长：

证书编号： 年 月 日

中华人民共和国教育部学历证书查询网址：http://www.chsi.com.cn

图 7–1 毕业证书

学士学位证书

颁发学士学位证书（图 7–2）。

学士学位证书

，， 年 月 日生，在南昌工学院
专业完成了本科学习计划，业已毕业，经审核符合《中华人民共和国学位条例》的规定，授予学士学位。

南昌工學院 校（院）长
学位评定委员会主席

证书编号： （普通高等教育本科毕业生） 年 月 日

图 7–2 学士学位证书

PART 3

生活篇

CHAPTER 8 服务指南

餐饮服务

南昌工学院现有5个学生食堂，每天负责学校所有在校生的早、中、晚餐，分别为第一食堂（灯光篮球场西侧一楼）、第二食堂（灯光篮球场西侧二楼）、第三食堂一楼二楼（27栋旁）、第四食堂（学校西南角）以及清真食堂（第一食堂北侧），学生食堂采取无现金支付方式。

学生食堂是学校引人注目的一个重要窗口，既充分体现学校的后勤服务与整体管理水平，也展示学生群体素质和精神风貌，为此，南昌工学院制定了具体的就餐规定。

（1）遵守公共秩序，有序排队，不拥挤，不打闹，不大声喧哗，文明用餐，共同维护食堂秩序。

（2）爱护食堂的设施设备，不踩踏桌凳，不乱涂，不乱刻，不乱调动食堂的电视、电器等设备，维护公共设施安全。

（3）爱护公共卫生，不随地吐痰，不乱丢乱倒残渣剩汤，不乱丢纸、袋、杂物等废弃物，用餐后把剩余残物倒入指定的容器内。

（4）不在食堂内喝酒、划拳、吸烟及做出其他不文明行为，不得影响他人就餐。

（5）用餐后自觉将餐具放到餐具回收台。

（6）勤俭节约，反对浪费，倡导光盘行动，不浪费粮食、饭菜。

（7）尊重食堂工作人员，如对服务不满意或有意见，可及时向学校后勤部门反映，严禁侮辱甚至打骂工作人员。

商业服务

一、商业街网点分布

老商业街地址：2栋、3栋宿舍架空层。

新商业街地址：10栋、11栋宿舍架空层。

兰苑超市地址：6栋宿舍架空层。

体育健身地址：5栋、6栋宿舍西。

二、商业街经营范围

生活超市、文体百货、通信维修、奶茶饮品、烘焙甜点、卤味零售、服装箱包、美容美发、水果炒货、眼镜维修、电脑租赁、摄影文印、体育健身等。

三、商业街服务管理

1. 投诉受理方式

（1）商业街服务投诉电话：0791—87713740。

（2）可前往 17 栋宿舍架空层办公室向管理人员投诉。

2. 投诉受理范围

学生在商业街消费如遇以下情形可进行投诉：服务态度恶劣、假冒伪劣商品、称重短斤少两、食品过期变质、恶意欺诈等损害消费者利益的行为。

3. 投诉受理时限

为保证时效性，学生应在被侵权后 48 小时内提起投诉（如遇节假日顺延），受理时间为周一至周五的 8:30～11:30、14:30～17:00。

4. 投诉应满足的条件

（1）有明确的被投诉方，投诉者应明确被投诉的店名、地点、被侵权时间并保留证据。

（2）投诉者要有具体的申诉请求、事实和理由。

5. 投诉处理

经核实，投诉成立，按照学校商业街管理条例进行处罚。

金融服务

中国建设银行网点：7 栋宿舍架空层

中国工商银行网点：26 栋宿舍架空层

中国农业银行网点：8 栋宿舍架空层

医疗服务

南昌工学院医院是由南昌市卫生局批准设置的一所一级综合性医院，承担着本校大学生和教职工的医疗、预防保健及危重症病员转送等任务，是南昌市城镇职工医保、南昌市城镇居民医保（含大学生医保）的定点医疗机构。

校医院设立急诊科实施 24 小时接诊。

普通门诊时间：周一至周五 8:00～12:00、14:00～18:00。

急诊门诊时间：周一至周五 12:00～14:00、18:00～次日 8:00；周六、周日及法定节假日全天。

地址：工学院西北侧（南应师大门旁）。

电话：0791—83903120。

交通服务

地铁：乘地铁 4 号线到达中堡站下车，从 1 号出站口出来下电梯，可选择出租车、共享电动车及步行等方式前往南昌工学院北门。

公交：目前南昌工学院门口有两条公交线路，分别是 836 路和 702 路。

836 路首末班时间：高铁西客站：6:30～19:00；望城新区管委会：6:30～19:00。

702 路首末班时间：欧尚停车场：7:00～18:30（4～11 月）；7:00～18:00（12～下年 3 月）。

校区到南昌站：可乘坐 702 路公交到开关厂转 169 路到南昌火车站，也可到中堡站乘坐地铁 4 号线，在西站南广场站换乘 2 号线到南昌火车站。

校区到南昌西站：可乘坐 836 路公交到南昌西站，也可到中堡站乘坐地铁 4 号线，在西站南广场站换乘 2 号线到南昌西站。

校区到昌北机场：可乘坐公交或地铁至南昌西站转机场公交 3 线前往昌北机场。

住宿服务

一、1～8 栋、15～18 栋和 29～31 栋宿舍洗澡热水使用流程

（1）下载 App：扫描蓝牙水表上的二维码或者图 8-1 的二维码，下载“趣智校园”App。

（2）登录 App：下载 App 后运行 App，选择“学生”，输入手机号码获取验证码注册登录。

（3）绑定水表：点击首页的“洗澡”按钮，点击“搜索洗澡”，选择相应宿舍，点击“绑定”按钮，点击“开始洗澡”按钮，会提示“账户余额不足，请充值”。

图 8-1 “趣智校园”App

（4）充值金额：根据提示点击“去充值”或者点击首页的充值按钮，选择充值金额，进行充值。

（5）开始洗澡：点击“我的水表”按钮，点击“开始洗澡”，打开水龙头，用水。

（6）结束洗澡：点击“结束洗澡”按钮结束用水，形成当次用水账单，退回未用完的金额。更详细的操作请查看“趣智校园”App 上“我的”里面的操作指引。

注意：如果水表绑定错误，可点击“洗澡”按钮，点击“我的水表”，点击“更换水表”，再绑定正确的水表用水即可。

二、9～14 栋以及 23、27、28 栋宿舍洗澡热水使用流程

（1）下载扫一扫蓝牙水表上的二维码或者图 8-2 的二维码，下载“汇优”App。

（2）输入手机号、验证码完成注册。

（3）打开蓝牙，搜索洗澡绑定对应的宿舍号。

（4）点击充值页面进行充值。

（5）点击首页洗澡界面，点击绑定的宿舍号连接设备，点击开始洗澡，打开热水阀。

（6）洗澡完成后，点击结束洗澡，形成账单，退回余额。

图 8-2
“汇优”App

三、宿舍内直饮水设备使用流程说明

宿舍内安装了水表的房间：打开直饮水侧边热水开关，点击饮水机上面的按钮即可直接使用。

宿舍内未安装水表的房间：需使用“水联天下”App 或校源网小程序。扫描饮水机右上方二维码，按提示下载“水联天下”App，打开 App，按提示步骤进行相应授权后即可使用。

四、宿舍内洗衣机设备使用流程说明

（1）打开洗衣机，放入衣物，不超过半桶，效果最好。

（2）扫描洗衣机上的二维码，关注公众号，打开公众号，选择“自助服务”，再点“扫一扫”进行扫码洗衣。

（3）选择洗衣模式，支付成功后，洗衣机开始工作。洗衣完成请及时取走衣物。

五、设备报修流程操作说明

1. 报修内容

水电、木泥工、下水疏通、宿舍空调、洗衣机、直饮水、洗澡热水、消防设施、监控设施、交通设施、仪器及空调、电脑及网络。

2. 报修步骤

（1）关注“南工后勤微生活”公众号（ncqzfgo）（图 8-3）。

（2）打开公众号，点击“校园维修”，如是新用户，系统会自动进入注册页面，需填写相关信息进行注册。注意：手机号码一定要是“本人真实有效的”，如号码无效或与联系人不相符，会被系统列入黑名单，无法报修。注册成功后，点击“南工后勤微生活”，再点击“校园维修”，进入图 8-4 页面。

图 8-3
“南工后勤微生活”
微信公众号

3. 注意事项

（1）报修类别、区域、楼栋、楼层和区域分类，尽可能选择系统上有的，如系统上确实没有，需手工填写。

（2）手工填写房间编号，如没有房号，请填写“×× 房号边”或填写“×× 房间”，一定不能填错，否则系统会退单。

（3）尽可能在设备库内选择设备。可能有些学生不知道设备名称，请参考“报修设备图片

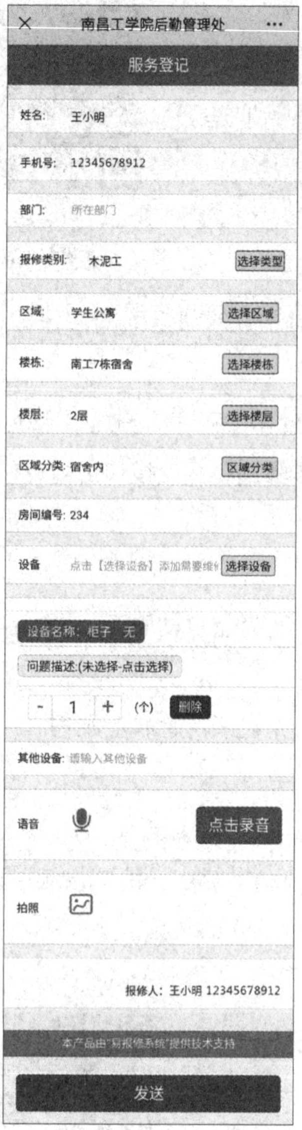

图 8-4
“南工后勤微生活”
报修服务

对照表”，如对照表内没有你要报修的设备，请手工填写且须拍照片，否则系统会退单处理。

（4）选择设备后，一定要选择问题描述和填写数量。如果没有问题描述，系统会退单；没有填写数量，系统会默认为数量是 1，维修材料数量只能出库 1 个。

（5）维修师傅完成维修后，请报修人员对维修情况进行评价。

快递服务

一、快递站点分布

（1）南昌工学院菜鸟驿站

地址：东体育场旁

（2）南昌应用技术师范学院菜鸟驿站

地址：天工蓝学习中心西面

二、快递点合作物流

邮政（EMS）、顺丰、京东、中通、圆通、申通、韵达、极兔、丹鸟。

三、客服咨询电话

（1）南昌工学院菜鸟驿站客服电话：18046708182。

（2）南昌应用技术师范学院菜鸟驿站客服电话：16607051767。

CHAPTER 9　生活须知

学生的饮水、洗漱及洗澡如何解决

沐浴热水、直饮冷热水设备安装在学生宿舍内，学生宿舍都配有独立洗漱间、独立卫生间，但不提供免费沐浴热水。使用沐浴热水、直饮冷热水，用手机按照设备旁边的指示进行操作。

学生宿舍如何用水用电

水：每个月免费向每个学生提供 3 吨水，超过部分按照南昌市规定的水价收取。

电：每个月免费向每个学生提供 3 度电用于基本照明，如超额需自行缴费。可通过关注微信公众号“中国建设银行”，点击“悦生活”→“生活缴费”→“电费”，选择“南昌市”→“南昌工学院”，输入用电房间号（如：1 栋 101 房间，输入 1–101 即可，下同），查询余额，输入缴费金额、建行卡号，即可支付。或者下载中国建设银行手机银行 App，在主界面点击“生活”→“更多”→“生活缴费”→“电费”，选择“南昌工学院”，输入用电房间号，查询余额，输入缴费金额、建行卡号，即可支付。

学生宿舍网络情况如何

学生宿舍的宽带网络由三家运营商安装铺设，学生可根据个人需要，自行到校园内电信、移动、联通营业厅选择办理。

怎样做到爱舍如家

一、“四个自觉”

（1）因宿舍已安装人脸识别门禁系统，请自觉至学工处（部）录入人脸识别信息，严禁翻越、破坏。

（2）自觉遵守学生宿舍作息时间（6:00 开门，22:30 关门）。

（3）自觉维护自身安全，不晚归，不擅自在校外留宿。

（4）自觉按照学校所分配宿舍及床位入住，不擅自调换宿舍、床位。

二、“四个共同”

（1）共同营造安静的生活环境。不准在学生宿舍大声喧哗、吵闹、酗酒、赌博、打架斗殴、拍打球具等。

（2）共同营造安全的生活环境。妥善保管好自己的财产，宿舍不宜存放大额现金。外人一般不能进入宿舍，如确因需要进入，必须履行登记手续，严禁擅自留宿外人。将贵重物品拿出宿舍须主动进行登记。不准使用禁用电器（热得快、电饭煲）、明火器具、劣质电器。不得擅自进入异性宿舍。离开宿舍应及时关好门窗、水电。

（3）共同营造干净的生活环境。做到宿舍每天一小扫、每周一大扫（学校将定期组织检查评比）。打扫卫生时，不宜直接用水浇地面，以免宿舍渗漏。擦洗桌面时，应使用干抹布，不要直接将水洒在桌面上，以免桌面起泡霉烂）。及时换洗个人衣物。不随地吐痰、乱扔纸屑。不得从窗口向外泼水、丢杂物等，宿舍垃圾放到楼层指定位置。

（4）共同营造节能的生活环境。严禁长流水、长明灯。学校每月为每个学生免费提供一定量的基础水电，请节约使用，超额部分须自行缴纳费用。

CHAPTER 10 课外活动

入校后如何选择学生社团

社团是微观的社会，参与社团是步入社会前最好的磨炼。随着大一新生的到来，学院社团的招新活动也将陆续展开。面对数目繁多的社团组织，新生们在选择的时候应该注意：一是要根据自己的兴趣爱好进行选择；二是要了解你所要加入的社团；三是选择时避免草率和贪多；四是要对自己有自信。

如何利用学生社团锻炼自己

作为社团的成员来说，要想在一个社团中得到最大程度的锻炼，最大化实现自己的价值，需要充分发挥自己的能动性，投入足够的热情和活力，开拓自己的思维。

社团是一个大舞台，也是一个人生实验室，在丰富的活动中，有各种机会可以让你锻炼工作、生活所需要的各种素质和能力。在社团中，还可以培养团队合作能力和领导才能，发挥你的专业知识和特长。

社团活动同样也需要坚持。对于大多数社团来说，由于各种原因，多少都存在着一些不尽如人意的地方，比如组织开展的活动不太成功，有时甚至会失败。但为什么我们会选择这个社团？因为我们喜欢它，那么，对于自己喜欢的事情就一定要多付出一点。行百里者半九十，很多时候要想有更大的收获，就必须有一颗恒心，要学会执着。

如何竞选学生干部

一是尽早产生竞选意识。意识是第一位的，有了意识才有行动，有了行动才有结果。意识领先一步，就会步步领先。否则，总是比别人慢半拍，就被动了。

二是竞选前为自己加分。利用好入学后的每一次展现机会，主动推销自己，敢于毛遂自荐，让老师和同学能够快速认识自己、了解自己。

三是尽早确立自己在班级的地位。要想突出自己的位置，关键是自己要舍得付出，别人没想到的你想到了，别人不愿干的你去干了，这样一来，你自然就会脱颖而出。

四是做好竞选学生干部的准备工作。要主动找当班干部的师哥师姐请教；上网查阅资料，撰写竞选演讲稿。演讲稿大致分为如下几个方面：简单的自我介绍，竞选什么班干部；为什么要竞选这个班干部（服务同学、锻炼自己）；自己有何竞选优势（能力、工作经历等）；阐述自己的想法，主要是分析目前班级存在的问题，自己将如何应对和解决；最后总结，表态或表决心，为自己拉票。整个竞选过程一定要充满自信。

如何当好学生干部

当好学生干部并非一件容易的事情，要处理好多层面的关系。大学校园就像一个微型社会，学校的事情多而杂，相应的工作量就大，许多事情处理起来也没那么简单。要想当一名优秀的学生干部，一是要明白学生干部在学校所处的角色；二是能够充分理解当学生干部是一种责任；三是真诚处事，善待他人；四是以身作则，严于律己，坚持原则，灵活机动；五是具有良好的时间管理能力。

如何看待大学兼职

兼职区别于全职，是指在学习之外兼任其他社会工作。从事兼职对补充自己的知识和工作经验十分有益，备受学生欢迎，但始终要坚持“学习为主，兼职为辅”的原则，兼职不得影响正常学习安排，不得影响基本的睡眠与休息。

兼职中如何自我保护

兼职时千万不要忘记保持清醒，不断增强自我保护意识，切实维护自身的权益。

首先，避免不必要的损失，前提是学会辨别招聘信息：一是警惕“天上掉馅儿饼”的好事，二是警惕骗取押金和培训费，三是警惕“口头承诺”，四是警惕“皮包公司”。

其次，要注意兼职协议中的各项条款。必须有明确的工作内容、工作时间、工作地点、工作薪酬以及付款时间：一是仔细阅读定式协议（公司方已拟定，只等学生签字的协议）中的各项条款，防止利益被损害；二是不去酒吧、KTV 等娱乐场所兼职，特别是女生，要注意安全。

最后，要有法律意识和劳动保障意识，当兼职工作中合法权益受到侵害时，应立即向当地公安局或当地劳动保障监察机构投诉。

找兼职工作的注意事项

一、谨防黑中介

社会上存在不少不规范的中介机构，这些不良中介一般具有以下特征：没有营业执照或营业执照过期；没有固定的办公场所；在经营其他项目时兼营中介。

学生做兼职一定要到有资质、信誉好的正规职介中心找工作。进门要看该职介所是否有劳动行政部门颁发的职业介绍许可证和工商部门颁发的营业执照，只有具备这两个证件的职介所，才可以从事职业介绍工作。

二、不要交押金或抵押物

一些用人单位在招聘时，往往会收取不同金额的押金或收取身份证、学生证作为抵押物。这类骗局通常在招工广告上称有文秘、公关等比较轻松的岗位或以优厚的报酬等作为诱饵吸引大学生，求职者只需交一定的保证金或者其他一些费用，如服装费、建档费等即可上班。但往往在学生交钱后，招聘单位会推脱称目前职位已满，让学生回家等消息，接下来便石沉大海。

用人单位私自向求职者收取押金属于违法行为。有关法规明确规定，用人单位在招用劳动者时，不得向求职者收取押金，更不能扣留身份证、学生证等证件作为抵押物。学生在求职时要增强法律意识，以法律为依据，对违法行为坚决说“不”。同时，应主动与用人方签订合同，充分维护好自己的权益。

三、慎重对待娱乐场所高薪招工

有的娱乐场所以高薪来吸引求职者，有的可能涉及不正当交易。学生不宜选择去酒吧、KTV 等娱乐场所打工。

此外，还要考虑工作的时间和地点。有些兼职与上班族的时间一致，甚至有晚班的情况，这样一来会耽误学业，二来会不安全。如果工作地点离学校较远，也需慎重考虑，因为交通费用会上升，往返时间也会增加。

CHAPTER 11 其他生活建议

衣着得体

一名衣着整洁、大方得体的大学生能给他人留下良好的第一印象，这有利于人际交往的顺利开展。

大学生着装原则：舒适最重要；不盲目追求流行；遵循 T（时间）P（地点）O（场合）原则；注意色彩搭配。

饮食规律

根据人体消化系统运行规律，混合食物在胃里停留的时间通常为 4～5 个小时，因此，两餐的间隔时间应为 5 个小时左右，且用餐时间、用餐次数要有规律。一日三餐的用餐时间最好定在 7:00 左右（早餐）、12:00 左右（午餐）、18:00 左右（晚餐）。

民间有“早饭要吃好、午饭要吃饱、晚饭要吃少”的说法，其实是很有道理的。一日之计在于晨，清晨起床的我们需要一顿营养丰富的早餐，帮助我们开始一天紧张而忙碌的学习生活。从早餐到晚餐的时间很长，白天的活动量又大，所以中餐要吃得饱，而且质量要高，便于消化，这样才能保证一整天精力充沛。晚餐可以少吃一些，以清淡、容易消化为原则。大学生们晚上还要学习或参加各种社团活动，可以考虑睡前 2 小时左右到食堂吃点夜宵。

时间规划

时间规划分为长期规划和短期规划。长期规划是以学年和学期为单位，列出每一年或每一学期要达成的目标。短期规划包括月规划、周规划和日规划，是长期规划的层层细化。

不积跬步无以至千里，不积小流无以成江海。只有做好短期规划，才能真正实现长期规划。学生们要根据实际情况，科学制订短期或长期规划的时间表，特别是每天的时间表。

融入集体

大学的班级已经不是中小学那种熟悉的班级概念。不是所有的课程都在同一间教室里上，有可能上完一门课便换一个教室；班内同学来自全国各个省市，不再像中学时大家都是同乡或近邻；班主任不会跟前跟后，事事皆管。在大学，班级变成了一个相对松散的集体，所以，刚入学的同学在班级交往方面要做到：重视新生见面会；积极参加活动；找准自己的位置，各司其职；尽心尽力；调整心态。

PART 4

安全篇

CHAPTER 12　安全教育

国家安全（一）：筑牢人民防线，维护国家安全

一、什么是国家安全

1. 国家安全的概念

国家安全是指国家政权、主权、统一和领土完整、人民福祉、经济社会可持续发展和国家其他重大利益相对处于没有危险和不受内外威胁的状态，以及保障持续安全状态的能力。

2. 维护国家安全的路径

国家安全工作应当坚持总体国家安全观，以人民安全为宗旨，以政治安全为根本，以经济安全为基础，以军事、文化、社会安全为保障，以促进国际安全为依托，维护各领域国家安全，构建国家安全体系，走中国特色国家安全道路。

3. 维护国家安全的方法

既重视外部安全，又重视内部安全；既重视国土安全，又重视国民安全；既重视传统安全，又重视非传统安全；既重视发展问题，又重视安全问题；既重视自身安全，又重视共同安全。

新国家安全法五大亮点：明确总体国家安全观；维护国家经济安全；确保文化安全；维护国家网络空间主权；为太空、深海和极地等新型领域国家安全提供法律支撑。

二、国家安全面临的四大风险挑战

（1）国际形势风云变幻。地缘纷争、强权作梗，威胁着国土安全。

（2）中国经济社会发生深刻变化。增速换挡、转型升级，考验着经济安全。

（3）改革进入攻坚期和深水区。环境污染，考量着生态安全；网络泄密，挑战着网络安全。

（4）社会矛盾多发叠加。

【典型案例】

2014 年 8 月，海南 19 岁男子李某某辍学后打工，在上网时被钱财诱惑加一“老板”，用“老板”汇来的钱购置数码相机和摩托车，发展海南某县中学高二、高三年级学生王某、刘某、陈某、洪某 4 人为下线，按“老板”的要求对我国某军用机场飞机和设施进行偷拍，至当年年底，前后多次通过互联网给“老板”传送相关照片数百张，获得境外汇来的高额“报酬”。2020 年 1 月，国家安全机关侦破此案，李某某受到法律惩处。

三、大学生应如何维护国家安全

1. 增强国家安全意识，提高识别能力

大学生要坚定国家安全高于一切的观念，增强国家安全意识，克服麻痹思想，提高识别能力。

2. 掌握国家安全知识，熟悉安全法规

（1）收到不法宣传品及时主动上交，防止扩散，产生不良影响。

（2）发现危害国家安全的情况和线索，立即拨打国家安全机关举报电话“12339”进行举报。

（3）熟悉国家安全法律法规，如《中华人民共和国国家安全法》《中华人民共和国反恐怖主义法》《中华人民共和国保守国家秘密法》等。

3. 文明言行，自觉维护国家安全

（1）文明上网，不在社交平台发布不当的言论和照片。

（2）主动配合地铁、车站、机场等公共场所安检。

（3）在社交平台发布照片时，要注意照片中的背景，未经允许不得在军事基地、军用港口等地拍摄。

国家安全（二）：维护民族团结，捍卫祖国统一

一、我国的民族政策

民族政策是国家和政党为调节民族关系、处理民族问题而采取的相关措施、规定等的总和。

二、我国民族政策制定的原则

1. 坚持民族平等和民族团结

在我国，民族不论大小，不论社会发展程度如何，在一切权利上都是完全平等的，在承担义务上也是平等的。不允许任何民族有任何特权，禁止民族歧视和民族压迫，禁止一切破坏民族团结和制造民族分裂的行为。

2. 实行民族区域自治制度

民族区域自治制度是党和国家用来解决我国民族问题的一项基本政治制度。实践证明，在少数民族聚居地实行民族区域自治，符合我国的具体实际，有利于维护国家统一和充分尊重、保障各民族管理自己内部事务的权利，有利于最大程度地调动各族人民当家作主的积极性。截至目前，我国共建有民族自治地域 155 个，其中自治区 5 个、自治州 30 个、自治县（旗）120 个。

3. 发展少数民族地区经济文化事业

根据少数民族的特点和需要，帮助少数民族地区加速经济和文化的发展，实现各民族共同进步与繁荣，是促进我国社会主义现代化事业全面发展的必然要求。经济发展是各民族自身发展的基础，也是民族关系良性发展的基础。因此，国家采取了多方面的措施，如给予优惠政策、加大投资力度、实施对口支援与合作等，扶持少数民族地区发展经济和社会事业。

三、做民族团结进步创建活动模范

1. 坚持底线思维，严守法律法规

守法就是遵守国家法律法规，就是要遵守《中华人民共和国宪法》，遵守《中华人民共和国教育法》《中华人民共和国反恐怖主义法》《中华人民共和国国家安全法》《中华人民共和国禁毒法》《中华人民共和国治安管理处罚条例》等。

2. 坚持立德树人，做政治合格的大学生

政治合格是大学生培养的首要目标。我们要清醒地知道，只有做到以下要求，才能做到政治合格。

（1）维护民族团结、维护祖国统一。自古以来，中国就是一个统一的多民族国家，国家的主权不受任何国际或国内势力的侵犯。稳定是福，动乱是祸。来之不易的安宁我们要珍惜，边疆民族地区的发展要依靠党的领导，要靠我们全国各族人民共同努力奋斗。

（2）强化“五个认同”。“五个认同”指的是：对伟大祖国的认同、对中华民族的认同、对中华民族文化的认同、对中国特色社会主义道路的认同、对中国共产党的认同。

（3）坚持“三个离不开”。“三个离不开”是指汉族离不开少数民族、少数民族离不开汉族、各民族互相离不开。中华民族的历史，为我们揭示了这样一条规律：各民族之间的团结和睦是繁荣昌盛的基础。“三个离不开”思想的提出，是对这一历史规律最简洁、最朴素的概括。

消防安全：自觉增强防火防溺水的意识

一、火灾猛于虎，消防无小事

【典型案例】

2023 年 5 月 9 日，福建省泉州市一高校学生宿舍发生火灾，2 名学生在避险过程中不慎受伤。

2022 年 6 月 4 日，湖南财政经济学院一男生宿舍突发火灾。事后经现场火情勘察，起火原因为吸烟遗留火种引发火灾。

2021 年 12 月 21 日，湖南省长沙市某大学一学生宿舍起火，经消防救援，火势得到控制，但是该高校宿舍内学生物品被烧毁。起火原因系学生忘记关闭放在棉被上的吹风机及电插板开关，引起寝室跳闸，最终导致了火灾的发生。

1. 什么原因易导致火灾发生

（1）私自乱拉电源线路。违章乱拉、乱接电线，容易损伤线路绝缘层，引起线路短路，从而引发火灾事故。

（2）违规使用大功率电器。高校的建筑物、供电线路、供电设备都是按照实际使用情况设计的，在宿舍内违规使用大功率电器，如电炉、电饭锅、电吹风、电热杯、热得快等，使供电线路过载发热，加速线路老化而引发火灾。

（3）使用电器无人看管，人走不断电。

（4）定时供电或因故障而停电引起火灾。

（5）用电线路短路引发火灾。

（6）电器自燃引发火灾。电视机、饮水机、电脑、空调机等电器自燃引发火灾，绝大多数是因为通电时间长，引起电器内部变压器发热、短路起火。如使用交直流两用不带交流开关的录音机，总以为录音机开关已关，而不切断电源，实质上交流还在工作，关的仅是直流而已，长时间工作，使变压器的绝缘能力下降，电器聚热引起燃烧。

2. 火场逃生相关知识

（1）不能迟疑。火灾中，生命才是最重要的，要争分夺秒地逃离火灾现场。迟疑不决，患得患失，容易耽误最佳逃生和救助时机。

（2）防止被浓烟呛到。如果手头有灭火器或者防毒面具，那是最好不过了。如果没有，就将毛巾用水打湿捂在嘴上，逃生过程中尽可能弯下身子。

（3）不乘坐电梯。高楼起火后容易断电，造成电梯“卡壳”，这样逃生者会被困在电梯中，反而处于更危险的境地，给救援工作增加难度。另外，电梯口直通大楼各层，火场的烟气涌入电梯井极易形成“烟囱效应”，人在电梯里随时会被浓烟毒气熏呛而窒息。

（4）不要幻想可以突破火点。火场中心温度达 1000℃以上，如果没有浸湿的毛巾，你最多在滚滚浓烟中坚持 3 分钟；如果你有这块毛巾，你最多能多坚持 1.5 分钟。

（5）不可钻床底、衣橱、阁楼。高层建筑火灾中切记千万不可钻到床底下、衣橱内、阁楼上躲避火焰或烟雾，因为这些都是火灾现场中最危险的地方，而且又不易被消防人员发觉，难以获得及时的营救。找一间最靠主干道的房间（这样你将成为消防员们最先施救的对象），这个房间必须有窗户，并且没有防盗窗（火灾中，由于消防员们繁忙异常，为了有效地在短时间内救助最多的人，那些在防盗窗里的人永远是最后被拯救的人）。进入这个房间之后，第一个动作是关闭房门，第二个动作是拿来常用的胶带封闭你能看见的所有空调出风口，第三个动作是打烂房间的窗户。钢化玻璃窗户的四角是这些玻璃最薄弱的地方，用尖锐的器皿可以很容易凿破。

（6）不可盲目跳楼。在得不到及时救援又身居较高楼层的情况下，切不可盲目跳楼，可将房间内的床单、被里、窗帘等织物撕成能负重的布条连成绳索，系在窗户或阳台的构件上向楼下滑去，也可利用门窗、阳台、落水管等逃生自救。

（7）学会使用求救信号。除了拨打手机，也可从阳台或临街的窗户向外发出呼救信号，比如向楼下抛扔沙发垫、枕头和衣物等软体物品，也可寻找色彩亮丽的衣服或者布条，伸到窗户外大幅度晃动，引人注意。夜间则可用打开手电、应急照明灯等方式发出求救信号，帮助营救人员找到确切目标（打火机绝对不是好选择，因为在火场中，打火机并不明显，并且会导致可燃气体的爆炸）。

（8）分清灭火器类型。学会使用灭火器，“一提二拔三对准四喷射”。注意区分干粉和干冰灭火器，当你的同事或者家人身上着火的时候，只能使用干粉灭火器对他们的身体进行喷射。

3. 学生宿舍如何预防火灾

（1）不私拉乱接电源线。

（2）不乱扔烟头。

（3）不躺在床上吸烟。

（4）不在蚊帐内点蜡烛看书。

（5）不焚烧杂物，点蚊香应采取有效的防火措施。

（6）不存放易燃易爆物品。

（7）不使用热得快、电炉等违禁电器，不使用电热毯、劣质电器等可能引发火灾的电器。

（8）不使用酒精炉、液化气灶具生火做饭。

（9）人走断电，嗅到电线胶皮煳味，要及时报告，采取措施。

（10）台灯不要靠近枕头和被褥。

（11）不得将电动车蓄电池带入学生宿舍等室内场所充电。

4. 增设 VR 课程提升防火意识

为了提高学生防火意识，增强火灾逃生能力，学校特开设消防 VR 课程（图 12–1）。

课程分为两部分：第一部分，防火课程，内容包括但不仅限于火灾类型与特点、火灾如何预防、消防器材的使用以及烧伤、心肺复苏等；第二部分，演练逃生课程，基于学校食堂、宿舍、教学楼及图书馆四个场景进行建模，让学生在课程中发现隐患、找到着火点，按现有实际场景的逃生通道完成火灾逃生。

扫码学习

图 12–1

二、珍爱生命，远离溺水伤害

溺水是常见的意外，溺水后可引起窒息缺氧，如合并心跳停止的称为“溺死”，如心跳未停止的则称“近乎溺死”。这一分类于病情和预后估计有重要意义，但救治原则基本相同，因此统称为“溺水”。

1. 导致溺水的原因

（1）技术不熟练。

（2）在非游泳区游泳。

（3）患病期间游泳。

（4）潜水。

（5）碰撞打闹。

（6）抽筋。

（7）长时间游泳造成疲劳。

（8）脚陷入淤泥。

（9）遇到洪灾等不可抗拒的因素。

2. 营救方法和措施

（1）溺水者清醒，有呼吸有脉搏的情况下，施救者应立即呼叫 120，在一旁陪伴并为溺水者保暖，随后等待救援人员或送医院观察。

（2）溺水者昏迷（呼叫无反应），有呼吸有脉搏的情况下，施救者应立即呼叫 120，清理溺水者口鼻异物，并将其稳定侧卧位，等待救援人员。同时，密切观察溺水者呼吸、脉搏情况，必要时对其进行心肺复苏。

（3）溺水者昏迷，无呼吸有脉搏，类似假死状态，出现喉痉挛，无呼吸，脉搏微弱濒临停止时，施救者应立即抬高溺水者下颚，开放气道，进行人工呼吸，脉搏心跳即可迅速增强。溺水者恢复呼吸后，可将其稳定侧卧位，等待救援人员。

（4）溺水者昏迷，无呼吸无脉搏的情况下，施救者应立即清理溺水者口鼻异物，对溺水者进行心肺复苏，急救顺序是开放气道、人工呼吸、胸外按压。切记同时要呼叫 120，并持续心肺复苏急救至患者呼吸脉搏恢复或急救人员到达。

3. 如何预防和减少溺水事件

（1）不要独自一人外出游泳，更不要到不摸底和不知水情或比较危险且易发生溺水伤亡事故的地方去游泳。

（2）必须有组织并在熟悉水性的人的带领下去游泳。

（3）要清楚自己的身体健康状况，平时四肢就容易抽筋者不宜参加游泳或不要到深水区游泳。

（4）对自己的水性要有自知之明，下水后不要逞能，不要贸然跳水和潜泳，更不能互相打闹，以免呛水和溺水。不要在急流和漩涡处游泳。

（5）在游泳中如果突然觉得身体不舒服，如眩晕、恶心、心慌、气短等，要立即上岸休息或呼救。

（6）在游泳中，若小腿或脚部抽筋，千万不要惊慌，可用力蹬腿或做跳跃动作，或用力按摩，拉扯抽筋部位，同时呼叫同伴救助。

金融安全（一）：预防网络诈骗

网络诈骗通常指为达到某种目的在网络上以各种形式向他人骗取财物，犯罪的主要行为、环节发生在互联网上，往往用虚构事实或者隐瞒真相的方法骗取数额较大的公私财物。网络诈骗的类型包括以下几种。

一、网上购物类诈骗

网上购物类诈骗是指事主在互联网上因购买商品而发生的诈骗案件，其作案手法包括要求事主多次汇款、发送假链接假页面、收取定金骗钱法等。

【典型案例】

20×× 年 ×× 月，南昌工学院一名刚入校的新生 A 同学在淘宝上购物后，收到 QQ 消息的加好友提示，便同意将其加为好友。对方自称是店家，说货物有瑕疵，需核实信息以便退款，A 同学不假思索地配合“店家”进行操作，将收到的“验证是否为本人操作”的验证码（实际是淘宝账号修改密码的验证码）发给了对方。“店家”首先修改了 A 同学的账号密码（导致 A 同学不能登录淘宝账号），同时掌握了其用户信息，并通过所得到的信息，取得 A 同学的信任；然后，A 同学在“店家”的一步步引诱下输入了银行账号，并在支付宝的备注里输入了银行密码，当“店家”询问其卡上余额时，A 同学略有纳闷，但仍未怀疑；当收到银行的验证信息“尾号为 ×× 的卡将支出 ×× 元”时，A 同学略有迟疑，在反问对方未成功和压力式“逼问”下，A 同学一烦躁便将验证码脱口而出。最后，A 同学银行卡被扣除 800 元，仅剩 20 多元零头。

【案例分析】

易掉入网上购物类诈骗陷阱的群体有：大学新生、初次使用网络购物人士、爱贪小便宜的群体。其中，大学生涉世未深，对新事物充满好奇，遇事不多加考虑，且情绪波动大，最容易成为网络诈骗分子侵害的目标；作为特殊的群体，大学生主要的生活开支来源于父母，倾向于购买物美价廉的商品；大学生网络购物安全防范意识不强。

【应对办法】

（1）提高警惕，不贪小便宜，相信天上不会掉馅饼，不轻信网上的“超低价”商品。

（2）不进入非官方网站（不正规网站）购物，点击网站时要慎重，不接收不明链接、图片等，千万不要成为骗子的“鱼”。看清域名，如淘宝网域名 www.taobao.com，很可能欺诈者会制作一个域名为 www.taoba0.com 的网站。

（3）坚持使用第三方支付平台，杜绝私下交易；坚持使用官方支付工具，拒绝卖家以各种借口提出的使用汇款或转账等方式支付。由于消费者防范意识薄弱，在支付时要认真查阅支付网页是不是官方支付网页，以防信息和密码被欺诈者窃取。

（4）保护证据，勇于维权，在购买商品时要完整地保留与卖家的聊天记录、交易记录、物流信息记录等，购买商品后索要购物发票等，为维权留存凭证。大学生要有维权意识，不要让自己的利益受损。

二、网上兼职刷单类诈骗

网上兼职刷单类诈骗指犯罪嫌疑人利用招聘网站、兼职类 QQ 群等途径发布虚假兼职（给电商平台商铺刷单以提升信誉度）信息，以高额回报为诱饵，套用真实刷单兼职的工作流程，等刷单成功后，再以各种借口要求受害人多次汇款的网络诈骗。该类犯罪的特点包括诈骗对象不确定、资金追缴难度大等。

【典型案例】

20×× 年 ×× 月 ×× 日，某高校吴同学报警称：前一天下午 3 时许在宿舍用手机上网，看到一条兼职刷单的广告，与对方 QQ 联系，对方称每单返 8% 的佣金，就打开对方发来的网址，在这个网址用支付宝刷了 320 单，共刷了 15000 元，对方没有返回本金和佣金，他才发现被骗。

【案例分析】

网上兼职刷单类诈骗作案手段具有便捷化、隐蔽性特点。诈骗分子只需通过在网站上发布虚假招聘、兼职信息，即可寻找到作案目标，而且使用微信、支付宝等第三方网络交易平台可快速转移赃款，并不与被害人发生直接接触，属于“隐身作案”。

此类犯罪的过程极具诱骗性。诈骗分子先引导受害者完成一些金额低、回报低的兼职“小单”，及时支付相应的本金和佣金，骗取受害者信任，待其放松警惕后，诱骗受害者做金额高、回报高的“大单”，一旦收到受害者大额转款便销声匿迹。

涉世未深的大学生、缺少社会经验的家庭主妇以及刚参加工作的年轻人最容易成为网上兼职刷单类诈骗的对象，其中大学生是主要受骗群体。这些受骗的大学生往往做着依靠网络刷单实现“足不出户月薪过万”的美梦，结果把自己一年的生活费都搭了进去。

【应对办法】

寻找网上兼职要通过正规可靠的平台，拒绝需要预付保证金、先行垫付资金的兼职工作。要记住，天下没有免费的午餐，对于可以轻易获取高额回报的工作要保持高度警惕，千万不要轻信。

寻找网上兼职时不要轻易泄露自己的个人信息，也不要轻易点击对方发过来的链接，不要在链接的页面上填写自己的银行卡号、支付宝账号及密码等信息。如果不慎被骗，应注意及时收集证据，如聊天记录、交易记录、联系方式及其他有利于警方破案的证据等。

三、网上冒充熟人类诈骗

网上冒充熟人类诈骗指犯罪嫌疑人通过发送带有木马病毒的链接对 QQ 或微信进行木

马攻击，受害人点击嫌疑人发送的钓鱼网站或不明邮件后，电脑、手机中毒，嫌疑人再通过侵入受害人的 QQ、微信好友聊天记录以及备注信息等，以亲友的口吻与受害人聊天，进而实施网络诈骗。

【典型案例】

20×× 年 ×× 月 ×× 日，某高校王同学报警称：当天中午 11 时许在宿舍用手机上网，有个 QQ 号主动加其为好友，他发现这个 QQ 号的头像、昵称和自己的一个朋友一样，以为是那个朋友，就加了对方的 QQ。之后，对方称自己在国外买飞机票，需从国内转账，要向他借点钱，他未加核实，先后两次通过支付宝向对方提供的账号汇款 11700 元。

【案例分析】

现如今，信息泄露问题给众多网络诈骗分子提供了便利，他们通过非法渠道收集受害人相关信息，同时利用现金快捷支付的漏洞，借助网络发送诈骗信息取得相关验证码，一旦快捷支付验证成功，后面的操作就不再需要短信验证了。

【应对办法】

（1）不能仅凭在 QQ、微信中进行语音或视频聊天，就确认对方是自己的亲友，最好打个电话。

（2）与对方交流时，切记不要根据对方提供的新号码进行联系，以免落入圈套。

（3）多问细节，多问自己几个“为什么”，也可与周围人进行交流，冷静思考再做决定。

（4）立即电话通知好友修改密码，并全面杀毒，保证电脑安全。 如果和好友有共同的好友或群，及时提醒大家注意防范，以免其他人上当受骗。

（5）验证码是我们确保个人财产安全的最后一道防线，切不可轻易泄露。亲人或朋友发来索要验证码的请求，要记得打电话或通过视频等方式进行求证。

（6）对方若提供银行账号，可在网上查询银行卡的归属地，一旦发现与自己或亲友所在城市不符，应高度警觉，再三确认后再汇款；如果已经汇款，一定要记住嫌疑人提供的账号，第一时间通过电话客服、网络银行等平台输入 3 次错误密码，短暂冻结账户，为警方争取时间。

四、涉卡诈骗

涉卡诈骗是指犯罪分子以获取非法利益为目的，用虚构事实或隐瞒真相的方法，利用各种信息工具进行诈骗，尤其是涉及银行卡或者虚拟卡的诈骗行为。

【典型案例】

20×× 年 ×× 月 ×× 日，某高校学子潘某某报警称：当天下午 3 时 52 分接到一个电话，对方讲有人用其身份信息办了一张社保卡，里面有 3000 多元，可能影响其信用。对方通过帮转接报案电话，骗取了他的信任。接着，他按照对方要求来到学校对面银行 ATM，按对方所讲进行操作，向对方提供的账号分两次汇款 11338 元，后发现被骗。

【案例分析】

一方面，涉卡诈骗手段高明，群体作案；另一方面，公众尤其是学生和老人对网络诈骗警惕性不高，防范意识淡薄；对涉卡诈骗了解不够，对于诈骗的犯罪敏感性也不强，抵御犯罪的意识和能力有待提高。

大学生脱离家长后，在消费观上有自主消费、超前消费的倾向，在生活中出于炫耀、从众和攀比等心理，导致急于在网上办理信用卡，而忽视了网络隐藏的风险。

【应对办法】

作为大学生，要树立正确的人生观、价值观，尤其要树立良好的消费观，杜绝拜金主义、享乐主义、好逸恶劳等不良思想的影响。

向周围同学宣传涉卡诈骗的危害性，增强防范意识，出现问题时使用正当手段维护自身权益。

金融安全（二）：远离传销

一、什么是传销

传销有四个主要特点：一是通过人传人的方式来达成销售的目的；二是扰乱经济秩序，影响社会稳定；三是对被发展人员进行洗脑并收取费用；四是通过要求被发展人员以缴纳一定费用为条件取得加入资格等方式牟取非法利益。

传销的本质是靠发展下线拉人头骗钱；目的是怎样把你的钱骗到手，怎样把你培养成替团伙骗钱的工具；手段则是用听上去相当正确、相当符合实际的理论和语言（环境）来掩盖传销组织的目的。

【典型案例】

20×× 年年初，南昌工学院一名四川籍大三同学陈某通过 QQ 认识了一名在西安工作的女同乡，通过 QQ 以及电话联系，两人慢慢确定为情侣关系。当年五一长假，陈某按正常请假程序离开学校，前往西安第一次会见自己心爱的“女朋友”。“女朋友”带他在西安游玩了两天，然后带他去见了一些朋友，并进入她的工作场所。她告诉陈某，她在和几个朋友做商品总代理，目前生意做得非常好。陈某通过听课培训，渐渐地沉迷其中，后来人身自由受到严格控制，几乎不能外出，手机也上交了。一天，陈某突然打电话给他母亲，说自己和“女朋友”在街上骑单车摔伤了，非常严重，急需 1.5 万元的医疗费用。过了两天，他声称要做手术，又从家里要了 2 万元。他第三次向家里要钱时，家人实在是拿不出钱，同时也慢慢反应过来：陈某可能陷入了传销组织。

【案例分析】

传销不仅严重扰乱了正常的市场经济秩序，也直接危害了人民群众的生命财产安全，破坏社会稳定。它所带来的危害不仅是行动上的，更是思想上的。

传销迎合了某种浮躁的商业文化与暴富心态。尤其是那些弱势群体，极易认同传销组织鼓吹的这种“无论在理论上和实践上都无法兑现的成功”，并把其视为自己生活的希望所在。一旦这种希望破灭，被洗过脑的他们是无法承受的，最后的结果往往是妻离子散、家破人亡。

即便传销组织被取缔，深陷传销理念中的这些人不再从事传销，但他们已经没有正常人做不道德事时的内疚感，变得极端自私，唯利是图。

二、大学生身陷传销的主要原因

（1）盲目的独立意识。

（2）急于获得社会实践经验。

（3）传销培训者的煽情——励志与创业。

（4）经济条件差——轻松致富的诱惑。

（5）熟人介绍——亲情陷阱。

（6）求职心切——好工作的诱惑。

三、应对办法

（1）摒弃不实幻想。大学生最重要的是学业，要扎扎实实地学好知识，切忌急功近利，不要妄想“天下有免费的午餐”，也不要妄想通过什么捷径来实现“金钱梦”。

（2）增加社会经验。在学习理论知识的同时，为自身补充一些法律常识和社会经验也是非常重要的。那样的话，当传销人员巧言令色时，同学们就可以通过自己的理性判断，并运用法律的武器来维护自己的合法权益。

四、陷入传销如何自救

（1）户外活动中逃离。传销组织会有一些户外活动，在这个过程中，随行的人相对减少，便于逃离。而且在大庭广众之下，便于寻求别人的帮助。可以在经过一些机关单位、企事业单位时，跑过去向保安或工作人员求助；提前写好求救纸条，假装买东西，和钱一块递给对方，让对方帮忙报警；跑向人多的地方高声向路人求救。

（2）记住地址，伺机报警。首先要掌握自己所处的具体位置，如楼栋号、门牌号，如果没有这些，可看一下附近有没有什么标志性的建筑，暗中记下饭店、商场等建筑的名字。如果能发短信或打电话，可偷偷报警，或告知自己的亲人或朋友，叫他们帮忙报警。

（3）装病，寻找外出逃离的机会。如果传销组织控制比较严，外出的机会很少，可以想尽一切办法找到外出的机会。装病是个好办法。肚子疼、跑肚拉稀，这些都是很好的借口。尽可能地让他们同意外出就医，然后找机会逃离。

其他安全

一、远离毒品

《中华人民共和国刑法》第三百五十七条明确：毒品，是指鸦片、海洛因、甲基苯丙胺（冰毒）、吗啡、大麻、可卡因以及国家规定管制的其他能够使人形成瘾癖的麻醉药品和精神药品。

（一）毒品的危害

1. 毁灭自己

（1）吸毒严重摧残人的身体。吸毒破坏人体的正常生理机能和新陈代谢，并导致多种疾病，机体免疫力下降，如果吸毒过量还会造成突然死亡。

（2）吸毒扭曲人格，自毁前程。吸毒者毒瘾发作时，大都丧失自尊，无法进行正常的生活、学习和工作。

（3）吸毒引发自伤、自残、自杀等行为。毒瘾发作时会使人感到非常痛苦，失去理智和自控能力，甚至自伤、自残和自杀。

（4）吸毒容易感染艾滋病等传染性疾病。吸毒会导致人体的免疫功能下降，使人容易患上肝炎、皮肤病等传染性疾病，特别是共用注射器、静脉注射毒品的危险行为，极易导致艾滋病的交叉感染。

2. 祸及家庭

一人吸毒，全家遭殃。家庭中只要有一个人吸毒，这个家庭就会失去往日的宁静、和谐、幸福和快乐。严重的，甚至导致倾家荡产、家破人亡、众叛亲离。

3. 危害社会

吸毒诱发犯罪，影响社会稳定。吸毒与犯罪是一对孪生兄弟，吸毒者在耗尽个人和家庭钱财后，为了维持吸毒，往往会铤而走险，走上违法犯罪的道路，严重危害社会治安。

（二）防范毒品的方法

（1）接受毒品基本知识和禁毒法律法规教育，了解毒品的危害，懂得“吸毒一口，掉入虎口”的道理。

（2）树立正确的人生观，不盲目追求享受、寻求刺激、赶时髦。

（3）不听信毒品能治病、能减肥、能解脱烦恼和痛苦、能给人带来快乐等各种花言巧语。

二、防范踩踏事件发生

踩踏一般指在某一事件或某个活动过程中，因聚集在某处的人群过度拥挤，致使一部分甚至多数人因行走或站立不稳而跌倒没能及时爬起来，被人踩在脚下或压在身下，短时间内无法及时控制、制止的混乱场面。

易发生踩踏事件的地点为：人群集中、容易发生拥挤且空间有限的地方，例如校内的教室、操场、球场、宿舍楼或教学楼楼道、学生食堂、商场、狭窄的街道、影院等，都隐藏着发生踩踏的危险。在这样的环境下，人们容易因恐慌、愤怒、兴奋而情绪激动、失去理智，一旦发生突发事件，第一反应基本上都是盲目逃跑。

为有效防范和应对踩踏事件，应做到以下几点。

（1）事发前，如果发现人很多且环境混乱，最好不要置身其中。发觉拥挤的人群向自己所在的方向涌来时，应立即避让到一旁，不要慌乱，不要奔跑，避免摔倒。如果附近有可供躲避的地方，可以暂避一旁。

（2）事发时，如果陷入拥挤的人群，一定要先站稳，身体不要倾斜失去重心，即使鞋子被踩掉了，也不要弯腰捡鞋子或系鞋带，要继续随着人流走，尽量走到人流的边缘。有可能的话，尽快抓住坚固可靠的东西慢慢走动或停住，待人群过去后再迅速离开现场。当发现有人情绪不对或人群开始骚动时，要立即做好保护自己的准备，并时刻注意脚下，千万不要被绊倒，避免让自己成为踩踏事件的诱发因素。如果不幸被挤倒，要设法靠近墙角，身体蜷成球状，双手在颈后紧扣以保护身体最脆弱的部位。如果仰面（躺着）摔倒，应立即将身体抱成球状，不要平躺，伺机站立起来，尽快移动到稳定物旁。

（3）事发后，一方面赶快报警，等待救援；另一方面，在医务人员到达现场前，要抓紧时间用科学的方法开展自救和互救。判断伤势的依据有：神志不清、呼之不应者伤势较重；脉搏急促而乏力者伤势较重；血压下降、瞳孔放大者伤势较重；有明显外伤，血流不止者伤势较重。当发现伤者呼吸、心跳停止时，要赶快做人工呼吸，辅之以胸外按压。

三、应对突发地震

【典型案例】

汶川地震期间，四川安县桑枣中学 2200 多名学生和上百名老师无一伤亡。据了解，从 2005 年开始，该校每学期都要组织一次紧急疏散演习。每个班的疏散路线都是固定的，疏散时两个班合用一个楼梯，每班排成单行，到操场上的位置也是固定的。地震那天，老师们大喊：所有人趴在桌子下！学生们立即趴下去。随后，老师们把教室的前后门都打开了，以防教室门发生扭曲。地震波一过，学生们立即冲出教室。全校师生从不同的教学楼和不同的教室冲到操场，用时仅 1 分 36 秒。

【案例分析】

上述案例告诉我们，在日常生活中要做到未雨绸缪，学习掌握逃生自救知识，做好抗震应急物品储备，只有这样，当地震发生时才能有备无患、冷静应对，减少地震带来的伤害。

1. 震前应对

（1）学习地震的逃生和自救知识，做好应急物品准备，如水、食物、御寒的衣物、应急灯或者手电筒、身份证等。

（2）熟悉所处环境，预先了解逃生通道。

（3）参加地震演习，能够及时组织撤离。

（4）清除室内安全隐患，如衣柜、书架等设法固定，天花板上不要悬挂较重的物品等。

2. 震中逃生

不要反复权衡、犹豫不决，应在最短的时间内选定一处安全区，就近躲避。

（1）如果是在室内，就到坚固的家具下面，或者厨房等有管道支撑的地方。

（2）如果是在室外，就选择空旷的地方。

（3）如果是在野外，则要避开山脚、陡崖、山谷，要特别注意滚石和滑坡，还要避开水岸，以防地震引发水流冲上岸或海啸。

避震的正确姿势：

（1）下蹲、蜷曲身体，躲进坚固的桌子下，或贴近床沿或承重墙趴下。

（2）用枕头、被褥等保护头部，用毛巾捂住口鼻，防止吸入粉尘。

（3）双臂交叉于胸前，两肘接地，保护胸腹。

（4）抓牢固定物，防止身体移动。

3. 震后自救

（1）震后能自己脱险的，要先清除脸上和胸前的杂物，不要顾着取东西，要迅速撤离。

（2）如果被困，可以想办法清除压在身上的重物，观察四周是否有通道或亮光，判断自己的位置，尝试逃离。如果逃离有很大困难或者危险，就保存体力等待救援。

（3）可用物品敲打墙壁、管道，引起救援人员的注意。切忌盲目呼喊，避免耗费体力和吸入大量灰尘或者有毒气体等。

（4）如果一时无法脱险，要尽量节省力气，树立信心，坚持到底，永不放弃。

四、有效应对高温天气

35℃以上的天气称为“高温天”，如果连续 5 天以上最高温都达到或超过 35℃，即为持续高温。

高温天气对人体的损害如下：

（1）人体水盐代谢失衡：排汗量增大 3～8 倍。

（2）消化系统紊乱：皮肤血管扩张，内脏血管收缩，消化道贫血。

（3）破坏人体循环系统：心跳过速，脉搏心排血量减少，增加心脏负担。

（4）影响人体神经系统：中枢神经系统受限制，影响动作的准确性和协调性，反应速度和注意力降低。

（5）导致中暑、晒伤等。

应对高温的有效举措：

（1）保证充足睡眠，多喝白开水、绿豆汤、冷盐水等，补充身体水分。

（2）上午 10 时到下午 2 时之间尽量不要出门。如果必须外出，一定要涂抹防晒霜、打伞或戴遮阳帽，穿宽松、透气、颜色浅的衣服。

（3）室内外温差不超 7℃，空调冷风不要直吹，常开窗换气且用温水洗澡。

（4）饮食要清淡，少吃隔夜的饭菜，注意饮食卫生。

（5）注意防范因用电量过高，电线、变压器等电力设备负荷过大引发火灾。

（6）常备防暑药品，如清凉油、风油精、藿香正气水等，外出也要随时携带。一旦感到头晕、恶心、身上无力，立即转移到通风阴凉处，吃药、休息。

（7）中暑后应立即坐下或躺下，解开衣服安静地休息。还可以用凉水擦身或冷敷。如病情严重，要立即拨打 120。

五、应对台风天气

台风是指形成于热带或副热带广阔洋面上的强烈气旋。

在我国，东南沿海是台风的高发区，7、8、9 月三个月是台风高发期。

台风的等级划分为：热带低压，最大风速 6 ～ 7 级（10.8 ～ 17.1m/s）；热带风暴，最大风速 8 ～ 9 级（17.2 ～ 24.4 m/s）；强热带风暴，最大风速 10 ～ 11 级（24.5 ～ 32.6 m/s）；台风，最大风速 12～13 级（32.7～41.4 m/s）；强台风，最大风速 14～15 级（41.5～50.9 m/s）；超强台风，最大风速≥ 16 级（≥ 51.0 m/s）。

台风有五大特点：

（1）季节性。时间一般在夏秋之间，最早发生在 5 月，最迟发生在 11 月。

（2）不确定性。风向时有变化，难以预计。

（3）旋转性。风向先北后南旋转。

（4）损毁性。所过之处破坏性很大。

（5）不可抗拒性。强台风常伴有大暴雨、大海潮、大海啸，人力不可抗拒。

台风来前做好以下准备：

（1）准备即食食物、饮用水、药品、日用品，以及蜡烛、手电等应急物品。

（2）检查房顶，密封门窗，并将低洼、易涝房屋内的物资转移到高处。

（3）将阳台、窗台、屋顶等处易被挂落的物品搬到室内，加固或拆除室外高空设施以及简易、临时建筑物。

（4）联系好亲友，以便必要时转移、投靠。

CHAPTER 13　安全防范

易盗物品的防盗措施

（1）现金。现金是盗窃分子图谋的首选目标。保管现金最好的办法是将其存入银行。尤其是数额较大时，更应及时存入银行并设置密码。密码应选择容易记忆且又不易解密的数字，不要选用个人的出生日期做密码。特别要注意的是，存折或银行卡等不要与自己的身份证、学生证等证件放在一起，以防被人盗走或捡到后冒领现金。在银行存取款时，核对密码要轻声、快捷，切忌旁若无人、大声喊叫。发现存折或银行卡丢失，应立即到开户银行挂失。

（2）各类有价证卡。目前，大部分学校已广泛使用各大银行发行的储蓄卡或信用卡进行账目结算，学生无须携带大额现金来校缴费，食堂用餐也多用微信或支付宝支付。这些有价证卡应当妥善保管，防止丢失或被人盗用。所用密码一定要注意保密，不要轻易告诉他人。

（3）自行车或电动车。自行车或电动车被盗并不鲜见，校园内及周边也不例外。要安装防盗车锁，养成随停随锁的习惯。若停放时间较长，最好加固防盗设施，如将车锁在固定物体上。

（4）贵重物品。黄金饰品、笔记本电脑、手机、高档衣物等贵重物品若较长时间不用，应带回家中或委托可靠的人代为保管。暂不使用时，最好锁在抽屉或箱（柜）子里，以防被人顺手牵羊或趁虚而入盗走。尽量在自己在场的情况下给手机和笔记本电脑充电。高档衣物尽量晾晒在自己宿舍里。

防盗的基本方法

学生宿舍和教室的防盗工作要注意做到以下几点。

（1）最后离开教室或宿舍的同学，要关好窗户锁好门，千万不要怕麻烦。一定要养成随手关灯、随手关窗、随手锁门的习惯，以防盗窃分子趁虚而入。

（2）不要留宿外来人员。大学生应该文明礼貌，热情好客，但决不能只讲义气、讲感情而不讲原则、不讲纪律。如果违反学校学生宿舍管理规定，随便留宿不知底细的人，就等于引狼入室。

（3）发现行迹可疑的人应加强警惕，多加注意，及时向宿管人员、值班老师反映。盗窃分子到教室和宿舍行窃时，往往会找各种借口，如找什么人或推销什么商品等，见管理松懈、进出自由、房门大开，便来回走动，窥探张望，瞅准机会就撬门开锁大肆盗窃。遇到这种可疑人员，同学们应主动上前询问。如果来人说不出正当理由，又说不清学校的基本情况，神色慌张，立即告知值班人员或打电话给学校保卫部门。

（4）同学们应积极参加教室和宿舍等场所的安全值班，协助学校保卫部门做好安全防范工作。通过参加值班、巡逻等安全防范工作实践，不仅可以保护自己和他人的财物安全，还可锻炼和增长自己社会实践的才干。

（5）注意保管好自己的钥匙，包括教室、宿舍、箱包、抽屉等处的各种钥匙，不要随便借给他人或乱丢乱放，以防被人复制或伺机行窃。

发生盗窃案件后怎么办

一旦发生盗窃案件，一定要冷静应对。

（1）立即报告学校保卫处（部）（电话：0791—87313110），同时封锁和保护现场，不准任何人进入。不得翻动现场的物品，切不可急急忙忙地去查看自己的物品是否丢失，这对警方准确分析、正确判断侦查范围和收集罪证有着十分重要的意义。

（2）配合调查，实事求是地回答公安部门和保卫人员提出的问题。积极主动地提供线索，不得隐瞒不报，学校保卫处（部）和公安机关有义务、有责任为提供线索的学生保密。

（3）如果发现银行卡、购物卡等被窃，应尽快到银行和相关单位挂失。

CHAPTER 14 意外事故的处理

什么是学生伤害事故

学生伤害事故是指在学校实施的教育教学活动或者学校组织的校外活动中，以及在学校负有管理责任的教育教学设施和生活设施中发生的，造成在校学生人身损害后果的事故。

发生意外事故或得了重大疾病怎么办

学生发生意外事故或得了重大疾病，如果住院，凭医保卡直接在医院通过南昌市医疗保险报销，然后复印有关资料交给学工处（部），再进行商业保险二次报销；如果为意外事故门诊，则需将门诊发票等资料拿到学工处（部）进行商业保险报销；如果属于慢性特殊病（心脏病、肺结核等），则需向南昌市医保局申请并等待批复，批复成功后可按照门诊报销流程进行报销，如有疑问可致电 0791—87713613 咨询。

以下费用不属于医保报销的范围：无证驾驶或驾驶证被暂扣期间驾驶车辆、驾驶无效牌证车辆、酒后驾驶肇事所产生的医疗费用；打架斗殴等各种违法犯罪行为所产生的医疗费用。

学生伤害事故的分类

从责任主体角度划分，学生伤害事故可分为：①学校责任事故；②学生责任事故；③学校意外事故；④第三方责任事故；⑤学校免责事故。

从空间角度划分，学生伤害事故可分为：①校内伤害责任事故；②校外伤害责任事故。

学生伤害事故的责任确定

学生伤害事故的责任应当根据相关当事人的行为与损害后果之间的因果关系依法确定。

因学校、学生或者其他相关当事人的过错造成的学生伤害事故，有关当事人应当根据其行为过错程度的比例及其与损害后果之间的因果关系承担相应的责任。当事人的行为是损害后果发生的主要原因，应当承担主要责任；当事人的行为是损害后果发生的非主要原因，承担相应的责任。

食物中毒应对措施

（1）如果在就餐后感觉身体不适，且发现一同就餐的同学也出现同样的不适，应联想到可能是集体食物中毒，应迅速向其他未中毒的同学求救。个别同学身体不适的，可由其他同学陪同前往医院，切莫一个人前往，因为中途可能发生病情加重、虚脱、休克等情况。

（2）未中毒的同学应立即报告老师，联系校医院或120急救中心。

（3）要迅速核查中毒人数、去向。

（4）未中毒的同学要立即把中毒人员扶（抬）到宽敞、通风、安静的地方。

（5）在120救护医生到达现场之前，校医院医生可对中毒学生进行初步检查救治，对中毒较严重者采取药物催吐等措施。

（6）在120救护医生赶到之后，未中毒同学要积极配合医生做好辅助性工作。

（7）配合卫生防疫部门取样取证。

（8）清理呕吐现场，进行消毒，保持通风、卫生。

PART 5

规范篇

CHAPTER 15 教学管理规定

学生管理规定

第一章 总 则

第一条 为了全面贯彻党的教育方针，规范学校学生管理行为，维护南昌工学院正常的教育教学秩序和生活秩序，保障学生合法权益，培养德、智、体、美等方面全面发展的社会主义建设者和接班人，依据教育部《普通高等学校学生管理规定》，制定本规定。

第二条 本规定适用于南昌工学院在籍学生的管理。

第三条 学校坚持社会主义办学方向，坚持马克思主义的指导地位，全面贯彻国家教育方针，坚持以立德树人为根本，以理想信念教育为核心，培育和践行社会主义核心价值观，弘扬中华优秀传统文化和革命文化、社会主义先进文化，培养学生的社会责任感、创新精神和实践能力；坚持依法治校，科学管理，健全和完善管理制度，规范管理行为，将管理与育人相结合，不断提高管理和服务水平。

第四条 学生应当拥护中国共产党领导，努力学习马克思列宁主义、毛泽东思想、中国特色社会主义理论体系，深入学习习近平新时代中国特色社会主义思想，坚定中国特色社会主义道路自信、理论自信、制度自信、文化自信，树立中国特色社会主义共同理想；应当树立爱国主义思想，具有团结统一、爱好和平、勤劳勇敢、自强不息的精神；应当增强法治观念，遵守宪法和法律法规，遵守公民道德规范，遵守学校管理制度，具有良好的道德品质和行为习惯；应当刻苦学习，勇于探索，积极实践，努力掌握现代科学文化知识和专业技能；应当积极锻炼身体，促进身心健康，提高个人修养，培养审美情趣。

第五条 尊重和保护学生的合法权利，教育和引导学生承担应尽的义务与责任，鼓励和支持学生实行自我管理、自我服务、自我教育、自我监督。

第二章 学生的权利与义务

第六条 学生在校期间依法具有下列权利：

（1）参加学校按教学计划安排的各项活动，使用学校提供的教育教学资源。

（2）参加社会实践、志愿服务、勤工助学、文娱体育及科技文化创新等活动，获得就业创业指导和服务。

（3）申请奖学金、助学金及助学贷款。

（4）在思想品德、学业成绩等方面获得科学、公正评价，完成学校规定学业后获得相应的学历证书。

（5）学校应当建立和完善学生参与管理的组织形式，支持和保障学生依法、依章程以适当方式参与学校管理，对学校与学生权益相关事务享有知情权、参与权、表达权和监督权。

（6）对学校给予的处理或者处分有异议，可向学校、教育行政部门提出申诉。对学校、教职员工侵犯其人身权、财产权等合法权益的行为，可提出申诉或者依法提起诉讼。

（7）法律法规和学校章程规定的其他权利。

第七条　学生在校期间依法履行下列义务：

（1）遵守宪法和法律法规。

（2）遵守学校章程和规章制度。

（3）恪守学术道德，完成规定学业。

（4）按规定缴纳学费及有关费用，履行获得贷学金及助学金的相应义务。

（5）遵守学生行为规范，尊敬师长，养成良好的思想品德和行为习惯。

（6）法律法规及学校章程规定的其他义务。

第三章　学籍管理

入学与注册

第八条　按照普通高等学校招生工作相关规定录取的新生，持录取通知书，按学校有关要求和规定的期限到校办理入学手续。因故不能按期入学的，应向学校请假，请假时间一般不得超过两周。未请假或者请假逾期的，除因不可抗力等正当事由以外，视为放弃入学资格。

第九条　患有疾病或当兵入伍的新生可申请保留入学资格：

（1）患有疾病申请保留入学资格的新生，由学校指定二级甲等以上医院出具相关证明，经学校审核，保留入学资格一年，并在两周内办理离校手续，回家治疗，无故不办理离校手续者，不再保留入学资格。

（2）当兵入伍申请保留入学资格的新生，应向学校提交有关材料，经学校审核，办理保留入学资格手续。

新生保留入学资格期间不具有学籍。保留入学资格期满前应向学校申请入学，经学校审查合格后，办理入学手续。审查不合格的，取消入学资格；逾期不办理入学手续且未有因不可抗力延迟等正当理由的，视为放弃入学资格。

第十条　新生报到时，学校会对新生入学资格进行初步审查，审查合格的办理入学手续，予以注册学籍；审查发现新生的录取通知、考生信息等证明材料与本人实际情况不符，或者有其他违反国家招生考试规定情形的，取消入学资格。

第十一条　学生入学后，学校在三个月内按照普通高等学校招生工作相关规定进行复查。复查内容主要包括以下方面：

（1）录取手续及程序等是否合乎国家招生规定。

（2）所获得的录取资格是否真实、合乎相关规定。

（3）本人及身份证明与录取通知、考生档案等是否一致。

（4）身心健康状况是否符合报考专业或者专业类别体检要求，能否保证在校正常学习、生活。

（5）艺术、体育等特殊类型录取学生的专业水平是否符合录取要求。

复查中发现学生存在弄虚作假、徇私舞弊等情形的，确定为复查不合格，取消学籍；情节恶劣者，报请有关部门处理。具体审查由各院（部）负责，对发现的问题由教务部门会同招生部门处理，并报主管校长审批。

第十二条　每学期开学时，学生应当按学校规定办理注册手续。不能如期注册的，应当履行暂缓注册手续。未按学校规定缴纳学费或者有其他不符合注册条件的，不予注册。

考核与成绩

第十三条　凡列入人才培养方案的各门课程和实习、课程设计、毕业论文（设计）等各种实践性教学环节，都应当根据人才培养方案的规定，按学期进行考试。学生必须参加所修读课程的考试并得到相应的考试成绩，成绩合格可获得相应的学分。

第十四条　课程考核方式分为考试和考查两种，由人才培养方案规定，不得随意变动。

第十五条　学生思想品德的考核、鉴定，以本规定第四条为主要依据，采取个人小结、师生民主评议等形式进行。

第十六条　学生公共体育课为必修课，采取百分制记录考核成绩。体育课成绩以考勤、课内教学、课外锻炼活动和体质健康等情况综合评定。

第十七条　人才培养方案规定的考试课程需以闭卷笔试的形式进行考核，考查课程可以采用笔试（开卷、闭卷）、口试、调查报告、学习笔记、课程论文、单元测验、案例分析、实践操作、课程设计、课堂讨论等形式进行考核。开课单位在学期教学任务下达后，根据开设课程性质及特点确定课程考核形式，于每学期第一周汇总后报学校。

第十八条　考试时间视考核形式等情况而定，一般考试时间为 60 ～ 120 分钟。

第十九条　原则上课程考核应在课程教学结束后两周内完成，部分考查课程的考核可安排在课程教学的最后一周课内进行，学校也可根据实际情况作适当调整。

第二十条　学校提倡任课教师对考核形式进行改革，鼓励任课教师根据各自课程特点采用多种形式进行考核，加大过程性考核、多元化考核。任课教师须在课程教学开始第一周内提出考核形式改革申请，经开课单位批准并报学校审批后方可实施。

第二十一条　学生在校期间每门课程只可参加三次考试，即期末考试、补考、重修考试。

第二十二条　凡修读必修课程、经学校确认已选修课程，正常参加课程教学活动，在学时、作业等方面达到了该课程的基本要求，并遵守学籍管理规定的在册学生或经批准办理了进修旁听手续的学生，即获取参加该课程考试的资格。

第二十三条　具有下列情况之一的，取消学生参加相应课程期末考试的资格：

（1）因缺课超过总课时的三分之一，平时考核不合格者。

（2）因缺交平时作业超过应交作业次数的三分之一，平时考核不合格者。

（3）因其他原因，平时考核不合格者。

具有下列情况之一的，取消学生参加该课程补考的资格：

（4）因期末考试该课程缺考者。

（5）因期末考试该课程考试违纪舞弊者。

第二十四条　因本规定第二十三条所列第（1）至第（3）项原因，取消学生考试资格的程序为：在课程教学结束前的两周内，任课教师提出、开课单位作出决定，报学校批准后，转学生所在学院提前通知学生。

因本规定第二十三条所列第（4）至第（5）项原因，取消学生补考资格的程序为：学校根据期末考试情况直接作出决定，在下学期第一周将取消补考学生名单下发学生所在学院并提前通知学生。

第二十五条　学生因故不能按时参加修读课程期末考试，需由本人在考试前一周提出缓考申请，并附有关证明（如因病缓考，则需县级及以上医院出具的医疗证明），经学院主管教学领导批准，报学校审批后方可缓考，否则，视为缺考。学生缓考课程的考试，原则上随该课程的补考同时进行。

第二十六条　因学业原因结业离校的结业生，在结业离校之后一年之内，通过自修未合格课程，可以申请学校给予一次考试（含答辩）机会。结业生回校参加考试资格的审批程序为：结业生本人提出书面申请，结业生原所在学院审查，学校审批。结业生的考试由学校统一安排到下一年级的重修考试中进行。

第二十七条　在校生在保证完成主修专业的同时，学有余力的，由本人自愿申请，经学校审核同意，可以修读跨学科门类的另一专业课程；学生可以参加学校认可的慕课等开放式网络课程学习，所取得的课程成绩（学分），经学校审核同意后，予以承认。

第二十八条　学生参加创新创业、社会实践等活动以及发表论文、获得专利授权等与专业学习、学业要求相关的经历、成果，根据学校人才培养方案相关课程学分认定办法，折算为学分，计入学业成绩，并记入本人创新创业档案。

第二十九条　学生学业成绩单真实、完整地记载学生学业成绩，对通过补考、重修获得的成绩，予以标注。学生严重违反考核纪律或者作弊的，该课程考核成绩记为无效，视其违纪或者作弊情节，给予相应的纪律处分。

学生因故退学等情况中止学业，其在校学习期间所修课程及已获得学分，予以记录。学生重新参加入学考试、符合录取条件，再次入学的，其已获得学分，经录取学校认定，可以予以承认。

第三十条　学校开展学生诚信教育，对有严重失信行为的学生，按规定给予相应的纪律处分，对违背学术诚信的，对其获得学位及学术称号、荣誉等作出限制，严重的取消学位授予资格。

转专业与转学

第三十一条　为促进学生的个性发展和特长发挥，充分调动学生的学习积极性，一年级学生在第二学期可以提出申请，经学校统一考核，符合条件的可转入新专业进行培养。

第三十二条　学生有下列情况之一，可申请转专业：

（1）学生入学后发现某种疾病或生理缺陷，经学校指定的医疗单位检查证明，不能在原专业学习，但尚能在本校别的专业学习的。

（2）在拟转入专业领域确有特殊才能或兴趣爱好，并有省级或市级等材料证明已取得相应业绩者。

（3）学校根据社会对人才需求情况的发展变化，经学生同意，必要时可适当调整学生所学专业。

（4）休学创业或退役后复学的学生，因自身情况需要转专业的，并提供相关证明材料。

第三十三条　以特殊招生形式录取的学生，国家有相关规定或者录取前与学校有明确约定的不得转专业。

第三十四条　学生一般应当在本校完成学业。因患病或者有特殊困难、特别需要，无法继续在本校学习或者不适应本校学习要求的，可以申请转学。有下列情形之一，不得转学：

（1）入学未满一学期或者毕业前一年的。

（2）高考成绩低于拟转入学校相关专业同一生源地相应年份录取成绩的。

（3）由低学历层次转为高学历层次的。

（4）通过定向就业、艺术类、体育类等特殊招生形式录取的。

（5）未通过普通高等学校招生全国统一考试或未使用高考成绩录取入学的（单独考试招生、专升本等）。

（6）拟转入学校与转出学校在同一城市的。

（7）跨学科门类的。

（8）应予退学的。

（9）其他无正当理由的。

第三十五条　符合有关规定，申请从本校转入外校，或从外校申请转入本校的，学校严格审核转学条件及相关证明，经学校召开专题会议或校长办公会研究，将学生名单和表决情况如实记入会议纪要，由校长签署同意转出或同意接收函。对拟转学学生相关信息（主要包括学生姓名，转出、拟转入学校和专业名称，入学年份，录取分数，转学理由等）通过学校网站进行不少于5个工作日的公示。

休学与复学

第三十六条　学生可以分阶段完成学业，除另有规定外，应当在学校规定的最长学习年限（含休学和保留学籍）内完成学业。

学生有下列情况之一，应当或可申请休学：

（1）因伤、病经学校指定二级甲等以上医院诊断，需停课治疗、休养时间超过一学期上课时间三分之一以上。

（2）因本人创业，申请休学。

（3）学生当兵入伍。

（4）因其他特殊原因，本人申请或所在二级学院认为必须休学。

第三十七条　学生申请休学，应提出书面申请，并附相关证明，经学校批准后，应当在两周内办理离校手续。学生休学以一学年为限（当兵入伍的，学校保留其学籍至退役后两年内），特殊情况经学校批准可连续休学两次，累计休学年限不得超过两学年；因创业休学，经申请批准，修业年限一般可延长至六年。学生休学期间不享受在校学生学习待遇，休学时间从批准休学之日起计算。

第三十八条　学生休学期满前应当在学校规定的期限内提出复学申请，经学校复查合格，方可复学。

留级与退学

第三十九条　本科学生在校经补考或重修后累计仍有6门课程不及格者，专科学生在校经补考或重修后累计仍有8门课程不及格者应予留级；本科学生在校经补考或重修后累计仍有9门课程不及格者，专科学生在校经补考或重修后累计仍有11门课程不及格者，应予退学。

第四十条　除第三十九条规定的情形外，学生有下列情形之一，应予退学：

（1）除不可抗力原因外，一般情况下在校时间（含休学）超过其学制两年未完成学业。

（2）学生在校期间留级两次。

（3）休学、保留学籍期满，两周内无故未提出复学申请或者申请复学经复查不合格且不符合持续休学。

（4）学生因患有疾病或者伤残不能坚持学习。

（5）未经批准连续两周或一学期未请假离校，累计三周未参加学校规定的教学活动。

（6）超过学校规定期限未注册而又未履行暂缓注册手续。

（7）学校规定的不能完成学业、应予退学的其他情形。

学生本人申请退学的，根据有关规定，经学校审核同意后，办理退学手续。

第四十一条　对学生的退学处理，经学校审核，由校长办公会研究决定。学生应在学校退学决定作出之日起，两周内办理退学手续离校，档案、户口退回其家庭户籍所在地。

毕业与结业

第四十二条　学生在学校规定学习年限内（一般情况下不超过六年），修完教育教学计划规定内容，成绩合格，达到学校毕业要求的，学校准予毕业，并在学生离校前发给毕业证书；符合学位授予条件的，颁发学位证书。

第四十三条　学生在学校规定学习年限内，修完教育教学计划规定内容，但未达到学校毕业要求的，学校准予结业，发给结业证书。结业后在规定的时间内（一般为一年内）可以申请返校参加课程重修考试，达到毕业要求，颁发毕业证书。合格后颁发的毕业证书、学位证书，毕业时间、获得学位时间按发证日期填写。

学业证书管理

第四十四条　学校按照招生录取时填报的个人信息，填写、颁发学历证书、学位证书及其他学业证书。学生在校期间变更姓名等证书需填写个人信息的，必须有合理、充分的理由，并提供有法定效力的相应证明文件，由学校进行严格审查并按程序办理。

第四十五条　对完成本专业学业同时辅修其他专业并达到该专业辅修要求的学生，学校颁发辅修专业证书；符合辅修专业学位授予条件的，颁发辅修专业学位证书。

第四十六条　对违反国家招生规定入学者，学校不发给学历证书；已发的学历证书，学校予以追回并按程序办理有关手续；对以作弊、剽窃、抄袭等学术不端行为或者其他不正当手段获得学历证书、学位证书的，学校依法予以撤销。被撤销的学历证书、学位证书已注册的，学校按规定程序予以注销。

第四十七条　学历证书和学位证书遗失或者损坏，经本人申请，学校核实后出具相应的证明书。证明书与原证书具有同等效力。

第四章　校园秩序与课外活动

第四十八条　学校、学生应当共同维护校园正常秩序，保障学校环境安全、稳定，保障学生的正常学习和生活。

第四十九条　学校应当建立和完善学生参与管理的组织形式，支持和保障学生依法、依章程参与学校管理。

第五十条　学生应当自觉遵守公民道德规范，自觉遵守学校管理制度，创造和维护文明、整洁、优美、安全的学习和生活环境，树立安全风险防范和自我保护意识，保障自身合法权益。

学生不得有酗酒、打架斗殴（群殴）、聚众闹事、故意破坏公物、赌博、吸毒，传播、复制、贩卖非法书刊和音像制品等违法行为；不得参与非法传销和进行邪教、封建迷信活动；不得从事或者参与有损大学生形象、有悖社会公序良俗的活动。

学校发现学生在校内有违法行为或者严重精神疾病可能对他人造成伤害的，可以依法采取或者协助有关部门采取必要措施。

第五十一条　学校坚持教育与宗教相分离原则。任何组织和个人不得在学校进行宗教活动。

第五十二条　学校建立健全学生代表大会制度，为学生会等开展活动提供必要条件，支持其在学生管理中发挥作用。

学生可以在校内成立、参加学生团体。学生成立团体，应当按学校有关规定提出书面申请，报学校批准并实行登记和年检制度。

学生团体应当在宪法、法律法规和学校管理制度范围内活动，接受学校的领导和管理。学生团体邀请校外组织、人员到校举办讲座等活动，需经学校批准。

第五十三条　学校提倡并支持学生及学生团体开展有益于身心健康、成长成才的学术、科技、艺术、文娱、体育活动。

学生进行课外活动不得影响学校正常的教育教学秩序和生活秩序。

学生参加勤工助学活动应当遵守法律法规以及学校、用工单位的管理制度，履行勤工助学活动的有关协议。

第五十四条　学生举行大型集会、游行、示威等活动，应当按照法律程序和有关规定获得批准。对未获批准的，学校依法进行劝阻或者制止。

第五十五条　学生应当遵守国家和学校关于网络使用的有关规定，不得登录非法网站和传播非法文字、音频、视频资料等，不得编造或者传播虚假、有害信息；不得攻击、侵入他人计算机和移动通信网络系统。

第五十六条　学校应当建立健全学生住宿管理制度。学生应当遵守学校关于学生住宿管理的规定。鼓励和支持学生通过制定公约，实施自我管理。

第五章　奖励与处分

第五十七条　学校对在德、智、体、美等方面全面发展或者在思想品德、学业成绩、科技创造、体育竞赛、文艺活动、志愿服务及社会实践等方面表现突出的学生，给予表彰和奖励。

第五十八条　对学生的表彰和奖励可以采取授予“三好学生”称号或者其他荣誉称号、颁发奖学金等多种形式，给予相应奖励。实行精神鼓励与物质鼓励相结合，以精神鼓励为主的办法。表扬与奖励的方式有：口头表扬，通报表扬，发给奖状、证书、奖品、奖学金等。

学校对学生予以表彰和奖励，以及确定推荐国家奖学金人选等赋予学生利益的行为，建立公开、公平、公正的程序和规定，成立班级、学院、学校评审三级评审体系，建立和完善国家奖学金管理实施办法和公示制度等。

第五十九条　对有违反法律法规、本规定以及学校纪律行为的学生，学校给予批评教育，并可视情节轻重，给予如下纪律处分：

（1）警告。

（2）严重警告。

（3）记过。

（4）留校察看。

（5）开除学籍。

第六十条　学生有下列情形之一，学校给予开除学籍处分：

（1）违反宪法，反对四项基本原则、破坏安定团结、扰乱社会秩序的。

（2）触犯国家法律，构成刑事犯罪的。

（3）受到治安管理处罚，情节严重、性质恶劣的。

（4）代替他人或者让他人代替自己参加考试、组织作弊、使用通信设备或其他器材作弊、向他人出售考试试题或答案牟取利益，以及其他严重作弊或扰乱考试秩序行为的。

（5）学位论文、公开发表的研究成果存在抄袭、篡改、伪造等学术不端行为，情节严重的，或者代写论文、买卖论文的。

（6）违反本规定和学校其他规定，严重影响学校教育教学秩序、生活秩序以及公共场所管理秩序的。

（7）侵害其他个人、组织合法权益，造成严重后果的。

（8）屡次违反学校规定受到纪律处分，经教育不改的。

第六十一条　学校对学生作出处分，应当出具处分决定书。处分决定书应当包括下列内容：

（1）学生的基本信息。

（2）作出处分的事实和证据。

（3）处分的种类、依据、期限。

（4）申诉的途径和期限。

（5）其他必要内容。

第六十二条　学校给予学生处分，应当坚持教育与惩戒相结合，与学生违法、违纪行为的性质和过错的严重程度相适应。学校对学生的处分，应当做到证据充分、依据明确、定性准确、程序正当、处分适当。

第六十三条　在对学生作出处分或者其他不利决定之前，告知学生作出决定的事实、理由及依据，并告知学生享有陈述和申辩。

处理、处分决定以及处分告知书等，应当直接送达学生本人，学生拒绝签收的，可以以留置方式送达；已离校的，可以采取邮寄方式送达；难以联系的，可以利用学校网站、新闻媒体等以公告方式送达。

第六十四条　对学生作出取消入学资格、取消学籍、退学、开除学籍或者其他涉及学生重大利益的处理或者处分决定的，须提交校长办公会或者校长授权的专门会议研究决定，并进行合法性审查。

第六十五条　除开除学籍外，给予学生处分一般应当设置 6 ～ 12 个月期限，到期按学校规定程序予以解除。解除处分后，学生获得表彰、奖励及其他权益，不再受原处分的影响。

第六十六条　对学生的奖励、处理、处分及解除处分材料，学校应当真实完整地归入学校文书档案和本人档案。

被开除学籍的学生，由学校发给学习证明。学生在 5 天内离校，档案由学校退回其家庭所在地省级教育行政部门备案，户口应当按照国家相关规定迁回原户籍地或者家庭户籍所在地。

第六章　学生申诉

第六十七条　学校成立学生申诉处理委员会，负责受理学生对处理或者处分决定不服提起的申诉。

学生申诉处理委员会由学校相关负责人、职能部门负责人、教师代表、学生代表、负责法律事务的相关机构负责人等组成。

学校制定《学生申诉处理办法》，健全学生申诉处理委员会的组成与工作规则，提供必要条件，保证其能够客观、公正地履行职责。

第六十八条　学生对学校的处理或者处分决定有异议的，可以在接到学校处理或者处分决定书之日起 10 日内，向学校学生申诉处理委员会提出书面申诉。

第六十九条　学生申诉处理委员会对学生提出的申诉进行复查，在接到书面申诉之日起 15 日内作出复查结论并告知申诉人。情况复杂不能在规定期限内作出结论的，经学校负责人批准，可延长 15 日。学生申诉处理委员会认为必要的，可以建议学校暂缓执行有关决定。

学生申诉处理委员会经复查，认为作出处理或者处分的事实、依据、程序等存在不当，可以作出建议撤销或变更的复查意见，要求相关职能部门予以研究，重新提交校长办公会或者专门会议作出决定。

第七十条　学生对复查决定有异议的，在接到学校复查决定书之日起 15 日内，可以向省教育厅提出书面申诉。

第七十一条　自处理、处分或者复查决定书送达之日起，学生在申诉期内未提出申诉的视为放弃申诉，学校或者省级教育行政部门不再受理其提出的申诉。

处理、处分或者复查决定书未告知学生申诉期限的，申诉期限自学生知道或者应当知道处理或者处分决定之日起计算，但最长不得超过 6 个月。

第七十二条　学生认为学校及其工作人员违反本规定侵害其合法权益的，或者学校制定的规章制度和法律法规与本规定抵触的，可以向学校所在地省级教育行政部门投诉。

第七章　附　则

第七十三条　本规定经学校专门会议审议和校长办公会审定，通过江西省专家组认定，并报省教育厅备案。

第七十四条　本规定自 2017 年 9 月 1 日起施行。原规定同时废止。其他有关文件规定与本规定不一致的，以本规定为准。

考试管理规定（节选）

第一章　总　则

第一条　为了规范教学秩序，加强考试管理，维护考试纪律，保证考试的客观、公正，并保障学生合法权益，根据《中华人民共和国高等教育法》《普通高等学校学生管理规定》《国家教育考试违规处理办法》等相关法律法规，结合南昌工学院实际情况，修订本规定。

第二条　凡列入人才培养方案的各门课程和实习、课程设计、毕业论文（设计）等各种实践性教学环节，都应当根据人才培养方案的规定，按学期进行考试。

第三条　学生必须参加所修读课程的考试并得到相应的考试成绩，成绩合格可获得相应的学分。

第四条　本规定所指的考试，包括为评定学生学业成绩而进行的各种考试、考查、测验、实习、毕业设计等。

第二章　考试组织安排

第五条　在主管校长领导下，教务处全面统筹安排全校考试工作，教学单位具体组织实施。

第六条　教务处统筹安排全校考试工作，主要职责是：制定有关考试文件，安排考试时间，协调考试组织，巡查考试纪律，认定考试违纪违规事实，评价考试质量等。

第七条　教学单位具体组织实施考试工作，主要职责是：试卷的命题、审查、印制，考试安排，组织阅卷和成绩登记，试卷分析，考试材料存档等。

第八条 考试实行校院（部）两级管理，课程考核分为学校管理和学院（部）管理两个层面。学校管理的课程考核由教务处统一安排考试时间、地点和监考人员；学院（部）管理的课程考核由学院（部）根据学校统一安排的考试时间段和分配的教室自行组织安排实施。

第九条 原则上各专业每学期期末考试校考课程（学校管理的课程）不得低于两门。

第三章 考核方式和要求

第十条 课程考核方式分为考试和考查两种，由人才培养方案规定，不得随意变动。

第十一条 人才培养方案规定的考试课程需以闭卷笔试的形式进行考核，考查课程可以采用笔试（开卷、闭卷）、口试、调查报告、学习笔记、课程论文、单元测验、案例分析、实践操作、课程设计、课堂讨论等形式进行考核。开课单位在学期教学任务下达后，根据开设课程性质及特点确定课程考核形式，于每学期第一周汇总后报教务处。

第十二条 考试时间视考核形式等情况而定，一般考试时间为 60 ～ 120 分钟。

第十三条 原则上课程考核应在课程教学结束后两周内完成，部分考查课程的考核可安排在课程教学的最后一周的课内进行，学校也可根据实际情况作适当调整。

第十四条 学校提倡任课教师对考核形式进行改革，鼓励任课教师根据各自课程特点采用多种形式进行课程考核，加大过程性考核、多元化考核。任课教师须在课程教学开始第一周内提出考核形式改革申请，经开课单位批准并报教务处审批后方可实施。

第四章 考试资格

第十五条 学生在校期间每门课程只可参加三次考试，即期末考试、补考、重修考试。

第十六条 学生参加考试的资格。

凡修读必修课程、经教务处确认已选修课程，正常参加课程教学活动，在学时、作业等方面达到了该课程的基本要求，并遵守学生学籍管理规定的在册学生或经批准办理了进修旁听手续的学员，即获取参加该课程考试的资格。

第十七条 取消考试资格的情况。

具有下列情况之一的，应当取消学生参加该课程期末考试的资格：

（1）不具备修读该课程资格。

（2）包含实验、课程内实习等实践性环节的课程，实践环节考核不合格。

（3）因缺课超过总课时的三分之一，平时考核不合格。

（4）因缺交平时作业超过应交作业次数的三分之一，平时考核不合格。

（5）因其他原因，平时考核不合格。

具有下列情况之一的，应当取消学生参加该课程补考的资格：

（6）因期末考试该课程缺考。

（7）因期末考试该课程考试违纪舞弊。

（8）包含实验、课程内实习等实践性环节的课程，实践环节考核不合格。

（9）因缺课超过总课时的三分之一，平时考核不合格。

（10）因缺交平时作业超过应交作业次数的三分之一，平时考核不合格。

（11）因其他原因，平时考核不合格。

具有下列情况之一的，应当取消学生参加该课程重修考试的资格：

（12）因补考考试该课程缺考。

（13）因补考考试该课程考试违纪舞弊。

第十八条　取消考试资格的程序。

因本规定第十七条所列第（1）至第（5）项原因，取消学生考试资格的程序为：在课程教学结束前的两周内，任课教师提出、开课单位作出决定，报教务处批准后，转学生所在学院提前通知学生。

因本规定第十七条所列第（6）至第（11）项原因，取消学生考试资格的程序为：教务处根据期末考试情况直接作出决定，在下学期第一周将取消补考学生名单下发学生学院并提前通知学生。

因本规定第十七条所列第（12）至第（13）项原因，取消学生考试资格的程序为：教务处根据补考考试情况直接作出决定，在学期第十周将取消重修考试学生名单下发学生学院并提前通知学生。

第十九条　学生申请缓考的程序。

学生因故不能按时参加修读课程期末考试，需由本人在考试前一周提出缓考申请，并附有关证明（如因病缓考，则需县级及以上医院出具的医疗证明），经学院主管教学领导批准，报教务处审批后方可缓考，否则，按缺考论处。学生缓考课程的考试，原则上随该课程的补考同时进行，若不及格，则无正常补考机会。

第二十条　结业生回校参加考试的资格。

因学业原因结业离校的结业生，在结业离校之后一年之内，通过自修未合格课程，可以申请学校给予一次考试（含答辩）机会。结业生回校参加考试资格的审批程序为：结业生本人提出书面申请，结业生原所在学院审查，教务处审批。结业生的考试由教务处统一安排到下一年级的重修考试中进行。

第五章　考试命题

（略）

第六章　试卷印制

（略）

第七章　考试工作职责

（略）

第八章　成绩评定

第三十三条　课程成绩采用百分制，100 分为满分，60 分为及格线。课程成绩采取平时考核与期末考试综合评定成绩，原则上，授课方式为讲授的课程，平时成绩占比 30%，期末成绩占比 70%；授课方式为理实一体化的课程，平时成绩占比 40%，期末成绩占比 60%；授课方式为实践的课程，平时成绩与期末成绩各占比 50%。

第三十四条　平时考核成绩由任课教师根据学生学习态度、上课考勤、作业、课堂讨论、平时测验、实验、实训、设计、实习等情况综合评定。任课教师应在课程教学结束时评定学生平时考核成绩。

…………

第三十六条　以非试卷形式进行期末考核的课程成绩评定必须严格执行评分标准，不得随意给分。

第三十七条　任课教师和阅卷教师对试卷评阅、成绩评定负责，任何人不得应学生的要求提分、加分，或对成绩做不当处理。

…………

第四十条　学生对考试成绩有异议，可以申请核查。学生申请查卷，须在下一学期第一周内提出书面申请，经教务处批准后，由开课单位安排任课教师和教研室主任两人同时在场核查试卷。超过规定期限，不受理查卷。

第四十　条　经核查试卷，确系试卷评阅、总分、记分、成绩录入有误应当更正成绩的，须由任课教师填写“成绩修改申请表”并提供相关证明材料，经开课单位主管教学领导审核同意，报教务处审批后，由教务处进行成绩更正。

第九章　考试材料存档

（略）

第十章　补考、重修考试

第四十八条　补考、重修考试时间。

（1）补考时间：所修读课程考核学期的下一学期第三周。

（2）重修考试时间：所修读课程考核学期的下一学期第十二周。

…………

第五十条　补考、重修考试组织安排实施工作由教务处全面统筹安排协调。

第五十一条　补考、重修考试成绩评定参照本规定第八章执行。补考、重修考试成绩无平时考核成绩，以卷面成绩（实践考核成绩）为准，及格以上者按60分计。

第五十二条　补考、重修考试成绩发布一个星期内，受理学生核查申请，逾期不再受理。

第五十三条　补考、重修考试材料存档参照本规定第九章执行，学生考试试卷以学院和课程为单位存档。

第十一章　建立举报制度

第五十四条　对于在考试过程中出现的各种问题，如试题问题、评分问题、命题教师泄漏试题、评卷教师任意提分或降分、监考人员不负责任、教职工通过各种渠道为考试不及格的学生说情、教职工和学生的其他违纪行为等，全校学生和教职工有权向教务处及有关部门反映。学校有关部门应及时受理学生或教职工的举报，并根据调查结果，在较短时间内给予正式答复。

第五十五条　对于积极检举、揭发考试中违纪行为的教职工和学生，各部门应酌情予以鼓励。对于经过调查取证，确认违纪，并且对于检举揭发人员实施打击报复的教职工和学生，学校将根据情节予以严肃处理。

第十二章　附　则

第五十六条　本规定适用于全日制本、专科考试，其他考试参照执行。在执行过程中涉及其他有关未尽事宜，由教务处研究拟定处理方案，报学校批准后执行。

第五十七条　本规定自公布之日起执行，原相关考试管理文件同时废止。本规定由教务处负责解释。

学生考试守则

（1）必须携带学生证、身份证等有效身份证件参加考试，以便监考教师核对考生身份。

（2）考生应在考前15分钟进入指定考场，按考场座位编号或监考教师指定的位置就座。迟到15分钟者，不得参加考试，考试结束前30分钟内方可交卷离开考场。

（3）严禁携带手机等通信设备进入考场，误带入者必须关机，存放于考场手机袋内。

（4）闭卷考试时，只允许考生携带必要的签字笔、尺子、铅笔刀、计算器（存储式计算器除外）进入考场。

（5）考生接到试卷后，应将所属班级编号、本人姓名及学号（或考号）等考生信息如实填写在试题册和答题纸、演算纸规定的位置上，因错填或漏填项目而影响考试成绩，后果由本人负责。

（6）考生不得随意将试卷拆开摊放。试卷印刷字迹不清晰，考生可举手向监考教师询问，除此之外，不得询问涉及试题内容的问题。

（7）考生必须事先备齐考试所需文具（包括听力接收设备），考试过程中不得相互借用。因特殊情况，必须举手示意监考教师，由监考教师传递，借还计算器时必须先关闭。

（8）考生未经监考教师允许，不得擅自离开考场。考生在考试过程中擅自离开考场视为交卷（特殊情况除外），不得再继续答题。若有特殊情况，须由监考教师全程监督。

（9）严禁用规定以外的笔与纸张答题或者在试卷规定以外的地方书写姓名、学号（考号），否则按标记卷处理，成绩按零分计。

（10）严禁将试题册、答题纸（卡）、演算纸等考试用纸带出考场 。

（11）考试结束信号发出后，考生必须立即停笔，按监考教师要求将试题、答题纸、演算纸交齐，并迅速退出考场。拖延交卷者的试卷按作废处理，监考教师有权拒收其考卷。

（12）考生提前交卷后不得在考场附近逗留，大声喧哗，干扰考试继续进行，否则监考人员有权按违反考试纪律论处。

（13）口试抽签以一次为准，不得要求更换试题。

公共选修课管理办法

第一章　总　则

第一条　公共选修课是面向全校学生开设的跨学院、跨专业选修的课程，是促进学生个性发展、拓宽学生知识面、提高学生综合素质的主要途径，是人才培养的重要组成部分。

第二条　为规范公共选修课的教学管理，保证公共选修课的教学质量，加强公共选修课的建设，特制定本办法。

第二章　公共选修课开设要求

第三条　公共选修课每门课程 16 学时为 1 学分，原则上总学分不得超过 2 学分，周学时数为 2 学时，一般安排在正常教学时间，特殊情况可安排在晚上或者周末进行，全部教学工作应在一学期内完成。

第四条　公共选修课要能反映当代政治、经济、文化、教育、科技、社会发展等方面的情况，能拓宽学生的知识视野、改善学生的知识结构、提高学生的综合素质，有利于培养学生的应用能力、动手能力和创新能力。

第五条　公共选修课的课程教学内容和教学方法应适合跨学科、跨专业学生修读，鼓励就业创业类、考研考证类课程申请。

第六条　申请开设公共选修课的教师应具备授课资格，需获得硕士以上学历或者讲师以上职称，授课内容应与本人的专业或教研领域相符。一般情况下，符合开课条件的教师每学期只能开设一门公共选修课，且承担不超过 2 个教学班的教学任务。

第七条　申请开设的公共选修课应有课程教学大纲、授课计划及使用教材等，教学班容量原则上不少于 50 人。

第三章　公共选修课开设程序

第八条　公共选修课由教务处统一管理，各教学单位负责课程建设，每学期申报一次。

第九条　拟开课教师于每学期第十二周内填写“通识教育选修课、基础教育选修课开课申请表”，提交开课申请表、课程简介、教学大纲、授课计划和使用教材等申报材料。

第十条　各教学单位对教师开课申请材料进行审核（非教学单位教师开课应按课程大类挂靠到教学单位申请），经分管教学领导审查同意后，将开课申请报教务处审批。

第十一条　教务处审批开课申请，只有经教务处审批通过的课程才能开放供学生选课。

第四章　学生选课程序

第十二条　教务处于每学期第十五周公布下学期拟开设的公共选修课目录、选课信息（包括课程简介、任课教师、上课时间和地点、限选对象等），以及学生选课通知。

第十三条　第十五周学生根据选课通知要求，依据个人基础、特长、兴趣以及已取得的公共选修课学分等情况，按照选课操作流程在网上预选修读课程。

第十四条　学院预选课结束后，教务处统计汇总课程选课人数，如某一课程选课人数不足该课程最多人数的 70%，则该课程不予开班，选修该课程的学生可按规定时间改选其他课程。

第十五条　学院正式选课结束后，由教务处下达公共选修课教学任务。选课在教务系统中一经确定，学生不得再进行退选、改选或增选课程。

第五章　公共选修课教学管理

第十六条　公共选修课一经选定，学生应按照教学要求参加所选课程各个教学环节的学习，按时完成作业并参加课终考核。

第十七条　学生因缺课累计超过总课时的三分之一，或缺交作业累计达三分之一以上，取消其本课程的考核资格。

第十八条　公共选修课的教学质量、各教学环节的要求与必修课相同。任课教师必须认真做好课堂教学、学生考勤、课程考核等工作，对该课程的教学质量全面负责。

第十九条　任课教师必须按照课程教学大纲和授课计划的要求，保质保量地完成教学任务，不得随意变更教学内容、学时数或降低教学要求。

第二十条　任课教师必须严格执行教学规范，不得无故调课或停课。因故确实需要调（停）课的，必须按照学校调（停）课管理办法的要求办理相关手续，并及时通知学生。

第二十一条　对于学生评教不合格、教学效果差、教学态度不端正或发生严重教学违规的教师，取消其一年内开设公共选修课的资格。

第六章　公共选修课考核与成绩评定

第二十二条　公共选修课的考核在课程教学最后一周随堂进行，原则上采用非试卷的形式，具体考核形式由任课教师自定。原则上公共选修课不予办理缓考。

第二十三条　公共选修课的成绩评定按照《南昌工学院考试管理规定》中的相关条款执行。

第二十四条　任课教师应在课程考核结束后两周内，将学生成绩录入成绩管理系统。成绩报送与存档、学生考试材料存档按照《南昌工学院考试管理规定》中的相关条款执行。

第二十五条　公共选修课成绩不合格者，不记载成绩，不安排补考，下学期可重新选修本门课程或选修其他公共选修课。

第二十六条　学生在校期间未按人才培养方案要求修满规定的公共选修课学分，不准毕业。

第七章　附　则

第二十七条　本办法自公布之日起执行，由教务处负责解释。

学生课堂学习行为规范

第一章　总　则

第一条　为进一步规范学生课堂学习行为，营造良好的教学环境，培养学生养成良好的学习习惯，服从校历规定和个人课表计划，认真完成所修课程的学分，切实提高学习效率，学好文化知识，掌握专业技能，使学生具备扎实的理论知识、过硬专业技能和良好的职业素质，为社会培养出高素质应用型人才，现根据南昌工学院实际情况，特制定本规范。

第二章　教室行为规范

第二条　学生在上课前应携带好与上课相关的书籍、资料、笔记本及必备的学习用具。不得将玩具、食品、动物等带进教室。

第三条　学生应至少提前 5 分钟进入课堂，按时上下课，不得迟到、早退或旷课。学生上课迟到时，要喊报告，经教师同意后才可进入教室。除特殊原因外，因病或因事不能上课者，应事先办理有关请假手续并经过批准，不得事后补假，否则视为旷课。

第四条　学生进入教学楼应保持安静，不得在走廊和教室内从事有碍上课或自习的活动。学生上课，要互相谦让，互相照顾，不得抢占座位。

第五条　学生进入课堂应着装得体，言行文明，举止优雅。不得穿奇装异服，不得穿拖鞋或鞋拖，不得吸烟，不得高声喧哗，不得追逐打闹，不说脏话。男生不得穿着背心，女生不得穿着暴露。男女生之间不得有过分亲昵举动。

第六条　上课时不得饮食；不得看与课程无关的书籍、资料，不影响、不妨碍他人听课；主动将手机放入手机袋中，关闭与教学无关的其他电子娱乐设备，集中精力听课，参与课堂活动。对上课玩手机或其他电子产品并影响课堂纪律的学生，教师有权在本次授课期间要求学生上交手机或电子产品，情节严重的，按学校相关规定处理。

第七条　上课专心听讲，虚心接受教育，认真做好笔记，积极参与讨论，勇于发表见解，积极回答教师提问。课堂发言或提问先举手，学生发问或回答教师提问要起立，态度要端正，语言要规范，声音要洪亮。严禁顶撞教师，更不允许起哄、谩骂、殴打教师。

第八条　在教师授课过程中，不得擅自离开教室，若遇特殊情况要离开，须征得教师同意。

第九条　自觉维护教室内及走廊卫生，不得踩踏课桌椅，不得在课桌椅、墙壁、讲台、门窗上涂抹刻画，不得在教室及走廊随地吐痰或乱扔杂物。

第十条　下课时间临近时，学生不能以各种方式催促教师下课，也不应提前收拾书本和学习用具，做出离开教室的准备，更不许起哄。

第十一条　在课间休息或课后，应主动擦抹黑板，不要在教室内外奔跑，不要高声喧哗，不得在走廊上吸烟。

第十二条　学生离开教室时，应将课桌椅上的垃圾带走，关闭教室电灯、电扇等设备电源开关，关好门窗，有序离开教室。

第十三条　学生不得随意搬动教室内的教学设备和课桌椅，不得私自使用各类教学设备，如公共计算机、投影仪等。如造成损坏，必须按价赔偿，情节严重的给予相应处分。

第十四条　学生对课程教学的意见、建议和要求，应及时向教师本人或通过辅导员（班主任）向教师反映，也可以向学校、开课单位教学管理人员反映，不得以不认真听课、逃（旷）课、不参与课堂活动、早退、不完成或不提交作业等方式表达。

第十五条　学生党员或干部应成为课堂行为规范的模范，并认真带领广大同学自觉遵守课堂行为规范。切实开展本班级或本学院学生课堂行为规范的学习、宣传、执行和督查工作。

第三章　实验（训）室行为规范

第十六条　学生进入实验（训）室开展实验，必须严格遵守实验（训）室规章制度，服从实验（训）室指导教师和实验技术人员的指导。

第十七条　学生实验前须做好预习，上课时要认真听讲，明确实验的目的、内容和步骤，了解仪器设备的操作规程和实验物品的特性及注意事项。

第十八条　学生须按照实验（训）规定着装，按指定位置坐好，不得随意走动，不得随意离开实验（训）室。若确有原因需要更换机器或座位，须经教师同意后进行。

第十九条　学生需要独立完成实验准备工作的，需经指导教师检查认可后，方能启动设备，正式开始实验。

第二十条　实验（训）须严格按照实验步骤进行操作，不得私自移动、更换、拔插、损坏仪器设备设施。不得更改、删除实验（训）电脑系统资料。

第二十一条　学生入座后，先检查实验（训）设备，若发现设备问题应及时报告教师。在实验（训）过程中，注意观察设施设备的运转情况，严格遵守实验（训）安全规则，确保人身安全和设备安全。若发现安全隐患，应及时撤离危险场地，并立即向实验（训）教师报告。

第二十二条　对实验的方法步骤或实验设备如有疑问，应向指导教师或实验技术人员提出。仪器设备发生不正常现象时，应及时报告指导教师或实验技术人员，不可自行拆卸。如果发现仪器设备损坏，应及时报告，查明原因。凡属违反操作规程导致设备损坏的，将追究相关责任。

第二十三条　学生必须爱护仪器设备，节约用水、用电和实验材料。不动与当前实验（训）无关的仪器设备及其他物品，不进入与当前实验（训）无关的场所。不准私自将当前实验（训）物品带出实验（训）室。

第二十四条　上课时间禁止玩游戏、看电影等与课程无关的活动，细心观察实验现象，如实记录实验数据，积极思考、分析实验结果，按规定写好实验（训）报告。

第二十五条　实验完毕，彻底检查、清点仪器设备、整理各种实验物品，将实验台、实验仪器设备、桌凳等物品摆放整齐，关好水源、电源、气源，做好实验（训）室卫生清扫工作，关好门窗。

第二十六条　对违反实验（训）室规章制度和实验操作规程造成事故和损失的责任人，视其情节按学校有关规定予以严肃处理。

第四章　晚自习行为规范

第二十七条　晚自习时不得将玩具、食品、动物等与教学无关的实物带入教室，不得随意在教室走动、高声喧哗，随时保持教室内安静和整洁。

第二十八条　严禁晚自习时玩手机及其他电子产品，手机须处于关机或静音状态；严禁吃零食、睡觉等一切与学习无关的行为。

第二十九条　晚自习时，应按照教师要求对当天课程进行复习，对第二天课程进行预习；认真完成当天布置的课外作业及学习小结。

第三十条　晚自习期间不得擅自离开教室，若遇特殊情况，须征得教师同意；不得擅自开启多媒体设备；不得利用教室内电脑设备进行与教学无关的活动。

第三十一条　晚自习结束后，应关闭教室空调、电扇、电灯等设备的电源；保持教室清洁；关好门窗，有序离开教室。

第五章　附　则

第三十二条　本规范自颁布之日起执行，由教务处负责解释。

学生成绩管理办法（节选）

第一章　总　则

第一条　为了加强学生成绩管理，使学生成绩管理实现科学化、规范化、信息化，结合南昌工学院实际情况，修订本管理办法。

第二条　教务处、开课单位、任课教师共同承担成绩管理责任。各责任人应共同维护成绩管理的权威性和严肃性。

第二章　成绩录入

（略）

第三章　成绩管理

第七条　成绩日常管理工作由教务处和学院（部）共同承担。教务处负责组织成绩录入、成绩更正、成绩冲抵、成绩统计分析等工作，学院（部）负责在校学生成绩查询、按学期打印班级成绩汇总表、出具在校生成绩单、成绩材料存档等工作。

第八条　学生课程考核成绩包括平时考核成绩和期末考试成绩，同时按照成绩计算方法形成总评成绩。任课教师必须有平时考核成绩各部分的原始记载。

第九条　对毕业班学生的成绩档案，各学院应提前一学期进行一次全面清理，对缺漏、差错及疑问，及时查明情况，核实补齐。

第十条　学生离校时，学院应打印学生在校期间修读课程成绩单一式两份，制表人签字确认后加盖学院、教务处公章，分别按要求送校档案馆和装入学生个人档案。毕业学生成绩单将在校档案室永久存档。

第十一条　各种存档的成绩表册，应用碳素墨水、档案用高级蓝黑墨水笔等填写，不得用铅笔、圆珠笔、彩色笔等填写，以免褪色或字迹湮没。填写应力求字迹清楚、端正、避免涂改。如涂改太多或脏乱时，应重新填写。

第十二条　已离校学生因公需要成绩单，须持本人有效证件和书面申请，经教务处同意后方可办理。

第四章 成绩冲抵

第十三条 由外校转入南昌工学院的学生，需及时向教务处提供在原就读学校学习期间的成绩单原件。由教务处请相关教师认定其已修读课程与本校课程的可替代度，所修读课程内容能够达到与本校同类课程要求的，予以记录成绩，承认学分；不能达到本校要求的，不予承认成绩和学分，学生需按照人才培养方案规定重新修读课程。

第十四条 本校转专业学生，需持转专业文件及时到教务处进行成绩档案异动。公共基础课成绩不做变动，保留原记录，不及格课程须补考或重修；专业课成绩由教务处委托转入学院认定学生在原专业已修课程与转入专业课程的可替代度。可以替代的，予以记录成绩，承认学分；不能替代的，按公共选修课处理，保留成绩。

第五章 成绩发布

第十五条 学生成绩由教务处统一在网上发布，并以网上发布的成绩为准。任何人员不得在网上成绩发布前以任何形式向任何学生透露成绩。

第十六条 学生查询成绩需进入教务管理系统，输入学号和个人密码后方可查询自己所修读课程考核成绩。

第六章 成绩申诉

第十七条 对网上发布的成绩有异议者，可于下学期第一周内提出书面申请，经教务处批准后，由开课单位组织相关人员查阅试卷、记分册等原始资料，核查属实的由教务处更正成绩并通知学生。

第十八条 补考、重修考试成绩申诉时间为网上成绩发布后一个星期内，逾期不再受理。

第七章 附 则

第十九条 本办法适用于南昌工学院全日制在籍学生成绩管理。在执行过程中涉及其他有关未尽事宜，由教务处研究拟定处理方案，报学校批准后执行。

第二十条 本办法自公布之日起执行，原相关成绩管理文件同时废止。本办法由教务处负责解释。

教学场所管理办法

第一章 管理体制

第一条 学校普通教室、多媒体教室、自习室、实验实训室、电脑机房、语音室等各类教学场所由教务处和实验实训中心统筹规划建设。

第二条　教学场所内的设备由学校资产管理处统一购置。

第三条　普通教室、多媒体教室和自习场所由教务处负责协调使用管理，实验实训场所由所属单位使用管理。

第二章　教学场所的使用

第四条　学校正常教学安排由教务处统一调度使用。

第五条　每学期开课前，由教务处对各教学场所进行教学课程安排，并下发给各教学单位。

第六条　各部门因教学或活动需要使用教室，须在学校教务系统进行申请，填写教学或活动负责人姓名、联系电话等信息，部门负责人进行审核后，由教学场地主管部门负责审批。

第七条　如有特殊原因，教师因调课或其他教学活动而临时使用教学场所的，需向各教学场所主管部门报批，不得私自使用。

第八条　教学场所使用申请经批准后，时间、地点不准擅自改动，如有变更须报请各教学场所主管部门同意后方可使用。

第九条　首次使用多媒体教室、实验（训）室、电脑机房、语音室等教学场所的教师，应于开课前三天到相应的教室熟悉操作方法。

第十条　教师应严格按照操作规范使用教学场所设备。如遇故障或疑难问题，请及时与教学场地管理员联系，禁止自行拆卸设备。

第十一条　多媒体教室、实验（训）室、电脑机房、语音室等教学场所的计算机已安装常用软件，任课教师因教学需要加装专业软件，应在开课前按照学校通知要求，前往授课教室进行安装，未经许可，不得在设备上安装与课程无关的应用程序，避免系统出错。

第十二条　下课后，教师须关闭投影仪、计算机、音响等设备，确保设备完好无损，以便下次教学使用。

第十三条　学生应服从任课教师和工作人员的管理，遵守纪律，爱护教学设备。未经教师或管理人员同意，不得私自动用设备或更改系统设置，不得在计算机上插入存储设备拷贝文件，以免病毒传入；不得拆卸、拿走室内任何设备、公物。如有违反，通报所在学院，给予批评教育，造成设备损坏的，需按价赔偿。

第三章　教学场所的日常维护

第十四条　教务处负责普通教室、多媒体教室、自习室开关门及通用设施的日常检查维护工作。

第十五条　实验实训场所由所属单位进行日常维护工作，重大维修、改造等情况需要上报实验实训中心批准审核。

第十六条　基建后勤处负责教学场所的环境保障、基础设施及水电等维修工作。

第四章　教学场所安全制度

第十七条　各教学场所主管部门严格按照学校相关规定，做好各类教学场所的安全工作。

第十八条　严禁教职工及学生在教学场所内吸烟、生火、私接电源、乱拉电线、使用大功率电器。

第十九条　保卫处（部）负责配备齐全消防安全防范器材等，并确保处于完好状态，以备随时取用。

第二十条　教学场所使用人员发现火险隐患等异常情况，应立即报告管理员处置，必要时报保卫处（部）进行处理。

第二十一条　寒暑假期间，各场所原则上进行封闭，暂停使用。

第五章　附　则

第二十二条　本办法自发布之日起施行，由教务处负责解释。

学生证管理办法

第一条　新生入学办理报到手续后，由学工处（部）统一办理学生证。

第二条　学生证是学生的身份证明，必须妥善保管，不得丢失或转借他人。如有遗失不报，被他人利用造成不良后果的，由本人承担全部责任。

第三条　学生证补换。

（一）学生证损坏需更换，流程如下

（1）携带已损坏的学生证、一张本人一寸照，到学工处（部）学生事务管理中心填写个人信息并缴纳学生证工本费。

（2）于指定的时间、地点领取学生证。

（二）学生证遗失需及时补办，流程如下

（1）自行下载打印学生证补办申请表，填写申请表，辅导员签字后加盖二级学院学生科或学院公章。

（2）携带已加盖公章的申请表于学校财务资产管理处缴费。

（3）携带财务资产管理处开具的学生证补办费用收据（黄联）、身份证、补办申请表、一张本人一寸照片到学工处（部）学生事务管理中心补办。

（4）于指定的时间、地点领取新学生证。

第四条　学生证的注册和充磁。

（1）学生证每学期开学初（3月或9月）需注册一次，由二级学院学生科负责。

（2）因逾期未返校、请假错过注册或未缴纳学费等原因未如期注册的学生，在办理注册补办手续时，需填写“学生证注册补办申请表”，在辅导员签字确认后，带申请表到所属二级学院学生科办理。

（3）学生每年享受四次乘车优惠政策，以中国铁路客服中心（12306网站）的数据为准。乘车优惠卡每学年第一学期充磁一次，在规定时间内以班级为单位送到学工处（部）学生事务管理中心办理。

第五条　学生证的注销与失效。

（1）学生证未注册、照片未加盖钢印、超过有效期、加盖了注销章均认定为无效证件。

（2）非正常毕业离校（开除、退学）的学生在办理离校手续时，应携带学生证到学工处（部）学生事务管理中心加盖注销章。

（3）正常毕业离校，学生证在毕业当年的7月1日之后自动失效，无需办理注销手续。

第六条　按铁路部门规定，寒暑假学生回家乘坐火车（含动车、高铁等）可凭已办理火车票学生优惠卡的学生证购买学生优惠票。如家庭住址变更，应持父母所在单位证明，到学工处（部）重新办理学生证，私自涂改证件会导致学生证作废，不具备法律效力且无法享受火车票学生优惠。

第七条　遗失的学生证如重新找到，应立即交回学工处（部）。一个学生不得持有两本学生证。如有违反，视情节轻重给予批评教育或纪律处分。

第八条　提高警惕，严防不法分子利用本校学生证来学校或到别处作案，一经发现，要及时报告。

第九条　本办法解释权归学工处（部）。

学生网上评教实施办法

为加强教学质量监控，保障教学信息的真实性、全面性，充分发挥学生在教学质量监控中的作用，进一步提高教学质量，根据有关规定，结合南昌工学院实际情况，特制定本实施办法。

第一条　评教时间和方式。

每学期第十周至第十一周，教务处开放学生网上评教系统供学生网上评教。学生在此时间段内，对任课教师进行测评。

第二条　评教指标及等级。

网上评教要求学生从教师的教学内容、教学方法、教学态度、教学效果等方面进行综合测评，学生评教最终将转换成百分制作为教师的考评结果。

第三条 评教程序。

（1）各班级辅导员或班主任组织学生网上评教。

（2）教务处对各班级网上评教情况进行通报，没有按要求进行网上评教的学生将不能查询考试成绩。

第四条 评教步骤。

（1）打开浏览器在地址栏输入“http://jwxt.ncpu.edu.cn:8088/jwglxt”，弹出“用户登录”界面。

（2）依次输入“学号”“密码”后点击“登录”进入主页面。

（3）选择“教学评价”中的“学生评价”，学生根据任课教师的教学表现进行教学评价，选择各项评教指标对应等级，具体为“优秀”“良好”“中等”“及格”“不及格”5个等级，共10项评价指标，每一项评价指标等级选择结束后，点击“提交”完成对该任课教师网上评教。

（4）再按照上述方式评价其他尚未评价的课程，直至评完本学期所学全部课程，然后点击“提交”，完成网上评教。

（5）返回南昌工学院教务管理系统，点击页面右上角“安全退出”即可退出系统。

第五条 评教保障。

（1）教务处负责学生网上评教的组织和管理工作，对网上评教系统情况实时监控，负责网上评教数据的处理。

（2）各学院负责本学院学生网上评教的组织和宣传工作，使学生明确评教的目的和意义，掌握科学的评教方法，自觉、公正地参与评教活动，组织教师及时对学生评教结果进行认真分析，推进教学改革，提高教学质量。

（3）在评教过程中学生要遵循实事求是的原则，认真完成评教工作。任何教师及相关单位的工作人员都不得以任何形式影响学生的评价意见。

（4）为维护学生参与评教的权利，保护学生参与评教的积极性，学生评教实行匿名制，对学生评教的具体情况将严格保密。

第六条 评教结果的处理和运用。

教务处将在每学期期中对学生网上评教数据（结果）进行收集汇总，从各专业班级的评教参与率、各教师测评成绩、教师测评排名等方面加以统计分析，并将结果反馈给校领导、有关部门和相关学院。测评结果将作为教师教学工作考核的依据之一。通过评教活动使教师能够了解自身测评情况，倾听学生心声。

第七条 本实施办法自发文之日起施行，由教务处负责解释。

学生教学信息员管理办法

学生教学信息员工作是学校教学服务质量监控的重要工作之一，有利于学校广泛听取学生对全校教学工作的意见和建议，以达到及时了解教学情况，改进教学中的问题，不断完善教学管理，提高教学质量的目的。为了明确教学信息员的职责与工作方式，加强教学信息员队伍的建设与管理，特制定本办法。

第一条　学生教学信息员权利和义务：

（1）有对学院所有教学活动进行监督、批评和建议的权利。

（2）有代表本班学生向上级反映本班教学活动中存在的问题，并提出意见、建议的权利。

（3）有向教学相关部门咨询对意见、建议处理结果，并表示满意程度的权利。

（4）有因提出批评意见而受到打击报复时，得到法律法规和校规保护的权利。

（5）有主动收集同学对教学工作的意见，并及时向教学相关部门反映的义务。

第二条　学生教学信息员职责：

（1）广泛收集如实反映学生对学院在教书育人、教学管理方面有关政策的看法和意见。

（2）广泛收集如实反映学生对任课教师教学态度、教学水平、教学过程的各环节（包括备课、课堂教学、实验教学、作业批改、课外辅导、实践环节、课程设计、考试等）的意见和建议。

（3）广泛收集如实反映学生对教学管理部门（包括班主任、院系、教务处等部门）行政服务工作的意见和建议。

（4）反映学生对班风、学风、校风、师德师风建设和对学院办学思想的意见和建议。

（5）认真详实填写“南昌工学院教学信息反馈表”，及时向院系、教务处反映情况，每学期至少两次，也可提交专项调查分析报告。

（6）协助学院和院系进行评教评学。

第三条　学生教学信息员的选聘：

（1）选聘条件：政治思想觉悟较高，道德品质优秀，学习认真，工作积极主动，坚持公平公正、实事求是的原则，有奉献精神，党员优先考虑。

（2）选聘名额：学生教学信息员按班级进行选聘，班级人数在 30 人以下（含 30 人），每班选聘 1 人；班级人数在 30 人以上，每班选聘 2 人。任期三年（校学生会分管学习副主席，校学生会学习部长、副部长，二级学院学生会分管学习副主席、二级学院学生会学习部长、副部长，班级学习委员都是学生教学信息员）。

（3）选聘方式：学生教学信息员选聘由各院系自行组织，可采取自愿报名和组织推荐相结合的方式进行，各班级对报名或被推荐学生进行综合素质考核，报院系择优选聘，并将选聘名单上报教务处备案。

第四条 学生教学信息员待遇：

学院将根据教学信息员实际工作情况，每学年评选部分工作优秀的教学信息员，授予"优秀教学信息员"称号，颁发相应证书，同时作为评先评优入党的重要参考。

第五条 附则。

本办法自公布之日起执行，原相关规定废止，由教学督导办负责解释。

实验（训）室管理规定（节选）

针对实验（训）教学在整个教学过程中的重要性，为严密组织实验（训）教学，提高实验（训）教学质量，特制定本规定。

第一章 总 则

第一条 实验（训）室是实验（训）教学、科学研究、技术开发、人才培养和社会服务的重要基地，是办好学校的基本条件之一，也是反映学校教学、科研及管理水平的重要标志。为了加强南昌工学院实验（训）室建设和管理，保障学校教学质量和科研水平，提高办学效益，按照《高等学校实验室工作规程》并结合学校的实际情况，制定本规定。

第二条 实验（训）室的建立、调整、撤销，必须按规定经学校实验（训）室管理部门正式批准，各类实验（训）室在学校领导下进行工作。

第三条 实验（训）室必须努力贯彻国家的教育方针，严格按照学校教学计划，保证完成所承担的教学、科研、技术开发和社会服务等任务。

第四条 实验（训）室的建设，要从实际出发，准确定位，明确目标，统筹规划，合理设置。实验（训）室用房、仪器设备、技术队伍和管理要协调发展，努力提高投资效益。各实验（训）室须积极完善各类规章制度，确保对实验（训）室工作进行科学、规范管理。

第二章 实验（训）室教师岗位责任

（略）

第三章 实验（训）室技术人员岗位责任

（略）

第四章 实验（训）室的使用与管理办法

第二十六条 实验（训）室的使用和管理。

实验（训）室内的物品管理，主要由各实验（训）室管理员负责。凡使用实验（训）

室的学生和教师必须按照本实验（训）室的规定执行。

（1）每次实验（训）的物品摆放要求由各实验（训）室管理员向教师说明或在实验（训）室内明示通告，上课教师有责任要求学生按要求存放物品。实验（训）开始前学生不得乱动实验（训）室内的物品和实验（训）台上的物品。实验（训）过程中学生不得动用与实验（训）无关的其他实验（训）物品和设备，所用物品用完后必须归于原位，不得将实验（训）台物品拿到其他地方或据为己有或用完后随手丢放。实验（训）结束后要按照要求对所用的仪器进行必要的清洗和整理。教师有对学生进行监管的权利和义务。发现违规实验（训）和随意实验（训）者给予批评或处分。

（2）对于实验（训）使用的仪器设备，技术人员必须事先调试好后再进入实验（训）室，并向相应教师说明使用要求和有关仪器的注意事项。教师要清楚和掌握仪器的使用方法和注意事项，并认真指导学生使用。不会使用仪器者不允许对仪器进行操作和使用。使用人及任课教师授课后要对仪器的使用情况进行登记。对使用不当所造成的损失由相应责任人（教师或学生）负责。对不按要求执行的学生，教师要对其进行批评和教育、对乱动实验（训）室内与实验（训）不相关物品或不按教师要求进行实验（训）所造成的后果，情节严重者上报学校处理。对于教师指导不力和监管不严所造成损失的，除追究学生责任外，还要追究教师的责任。

（3）学生常用实验（训）物品放于指定抽屉和实验（训）柜内。每次使用前 5 分钟由学生检查，使用后放回原位。学生进行检查发现缺损，及时向教师报告，由教师填写物品补充单并到器皿库房或实验（训）准备室领取相应物品。实验（训）登记本每次在教师讲授后发放给学生，实验（训）结束后经教师验收签字后由教师保管在讲台上。实验（训）课结束后，学生自行将自己组的柜内物品整理存放好，并将实验（训）台上的物品按要求摆放好，经教师检查合格并签字后方可下课离开。凡物品缺损和实验（训）台面摆放不合格、水池和台面卫生不合格，教师不予签字。未经教师检查私自离开者，取消本次实验（训）课成绩，并承担本组实验（训）用品的使用责任。教师未认真检查所导致的相关问题由教师负责。

第二十七条　实验（训）室使用的交接与验收。

实验（训）课结束后，教师与各实验（训）室管理员或值班人员进行交接，实验（训）室管理员要认真验收检查，发现问题与教师积极沟通，并听取和询问教师对实验（训）课教学准备的要求和意见。协调、检查沟通后，共同填写实验（训）室使用记录本。由实验（训）室管理员检查好水、电并锁好实验（训）室。每次发现的问题要当场解决，不许因拖延而影响学生实验（训）和下次实验（训）的正常进行。

第二十八条　物品破损的赔偿。

实验（训）课过程中，如发现有仪器破损，由任课教师负责填写破损单，经责任人签字后交到器皿库房或实验（训）准备室补充和登记。其他无责任破损由教师填写，注明原因后到器皿库房或实验（训）准备室补充和登记。破损单由库房管理员登记上账。破损单一式三份，责任人、值班人员、耗材管理员各一份。物品损坏赔偿标准按管理规定执行。

第二十九条　环保与安全。

教师要对学生进行实验（训）室安全教育和环保教育，对容易发生事故的地方要提醒学生注意，如水、电、有毒药品、酸碱有毒等废弃物质的处理等问题，要采取科学环保的措施进行处理。实验（训）室管理员要常备一些急救用品和药物。

第三十条　技术准备的质量和保证。

（1）技术准备工作要力求完善、充分和到位。在实验（训）课前必须准备好实验（训）教学的一切物品。

（2）不同实验（训）题目的首次实验（训）课，各实验（训）教师要预做实验，并填写预做实验记录本。为使教师和学生能够顺利、圆满和集中精力完成实验（训）课教学，实验（训）室管理员要在课前让教师检查指导实验（训）准备工作，课间到实验（训）室进行巡视，发现问题及时解决。重要问题要做好记录，以便及时总结和改进。

第五章　学生实验（训）守则

第三十一条　遵守实验（训）课堂纪律。上课不迟到，听从教师指挥，服从安排。讲文明，讲礼貌。不高声喧哗，保持实验（训）室安静，不吸烟，不随地吐痰，不乱扔纸屑，保持实验（训）室的整洁。

第三十二条　遵守实验（训）室的各项规章制度。严格按分组要求使用和保管好仪器设备和实验（训）用品等；爱护仪器，遵守操作规程，节约原材料，任何仪器设备和药品等不经指导教师许可，不得动用。教师准许使用的仪器，必须严格按操作规程操作。如有损坏或丢失，立即向教师报告，等待处理。

第三十三条　树立良好的学风。实验（训）前认真预习，力争目的明确，原理清楚，方案可行；认真听讲，积极思维；实验（训）中头脑清楚，细致观察，仔细操作，严谨求实，勇于创新；按时完成实验（训），原始记录真实完整，结果合理可靠。按时提交实验（训）报告，内容简明，数据完整，字迹清楚，讨论具体深入。

第三十四条　按指定的位置做实验（训），不乱动别组仪器等物品。做完实验（训），要将仪器、物品、实验（训）凳和实验（训）药品等放回原处。

第三十五条　最后检查实验（训）室的物品摆放得是否整齐，把实验（训）室的卫生彻底打扫干净，仔细检查水、电、气是否关闭，经管理老师批准后，方可离开实验（训）室。

第六章　实验（训）室工作档案管理制度

（略）

第七章　实验（训）室仪器设备和器材管理细则

（略）

第八章　实验（训）室大型仪器管理规定

（略）

第九章　实验（训）室材料、低值易耗品管理办法

（略）

第十章　仪器设备、器材损坏丢失赔偿的管理办法

第五十七条　对实验实训中心所属的仪器设备、器材要实行层层负责制。实验实训中心对各实验（训）教师；实验（训）教师对学生。

第五十八条　凡使用仪器设备均应执行安全操作规程，遵守管理制度。凡因责任事故，造成设备、器材的损坏和丢失，除对责任人进行批评教育外，还要责令其赔偿物资损失。

第五十九条　凡管理、使用仪器设备，由于下列主观原因造成责任事故，给国家财产造成损失者，均应赔偿。

（1）违反安全操作规程者。

（2）跌、打、碰、撞等非工作原因造成损坏者。

（3）在使用、管理过程中粗心大意，不负责任，工作失职者。

（4）野蛮装卸、搬运、乱扔乱放，造成损失者。

（5）无故中断水、电、气等，事先不通知，造成损坏者。

（6）其他因不遵守规章制度等主观原因造成设备、器材损坏或丢失者。

第六十条　除实验（训）教学需要由主管部门批准内部调用的仪器设备和器材外，任何人不得借出实验（训）室，擅自挪作私用的应立即追回，如有损坏丢失，一律按现价赔偿。有意作假和隐瞒损失者，则加重处理。

第六十一条　由下列客观原因造成仪器设备的损失，经有关负责人证实和现场鉴定确认，经主管部门批准，可不予赔偿。

（1）因仪器本身的缺陷引起的损坏。

（2）因使用年久，在正常使用时发生的损失。

（3）经实验实训中心主任批准，试用、试行新的实验（训）操作或检修，虽经采取措施，仍未能防止的损失。

（4）因意外客观原因（如发生火警、被盗，突然断水、电、气等）而造成的损坏或丢失，经有关人员论证确认非使用人责任。

第六十二条 凡属于责任事故造成仪器设备、器材损坏和丢失，其损失价值可按以下原则计算赔偿：

（1）对单价在1000元以下使用期一年以上的仪器、器材，如计算器、万用表、成套工具、实验（训）台、凳（椅）子、玻璃仪器和单价在10元以上的工具、量具等损坏丢失，严格计价赔偿，使用期不满一年的按原价赔偿。

（2）1000元以上的仪器设备，损坏、丢失设备零配件，导致设备报废者，累计赔偿零配件价值；局部损坏可修复的，按维修费的30%赔偿；整机损坏而不能修复的，按原机购进价经折损后的价格的20%赔偿。

（3）损坏后质量下降，但尚能使用的，应酌情赔偿（一般在20%～50%）。损坏丢失设备及零配件，应视新旧程度折旧后计价赔偿；但是，对可用于个人生活的仪器、设备，如有丢失，一律按现价赔偿。

第六十三条 赔偿应根据仪器设备、器材的丢失和损失程度及造成的质量不同情况以及赔偿人的态度等，具体分析，区别对待。

第六十四条 如实验（训）过程中发生设备、器材损坏或丢失的事故，实验（训）教师要查明原因，重大事故要及时上报主管部门。如因实验（训）教师在仪器设备使用中，没有事先教授学生使用方法和注意事项，而造成实验（训）仪器设备损坏者，或者仪器设备损坏没有查明原因和责任人者，实验（训）教师要承担责任。

第六十五条 实验（训）过程中发生仪器、器材损坏或丢失的事故，实验（训）教师要及时查明原因和责任人。如因实验（训）教师在实验（训）过程中没有事先向学生讲解操作步骤和注意事项，或没能查明原因，将追究实验（训）教师的责任。

第六十六条 责任事故，需要赔偿时，要填写仪器设备损坏丢失赔偿处理单（一式五份），由实验（训）室管理人员提出处理意见后转交实验实训中心核定，由赔偿责任人到财务部门办理交款手续，注销其固定资产登记。

第六十七条 对于不能按期交赔偿费的学生，不给予实验（训）成绩。

第十一章 附 则

第六十八条 本规定自公布之日起执行，原相关办法废止，本规定由实验实训中心负责解释。

实验室开放管理办法（试行）（节选）

为深化南昌工学院教学改革，提高人才培养质量，增强学生的创新精神和意识，培养学生的创新创业能力和实践动手能力，进一步提高实验室利用率，规范有序地做好实验室开放工作，特制定本办法。

第一章　总　则

（略）

第二章　形式与内容

第四条　本办法所指的实验室开放，是指学校各类实验室在完成正常教学、科研任务的前提下，利用现有师资、仪器设备、环境条件等对本校学生开放。

第五条　开放时间分为全天开放、定时开放、预约开放和阶段开放，各实验室应根据自身的实际情况，做好开放时间的安排。

第六条　开放内容包括教学计划内的实验项目、课外实验项目和对外服务项目。教学计划内的实验项目是指培养方案内相关的课程实验；课外实验项目包括实验室开发设计的各类实验，学生自行拟定的小发明、小制作、小论文等课外科技活动以及创新创业训练项目和各类学科竞赛项目等；对外服务项目是指在保证正常实验教学的前提下，挖掘实验室潜力，提倡实验室积极对社会开放。项目所创造的收入按学校有关规定进行分配。

第七条　学生可运用所掌握的知识和技能自行选择实验方法和步骤，采取以学生为主、教师指导为辅的实验教学模式，充分发挥学生的主动性和创造性。

第三章　组织与管理

第八条　实验室开放实行校院两级管理体制。实验室开放工作在分管校领导的统一领导下，由学校实验实训中心协调组织实施，二级学院分管教学副院长直接负责组织实验室开放工作，院级实验实训中心主任负责具体实施。各二级学院要采取积极有效措施，建立健全实验室开放管理制度，鼓励多种形式的开放。

第九条　实验室开放项目申报在每年 6 月和 12 月进行，原则上，开放项目实施期限为一年。各二级学院应根据实验室的自身条件，确定一定数量、切实可行、具有创新意义的实验项目，填写“南昌工学院实验室开放项目申请书”，组织审核立项，并报学校实验实训中心审批备案。

第十条　实验室开放应根据报名学生人数和实验内容做好人员配备和实验条件的准备工作，按照实验室的安全管理办法，加强实验前的安全教育和管理，确保师生的人身安全和财产安全。

第十一条 项目结题时，项目负责人提交《南昌工学院实验室开放项目结题报告》及相关支撑材料（包括实物、论文、实验报告等），二级学院审核后报学校实验实训中心审批备案。

第十二条 二级学院需加强实验室开放管理，认真总结、交流实验室开放经验，不断提高实验室开放效率和开放质量。

第十三条 校院两级实验实训中心不定期对实验室开放进展情况和实施效果进行检查，并将检查结果作为实验室开放项目审批的重要依据。

第十四条 学生参加开放实验的程序和要求。

（1）每学期末，公布下一学期全校和学院实验室开放项目及项目内容。学生可在下学期开学后两周内，报名参与开放项目。

（2）学生要求自带实验项目的，需填写“南昌工学院学生自拟实验项目申请书”向所在实验室提出申请，设计好实验方案，经实验室同意，二级学院批准后，报实验实训中心审批备案。

（3）参加开放实验的同学，必须按规定的时间、地点，按时参加实验。凡无故不参加开放实验次数超过两次者，取消参加开放实验资格。

（4）学生进入开放实验室前，应阅读与实验内容有关的文献资料，了解实验室安全常识及操作规范，准备好实验实施方案，做好有关实验准备工作。

（5）学生进入开放实验室，必须严格遵守实验室的各项规章制度。损坏仪器设备按有关规定处理。

（6）学生在实验项目完成后，须提交实验报告、论文、实物等材料。指导老师根据学生提交的实验成果、学习态度等进行考核并备案。

（7）学生参与实验室开放项目，可根据课时抵扣公共选修课学分。

第四章 鼓励与保障

（略）

第五章 附 则

第十九条 学生开放实验取得成绩的成果，可申报各类评奖和参加各类学科竞赛，成果归属学校。

第二十条 本办法由学校实验实训中心负责解释。

毕业实习管理办法

第一章　总　则

第一条　毕业实习是毕业生在指导教师指导下在实习基地或其他场所从事生产实践或研究调查工作的实践教学过程，是培养毕业生综合运用所学专业知识解决实际问题的能力过程，是人才培养方案的重要组成部分。为进一步加强和完善毕业实习管理，使其规范化、科学化和合理化，结合南昌工学院实际情况制定本办法。

第二章　毕业实习教学组织与管理

第二条　毕业实习教学工作在主管校长领导下，实行校院二级管理。

第三条　教务处负责毕业实习教学宏观管理，制订毕业实习教学管理规章制度和毕业实习经费的分配方案，组织毕业实习教学检查与评估，协调解决毕业实习教学过程中的有关问题。

第四条　教学单位负责毕业实习教学组织与落实，制订毕业实习教学大纲和毕业实习教学计划；根据学校实习教学规章制度，制定实施细则；负责毕业实习前的动员和安全教育；组织毕业实习教学检查、工作总结及信息反馈等。

第三章　毕业实习场地的选择和实习基地建设

第五条　毕业实习场地应满足人才培养方案和毕业实习教学大纲要求，并本着就地就近、相对稳定、节约开支的原则，选择管理水平较高、技术和设备比较先进、重视人才培养的企事业单位。

第六条　毕业实习基地是保证今后毕业实习教学顺利进行的基础，有条件的教学单位应针对各专业分别建立相对稳定的毕业实习基地。毕业实习基地应选择满足毕业实习教学大纲的要求，力求相对稳定，努力使毕业实习和生产实践、社会实践有机结合，优先选择校外实践教育基地。

第七条　教学单位根据专业培养的目标和要求，可采用集中实习和分散实习等形式进行，对采用分散实习者，教学单位要加强组织领导，严格实习要求和督促检查，不能放任自流。

第四章　毕业实习教学的实施

第八条　毕业实习教学大纲是指导毕业实习教学工作的教学文件。毕业实习教学大纲应按教务处教学大纲统一格式由教学单位根据专业培养方案制订，经教学单位负责人审批后报教务处备案。

第九条　毕业实习计划安排由教学单位根据毕业实习教学大纲要求制订，经学校批准后方可执行，教学单位应将获批的毕业实习安排及时报教务处备案。

第十条　为提高毕业实习教学质量，教学单位必须为每位毕业生安排毕业实习指导教师，指导教师由专职教师、辅导员、企业人员共同组成，专职教师指导学生人数不得超过 8 人。

第十一条　在同一地点同时进行毕业实习的毕业生人数较多时，教学单位可委派指导教师或辅导员驻场管理，以便做好学生的实习指导、思想政治及学生管理工作。

第十二条　毕业实习指导教师于每年 10 月份按毕业实习教学大纲要求结合学生毕业设计（论文）选题情况制订毕业实习计划书，指导学生填写《南昌工学院毕业实习手册》。

第十三条　教学单位应在毕业实习开展前组织学习动员会，对学生进行纪律、安全及特殊行业保密教育，并根据不同实习地点和实习内容进行针对性教育。

第十四条　毕业实习指导教师应及时掌握学生毕业实习的思想动态、实习进度、目标达成情况等，加强对学生的指导教育，发现问题及时向学校、教学单位报告，认真记录实习中的有关情况，学生毕业实习结束后及时做好工作总结。

第十五条　毕业实习原则上以教学单位统一安排为主，学生自主选择实习单位或采取社会调查、研究报告等方式进行毕业实习的由学生本人提出申请，经教学单位审核、批准报学校备案后准予实施，教学单位必须安排相应的指导教师加强指导。

第十六条　学生在实习过程中应遵守实习单位相关制度及工作职责、操作规程、安全标准等，及时记录总结实习过程、工作进展及成果成效，认真填写《南昌工学院毕业实习手册》。

第十七条　教学单位应及时将本院部所承担的毕业实习教学工作具体实施计划和总结材料汇总、归档，在实习结束一周后将实习教学工作计划及实习工作总结材料交教务处备案。

第五章　实习指导教师要求

第十八条　每位毕业生毕业实习应由专职教师、辅导员、企业人员共同指导，专职教师应具有丰富的理论知识、技术技能及一线生产实践经验和中级及以上职称。

第十九条　专职指导教师负责针对性地拟定学生毕业实习计划，实习过程中的理论与技术技能指导，毕业实习手册管理归档及成绩核定等工作；思想政治指导教师（辅导员）主要负责学生思想动态把控与思想政治表现评定等；企业指导教师负责学生生产实践过程管理与指导，根据学生表现与工作情况每周进行评分。

第六章　学生要求

第二十条　遵守国家法律法规，遵守学校和实习单位有关规章制度，严格遵守生产操作规程，注重人身、财产、交通安全等。

第二十一条　尊重指导教师，自觉接受实习指导教师的指导，按时完成分配的工作任务，认真参加实习总结、考核和交流，及时认真填写《南昌工学院毕业实习手册》。

第二十二条　尊重实习单位，团结实习单位职工，毕业实习的相关意见或建议及时向指导教师、教学单位反馈。

第七章　考核与成绩评定

第二十三条　学生毕业实习成绩分别由思想政治表现、知识技术应用、生产实习情况三部分成绩构成，按照思想政治表现占 40%、知识技术应用占 30%、生产实习情况占 30% 的成绩结构，以百分制方式综合评定，毕业实习成绩记入学生成绩档案。

第二十四条　实习期间因病、因事不能参加实习实践活动的学生必须办理请假手续，请假 1 ～ 3 天（含）的由实习单位批准；请假 3 天以上的由实习单位和教学单位共同批准；毕业实习期间无故缺勤超过实习时间三分之一（含）者及未经批准擅自离开实习单位者视为旷课，毕业实习成绩记为不及格。

第八章　检查与评价

第二十五条　学校、教学单位应不定期派人深入毕业实习现场进行检查，检查内容包括实习计划的落实情况，实习的进展情况，指导教师的教书育人情况、实习指导工作以及学生的出勤、纪律、进度、思想状况等，发现并解决有关问题。

第二十六条　各教学单位应加强毕业实习教学改革的研究与实践，不断提高毕业实习教学效果。

第二十七条　学校、教学单位应适时召开毕业实习工作经验交流会，对组织到位、教学效果好、成效显著的单位和个人进行表彰。

第九章　毕业实习经费的管理

第二十八条　毕业实习教学经费从学校专项预算经费中开支。

第二十九条　毕业实习经费是实习教学专项经费，任何单位和个人不得挪作他用。

第三十条　毕业实习经费的使用与管理按照学校相关制度、流程审批使用。

第十章　附　则

第三十一条　本办法自颁布之日起执行，原相关办法同时废止。

第三十二条　本办法由教务处负责解释。

本科毕业论文（设计）工作管理办法（节选）

第一章 总 则

第一条 毕业论文（设计）的写作、指导工作是整个教学过程的重要环节，是考查学生运用专业知识的有效途径，也是南昌工学院教学水平评估的重要指标。为进一步加强和规范本科毕业论文（设计）的过程管理，不断提高毕业论文（设计）的质量和水平，根据教学实际情况，特制定本办法。

第二章 毕业论文（设计）的要求

第二条 培养学生综合运用所学知识与技能，独立分析、处理和解决实际问题的能力。包括调查研究、检索资料、文献综述、提出问题、制订方案、撰写论文、分析与评价、口头表达能力、独立工作能力等。

第三条 培养学生理论联系实际、实事求是、严谨、诚信、规范、创新的工作作风和科学态度，系统、全面地对学生进行研究方法和写作方法的基本训练。

第三章 毕业论文（设计）的进展安排

毕业论文（设计）工作主要分为选题、开题、中期检查、查重和答辩等五个环节。

第四条 选题。

（1）各教学单位应在第七学期做好学生毕业论文（设计）的选题工作。

（2）毕业论文（设计）选题应以行业企业一线需要、创新创业、教师科研、生产实习、社会实践等项目作为选题来源。选题的难度和工作量应适合学生的知识、能力及相应的实验条件和毕业设计所规定的时间。

（3）毕业论文（设计）选题应紧密结合本专业应用型人才培养定位与专业培养目标，各教学单位应组织教师申报选题并进行审核，确保各专业有足够的题目供学生选择。

（4）毕业论文（设计）任务要达到对学生进行全面综合训练的目的。学生可分组完成一个课题，但每个学生必须有独立完成的任务，有独立的选题，且要满足工作量，同时要求对整个课题要有全面了解。

（5）毕业论文（设计）课题由指导教师申报并填写任务书，经学院审定后，向全体学生公布和介绍。课题的确定按照“双向选择”的原则进行，学生申报选题志愿，由学院根据学生志愿和教师的意见，最终确定学生的毕业论文（设计）题目。

（6）毕业论文（设计）题目一经确定，原则上不得随意更换。在设计过程中，若需要更换选题，指导教师必须向学院详细说明原因并提交书面报告及任务书、开题报告，学院负责人审核签字、经学院批准后，方可实施。

第五条 开题。

（1）学生在教师的指导下完成开题报告准备。开题报告阶段应包括资料收集、外文文献翻译、文献综述写作和开题报告等系列过程。在进行毕业论文（设计）之前应填写开题报告，经所在学院负责人审定后开始执行。

（2）开题报告由各二级学院组织，并在论文指导小组内进行交流、答辩、评审。

（3）开题报告是毕业论文（设计）答辩委员会对学生答辩资格审查的依据，应与毕业论文（设计）一同存档。

第六条　中期检查。

在毕业论文（设计）写作中期，为加强毕业论文（设计）工作的规范化管理，保证毕业论文（设计）工作的质量，各二级学院应配合教务处对毕业论文工作进行中期检查，各二级学院应提前做好中期检查及相关工作。

第七条　查重。

为加强学术诚信教育，端正学术风气，杜绝毕业论文（设计）可能出现的抄袭、剽窃等学术不端行为，提升毕业论文（设计）质量，根据《江西省学士学位论文质量抽查办法（试行）》，学校将对应届本科生的毕业论文（设计）进行查重检测，论文总文字复制比低于35%（含）为查重合格，准予进入毕业论文（设计）答辩环节。

第八条　答辩。

（1）每个学生须独立撰写毕业论文（设计），按规定的格式和封面装订成册，由指导教师评阅后，交答辩委员会评审。每个学生完成毕业论文（设计）后必须参加毕业答辩，在校外做毕业论文（设计）的学生应回学校进行毕业答辩。各二级学院都应开展公开答辩活动，以起到示范、交流和促进毕业论文（设计）质量提高的作用。

（2）各教学单位应成立毕业论文（设计）答辩委员会，答辩委员会由院长、教学副院长、专业负责人、指导教师及行业企业人员等组成，答辩委员会不少于5人，设答辩委员1人，秘书1人。答辩委员会可下设若干个答辩小组，具体负责实施毕业论文（设计）答辩工作，答辩小组人数不少于3人，设组长1人。答辩委员会、答辩小组名单由院长或教学副院长提名，院务会讨论决定。

（3）各教学单位可根据实际情况，每年组织1～2次公开答辩活动。答辩委员会在组织公开答辩前要召开专门会议，统一研究、布置答辩要求等事项，各答辩小组和指导教师须认真执行。

（4）学生答辩前须拟好发言提纲，内容为：选题的目的和意义、主要参考文献、论文（设计）的基本内容及主要方法、主要成果或结论。汇报发言15～20分钟，之后接受答辩委员会或答辩小组提问，答辩委员会或答辩小组应将全部提问与回答情况进行详细记录，并作为毕业论文（设计）有关资料存档。

（5）答辩委员会须认真评阅每个学生的毕业论文（设计），并结合答辩情况、指导教师和评阅教师的评语，对学生的毕业论文（设计）写出评语并评定成绩。

（6）学院毕业论文（设计）工作领导小组根据需要，自行或邀请有关专家，对学生的答辩成绩进行抽（检）查，解决答辩中有争议的问题。

（7）各学院须严格审查学生答辩资格，凡未完成毕业论文（设计）内容要求者，可取消其答辩资格，按不及格处理；对在毕业论文（设计）工作期间不遵守论文工作纪律，受通报批评三次以上（含三次）的学生，不准参加正常程序的答辩。

（8）答辩结束后，答辩委员会或答辩小组应对学生毕业论文（设计）完成质量及答辩情况进行书面评价，并签字备案。

第四章　指导教师要求

（略）

第五章　学生要求

第十三条　认真学习《南昌工学院本科毕业论文（设计）工作管理办法》，认真学习研究选题内容及相关要求。

第十四条　努力学习、刻苦钻研、勇于创新、勤于实践、保质保量完成任务书规定的任务。

第十五条　尊敬师长，虚心接受指导教师及有关人员的指导和检查。在选定题目后，应积极主动地与指导教师联系，定期主动向指导教师汇报毕业论文（设计）工作进度及完成情况。

第十六条　发挥主观能动性和创造性，实事求是，杜绝弄虚作假和学术不端行为。在指导教师指导下，独立完成文献综述、开题报告及毕业论文（设计）撰写等工作，按时提交毕业论文（设计）相关材料。

第十七条　节约材料，爱护仪器设备，严格遵守操作规程及实验室有关规章制度。确保安全，离开工作现场时关闭水电开关。

第十八条　对毕业论文（设计）内容中涉及有明确保密要求的有关技术数据和资料，学生应严格保密，未经许可不能擅自对外交流或转让。

第六章　毕业论文（设计）格式与工作量

第十九条　为使学生掌握撰写科研论文的基本方法，统一毕业论文（设计）的技术标准和规格要求，毕业论文（设计）必须按以下格式编写：

（1）封面。

（2）诚信声明。

（3）中文摘要及关键词。

（4）目录。

（5）正文（如正文中引用的符号较多，可在正文前列出符号表。计量单位统一用国际标准制，引用的文献原文或重要论断要注明出处）。

（6）参考文献（按正文中引用的先后顺序列出，包括文献编号、作者姓名、书名或文集名、期刊名、出版单位、出版年月、页码等）。

（7）附录（包括原始文献、原始数据、外文文献译文等）。

（8）致谢。

第二十条　为保证综合训练，所有学生在规定期限内必须完成下述有关工作量：

（1）查阅文献资料数量视课题需要和学生水平而定，一般在 15 篇以上。

（2）中文摘要约 300 字，关键词 3～5 个。

（3）为使学生掌握现代研究手段，提高毕业论文（设计）质量，在条件允许的情况下，应尽可能安排一定量的计算机应用。

（4）论文篇幅一般为 0.8 万～1.5 万字。

第七章　毕业论文（设计）成绩评定

第二十一条　毕业论文（设计）成绩应根据学生的学习态度和工作表现，论文的内容、结构形式与完成质量，运用所学知识独立分析、处理、解决实际问题的能力，论文的整体水平与实际意义，以及答辩情况等进行全面综合评定。评定时必须坚持标准，严格要求，实事求是。

第二十二条　毕业论文（设计）成绩按优秀、良好、中等、及格和不及格五级制计分，由答辩委员会以投票方式或集体讨论方法评定。其中优秀成绩学生人数所占比例不得超过 20%，良好成绩学生人数所占比例不得超过 50%。

第二十三条　毕业论文（设计）成绩须在答辩工作全部结束报学院审定后，统一向学生公布。

第二十四条　评分参考标准。

（一）优秀（同时具备以下各条者）(100～90 分）

（1）在毕业论文（设计）工作期间，工作刻苦努力，态度认真，遵守各项纪律，表现出色。

（2）能按时、全面、独立地完成与毕业论文（设计）有关的各项任务；表现出较强的综合分析问题和解决问题的能力。

（3）论文立论正确，理论分析透彻，解决问题方案得当，结论正确，并且有一定创新性，有较高的学术水平或较大的实用价值。

（4）论文中使用的概念正确，语言表达准确，结构严谨，条理清楚，逻辑性强，栏目齐全，书写工整。

（5）论文中的图、表，设计中的图纸在书写和制作时规范，严格执行国家相关标准。

（6）原始数据搜集得当，实验或计算结论准确可靠，能够正确使用计算机进行研究工作。

（7）论文答辩时，能够简明和正确地阐述论文的主要内容，能够准确深入地回答主要问题，有很好的语言表达能力。

（二）良好（同时具备以下各条者）（89～80分）

（1）在毕业论文（设计）工作期间，工作努力，态度认真，遵守各项纪律，表现良好。

（2）能按时、全面、独立地完成与毕业论文（设计）有关的各项任务；具有一定的综合分析问题和解决问题的能力。

（3）论文立论正确，理论分析得当，解决问题方案实用，结论正确。

（4）论文中使用的概念正确，语言表达准确，结构严谨，条理清楚，栏目齐全，书写工整。

（5）论文中的图、表，设计中的图纸在书写和制作时较规范，能够执行国家相关标准。

（6）原始数据搜集得当，实验或计算结论准确，能够正确使用计算机进行研究工作。

（7）论文答辩时，能够简明和正确地阐述论文的主要内容，能够准确地回答主要问题，有较好的语言表达能力。

（三）中等（同时具备以下各条者）（79～70分）

（1）在毕业论文（设计）工作期间，工作努力，态度比较认真，遵守各项纪律，表现一般。

（2）能按时、全面、独立地完成与毕业论文（设计）有关的各项任务；综合分析问题和解决问题的能力一般。

（3）论文立论正确，理论分析无原则性错误，解决问题方案比较实用，结论正确。

（4）论文中使用的概念正确，语句通顺，条理比较清楚，栏目齐全，书写比较工整。

（5）论文中的图、表，设计中的图纸在书写和制作时基本规范，能够执行国家相关标准。

（6）原始数据搜集得当，实验或计算结论基本准确，能够正确使用计算机进行研究工作。

（7）论文答辩时，能够简明地阐述论文的主要内容，能够比较正确地回答主要问题。

（四）及格（同时具备以下各条者）（69～60分）

（1）在毕业论文（设计）工作期间，基本遵守各项纪律，表现一般。

（2）能够在教师指导下，按时和全面地完成与毕业论文（设计）有关的各项任务。

（3）论文立论正确、理论分析无原则性错误，解决问题方案对相关组织有一定的参考价值，结论基本正确。

（4）论文中使用的概念基本正确，语句通顺，条理比较清楚，栏目齐全，书写比较工整。

（5）论文中的图、表，设计中的图纸在书写和制作时，能够执行国家相关标准，基本规范。

（6）原始数据搜集得当，实验或计算结论基本准确，能够使用计算机进行研究工作。

（7）论文答辩时，能够阐述论文的主要内容，经答辩教师启发，能够比较正确地回答主要问题。

（五）不及格（具备以下两条或两条以上者，情节严重的具备以下一条者）(59～0分)

（1）没有完成毕业论文（设计）任务或有弄虚作假、抄袭拼凑行为。

（2）在毕业论文（设计）工作期间，态度不够认真，有违反纪律的行为。

（3）在教师指导和督促下，仍不能按时和全面地完成与毕业论文（设计）有关的各项任务。

（4）毕业论文中，理论分析有原则性错误或结论不正确。

（5）论文中使用的概念有不正确之处，栏目不齐全，书写不工整。

（6）论文中的图、表，设计中的图纸在书写和制作时，不能正确地执行国家相关标准，不规范。

（7）原始数据搜集不得当，计算结论不准确，不能正确使用计算机进行研究工作。

（8）论文答辩时，不能正确阐述论文的主要内容，经答辩教师启发，仍不能正确地回答各种问题。

第八章　毕业论文（设计）工作的组织与管理

（略）

第九章　附　则

第二十八条　本办法自发布之日起施行，由教务处负责解释。

本科生优秀毕业论文（设计）及优秀指导教师评选暂行办法

为进一步规范校级本科生优秀毕业论文（设计）及优秀指导教师评选工作，激励广大应届毕业生及指导教师认真做好毕业论文（设计）工作，不断提高毕业论文（设计）质量，特制定本办法。

第一条　评选时间。

校级优秀毕业论文（设计）及优秀指导教师每年评选一次，每年评选的具体时间由当年相关工作通知的时间而定。

第二条　评选范围。

（1）应届本科毕业生的毕业论文（设计）。

（2）直接指导应届本科生进行毕业论文（设计）的教师。

第三条　推荐要求。

各二级学院在评选校级优秀毕业论文（设计）及优秀指导教师的过程中，要坚持科学、公开和公正的原则，确保评选出能体现专业水平的优秀作品及指导教师，杜绝简单摊派完成任务式的评选现象。如各教学单位认为评选推荐的校级优秀毕业论文（设计）数量或优秀指导教师人数达不到学校分配的指标，原则上可以少报。

第四条 评选标准。

（一）优秀毕业论文（设计）

（1）按期圆满完成教学计划规定的任务。

（2）能熟练运用所学基础理论和专业知识，具有较强的独立分析和解决问题的能力及学术水平和一定的创新意识。

（3）选题新颖，具有一定的现实和理论意义，立论正确、观点新颖，计算与分析论证可靠、严密，结构合理、条理清晰、重点突出、资料翔实、语言流畅，结论正确合理、格式规范。

（4）外文资料翻译通顺正确，毕业论文（设计）创作的过程须具备较高的信息化水平。

（5）答辩时概念清楚，思维清晰，能正确回答问题。

（二）优秀指导教师

（1）工作作风严谨、认真负责，全面落实、严格执行学校有关毕业论文（设计）的管理规定。

（2）重视毕业论文（设计）工作，选题符合专业培养目标要求，保证学生毕业设计（论文）的质量。

（3）对学生要求严格、鼓励学生创新，并对学生的毕业论文（设计）进度及时检查。

（4）认真评阅学生毕业论文（设计），客观公正、实事求是地做出评价和评分，并能指出论文（设计）所存在的问题与不足。

（5）所指导学生的毕业论文（设计）已被推荐为校级优秀毕业论文（设计）。

第五条 评选名额和办法。

（一）优秀毕业论文（设计）

（1）优秀毕业论文（设计）名额原则上按参与应届本科毕业论文（设计）学生人数的3%～5%分配，具体名额根据当年参与应届本科毕业论文（设计）学生人数下达。

（2）本科毕业答辩结束后，学院各毕业论文（设计）答辩小组须向学校提名推荐优秀毕业论文（设计），学院毕业论文（设计）答辩委员会须对提名推荐的优秀毕业论文（设计）进行讨论评审，并择优推选。

（3）各学院推荐校级优秀毕业论文（设计）须提交“校级优秀毕业论文（设计）推荐汇总表”“校级优秀毕业论文（设计）推荐表”和优秀毕业论文（设计）的电子稿和纸质稿。

（二）优秀指导教师

（1）优秀指导教师名额原则上按参与指导应届本科毕业论文（设计）教师人数的10%～15%分配，具体名额根据当年参与指导应届本科毕业毕业论文（设计）教师人数下达。

（2）本科毕业答辩结束后，学院各毕业论文（设计）答辩小组须向学校提名推荐校级优秀指导教师，学院毕业毕业论文（设计）答辩委员会须对提名推荐的优秀指导教师进行讨论评审，并择优推选。

（3）各学院推荐校级优秀指导教师须提交《校级优秀指导教师推荐汇总表》和《校级优秀指导教师推荐表》。

第六条　附则。

本办法自公布之日起执行，由教务处负责解释。

学生转专业管理办法（暂行）

为促进南昌工学院学生的个性发展和特长发挥，充分调动学生的学习积极性，规范在校生转专业工作，根据教育部《普通高等学校学生管理规定》和《南昌工学院学生学籍管理办法》，特制定本办法。

第一章　总　则

第一条　学生原则上应在被录取专业完成学业，学生要求转专业必须在学校教学资源允许的情况下提出，由教务处统一规划。

第二条　学生在校期间一般只能转一次专业（申请条件中的第六种情况只能在大一第二学期申请），每年转专业的学生人数一般控制在各学院同届人数的 5% 以内。

第二章　申请条件

第三条　符合下列情形之一的，可提出在校内转专业的申请：

（1）学生入学后发现某种疾病或生理缺陷，经学校指定的医疗单位检查证明，不能在原专业学习，但尚能在本校或其他学校别的专业学习。

（2）在拟转入专业领域确有特殊才能或兴趣爱好，并有省级或市级等材料证明已取得相应业绩。

（3）经学校认可，学生确有某种特殊困难，不转专业则无法继续学习。

（4）学校根据社会对人才需求情况的发展变化，经学生同意，必要时可适当调整学生所学专业。

（5）休学创业或退役后复学的学生，因自身情况需要转专业的，并提供相关证明材料。

（6）思想品质优良，积极参与集体活动，团结同学，无违纪行为，成绩优秀，原则上所修课程均取得学分且课程无补考。

第四条　具有下列情况之一的，不受理转专业申请：

（1）由招生所在地的下一批次录取专业转入上一批次录取专业。

（2）已有转专业或转学经历。

（3）招生时有特殊要求。

（4）非统一招生的特殊招生类型（专升本、五年一贯制等）。

（5）应予退学的。

第三章 工作程序

第五条 对于符合申请条件中第（1）（2）（3）（4）（5）种情况的申请者，在当年下一学期开学后办理转专业手续。

第六条 对于符合申请条件中第（6）种情况的申请者，按以下程序办理：

（1）学生申请。拟转专业学生根据学校的相关通知，填写申请表，报所在学院。

（2）转出学院推荐。转出学院对申请转专业学生的材料进行审核，提出推荐意见，报教务处。

（3）确定录取。由教务处统一组织转专业考试，根据学生在校已修读成绩以及转专业考试成绩的综合评分择优选拔。

（4）学生在接到转换专业通知后一周内向教务处确认自己的转换志愿，并办理相关手续，逾期算主动放弃并不予办理。

（5）凡办理了相关手续的学生，即参加新专业班级的选课，下一学期开始进入转入专业班学习。

第四章 成绩管理

第七条 如转专业学生在原专业已修读的课程与转入专业的必修课在课程内容、学分数相同的情况下，则原成绩有效，不必补修。其余的作为公共选修课的学分记载。

第八条 凡转入新专业学习的学生均须按新专业的人才培养方案完成所有的课程和规定的学分方能毕业。

第五章 收费标准

第九条 学生转专业后必须按照新转入专业的收费标准缴纳学费和其他各项费用。

第十条 学生转入新专业后必须按照新转入专业开设的课程申领教材，原已领教材不退换。

第六章 附 则

第十一条 本办法及其他未尽事项由教务处负责解释。

毕业生离校手续办理及毕业证发放规定

（1）要求学生携带本人有效身份证领取证书，学院工作人员要做好学生身份核查工作，确保证书发放到学生本人手中。

（2）代领证书要求被委托人携带授权委托书原件（委托人及被委托人亲笔签名及画押）及委托人身份证复印件，被委托人的身份证原件及复印件领取证书，学院工作人员要认真审核并留存委托书。

（3）证书领取要做好登记工作，学生领取证书后要签名登记，要求做到“一人一证一签”的要求。

（4）要求按班发放，每个班各学院要安排两名证书发放人员，两名工作人员既有分工又通力协作，做好证书发放期间证书的保管、学生身份审核、证书发放及登记确认等工作。

普通话培训测试站管理规定（试行）

第一条　为规范南昌工学院普通话培训与测试管理，根据《中华人民共和国国家通用语言文字法》和教育部《普通话水平测试管理规定》，结合学校实际情况，特修订本规定。

第二条　南昌工学院作为全国高校民族预科教育基地，在推进语言文字规范化进程中担负着十分重要的责任。学校专门成立推广普通话工作领导小组，将“南昌工学院普通话培训测试站”设在教务处，教务处负责本校师生员工的普通话培训及其普通话水平等级评定工作。

第三条　师生普通话水平和用字规范要求。

（一）教师

普通话是教师的职业语言，教师的普通话水平要不低于二级乙等，其中大学语文教师普通话水平不低于二级甲等。学校每年新进人员须经学校普通话水平测试站测试，达不到普通话水平要求或不能正确使用规范汉字的，一律不得录用为教师。

（二）学生

讲普通话、写规范字是大学生应具备的基本能力和素质，要求全体学生在教学、集体活动和日常交际中要自觉使用普通话，能够正确使用规范字。根据《江西省实施〈中华人民共和国国家通用语言文字法〉办法》的规定，鼓励学生毕业前参加普通话水平测试，达到二级乙等以上标准。

第四条　教务处每年组织两次普通话水平培训测试工作，普通话测试报名时间分别为上半年 3 ～ 4 月，下半年 9 ～ 10 月。学校鼓励学生尽早参加测试。

第五条　普通话培训必须统一使用国家规定的教材及配套光盘，不得使用盗版教材及其他质量不高的教材。

第六条　本校可评定二级甲等及其以下等级，一级乙等须报江西省语委复审后评定，一级甲等须报国家普通话培训测试中心复审后评定。

第七条　普通话水平等级证书由国家语言文字工作部门统一印制，江西省语委加盖印章后颁发。

第八条　普通话水平等级证书全国通用。等级证书遗失，根据《江西省普通话水平测试等级证书遗失补办管理办法（试行）》（赣教语字〔2013〕13 号）进行补办。

第九条　每学期初，教务处下通知到各教学单位，各教学单位组织有意参加普通话测试的学生到本学院报名；教职工直接到所在部门报名，不接受单独报名；报考人员可以通过南昌工学院官方网站公告栏查询具体报名通知。

第十条　为维护测试工作的严肃性，教务处要求测试者凭准考证、身份证（或学生证）应试，二者缺一不可，谨防冒名顶替。测试者必须遵守普通话测试的有关规定，不得请人代测或替他人测试。凡不听从考试安排、违反考试纪律，视情节轻重给予相应纪律处分。凡请人代测或代替他人测试，按《南昌工学院考试管理规定》给予相关处分。

第十一条　普通话校内测试员由学校测试站统一管理、调配。测试员应积极参加测试工作，服从测试工作安排。

第十二条　测试员必须按《南昌工学院普通话水平测试员岗位职责与工作规范》进行测试，严格遵守“认真负责、团结协作、公正廉洁”的工作纪律，科学评分，严禁打人情分，严禁泄露未经审核的成绩。测试员及测试工作人员违反测试规定的，视情节轻重予以批评教育、暂停测试工作、解除聘任等处理，情节严重的提请其所在单位给予行政处分。

第十三条　普通话培训与测试的收费必须严格按照江西省财政厅有关规定执行。

第十四条　本规定自公布之日起施行。

第十五条　本规定由教务处负责解释。

大学生社会实践活动管理办法（暂行）

为引导全校青年学生深入开展社会实践活动，提高学生综合素质，丰富“第二课堂”内容，增强大学生对社会的适应能力，促进自身素质的不断提高，从而实现其科技文化知识向实践应用能力的转化，结合南昌工学院实际情况，特制定本办法。

第一章　目标任务

第一条　社会实践是高等院校教学的一个重要组成部分（必修课），它以使学生“受教育、长才干、作贡献”为活动宗旨，是培养大学生综合素质、锻炼学生的实际工作能力，使学生投身社会、接触社会、了解社会，从而服务社会的重要途径之一，是大学生深入生活、深入实际、深入群众的有效方式。

第二条　根据文件要求，社会实践活动主要围绕文化、科技、卫生“三下乡”开展社会调查、科研攻关、科技推广、企业帮扶、文化宣传、法律普及、支教扫盲、环境保护、社区服务、挂职锻炼、勤工助学等各种有益于学生素质培养的活动。

第二章　活动形式

第三条　大学生参加社会实践活动形式主要有两类。

（1）学生以个人形式按照学工处（部）下发的寒暑假社会实践通知的要求自主、就近、就便开展社会实践活动，并撰写社会实践报告，合格者给予相应学分。

（2）学生以组队的方式建立“三下乡”社会实践队伍，由指导教师和带队教师，开展“三下乡”社会实践活动。

第三章　组织实施

第四条　寒暑假社会实践活动由学工处（部）统筹安排，二级学院具体实施。

第五条　暑假“三下乡”实践活动由校团委统筹安排，二级学院具体实施。

第四章　活动要求

第六条　参加社会实践的个人要做到将社会实践活动与了解国情、服务社会相结合，与专业特点相结合，与课外学科活动相结合，与青年志愿者活动相结合，力争在形式上有创新，在组织上有特色，在内容上有突破，在结果上有成效。

第七条　“三下乡”实践活动中，各成员要听从指挥。活动过程中，队员应互相关心、互相帮助，遇到突发事件，应该沉着冷静，共同解决。实践过程中由个人原因引起的安全事故，一律由个人承担。

第五章　活动经费

第八条　为保证社会实践活动的开展，学校拨出一定数量的经费作为社会实践专项经费，在此基础上各院（部）可自筹或通过争取社会支持或赞助等途径，解决部分经费，扩大经费来源。

第九条　学校下拨的社会实践经费由校团委统筹安排。

第十条　社会实践经费严格按照学校有关财务制度执行，不得虚报。

第六章　考核鉴定

第十一条　社会实践是教学计划的一部分，属于实践课程，课程具体要求参照教学大纲。每期社会实践时间不得少于 7 天，计 42 学时。

第十二条　学生应在社会实践的基础上完成书面实践报告。实践报告应详细记录实践过程及心得体会；社会实践小组成员提交实践报告，要求在报告中说明每人工作分工。

第十三条　学生社会实践成绩的评定分别由带队教师（校级重点队、院级重点队、学生自主队）或辅导员评定（学生个人实践）。评定依据“南昌工学院社会实践评定表”打分。

90 分以上：能对实践内容进行全面、系统地总结，并能运用所学理论对某些问题加以分析，实践报告独立完成，书写条理清晰，理论价值高。

89～80 分：较好地对实践进行了总结，独立完成实践报告。

79～60 分：基本按要求完成实践报告。

59 分以下：未完成实践报告；或报告不符合要求；或报告字数明显不足，抄袭字数超过 30%。

第十四条　寒暑假社会实践课程按提交的实践报告和完成情况评定成绩，记入学生成绩档案。学生社会实践成绩由各二级学院统一收集后输入学籍系统。

第十五条　寒暑假社会实践课程不合格（未参加）的专科学生补考安排在第五学期，本科学生补考安排在第七学期。补考未通过按教学规定，不予毕业。

第十六条　校团委根据评选条件，对在“三下乡”实践活动中表现突出的团队授予“优秀实践团队奖”；对在实践活动中作出突出贡献的教师授予“优秀指导教师奖”；对在实践活动中表现突出的学生授予“先进个人奖”；学工处（部）对优秀社会调查报告授予“优秀调查报告奖”等奖项。以上奖项可推荐参加省级各类社会实践活动奖项的申报评比。

第十七条　在“三下乡”实践活动中凡有下列情况的，学校根据具体情况对相关团队负责人及成员进行批评教育直至纪律处分：

（1）实践活动过程中因不遵守实践守则或国家法律造成严重后果的。

（2）审批通过后不按照学校规定购买保险、签订安全责任书的。

（3）学生私自外出、不按照学校有关规定登记手续的。

（4）实践活动结束后，未按要求及时上报总结材料的。

（5）做虚假活动策划或没有开展寒暑期实践活动的。

（6）对编造调查数据、信息，或剽窃他人成果的，或通过网络信息东拼西凑的。

（7）虚报实践经费的。

第七章　宣传、总结、深化工作

第十八条　要大力加强社会实践活动成果的宣传报道工作。校报、校广播站等校内媒体，在特定时间内，要开辟社会实践活动专栏或专题节目。各级团学组织要利用墙报、橱窗等，对社会实践活动成果进行广泛宣传。

第十九条　在组织做好评优的基础上，各级团学组织还应开展各种形式的宣传、交流活动，如社会实践活动成果展览、演讲会、报告会、座谈会等，并在此基础上不断总结经验，推动学校学生社会实践活动健康、深入向前发展。

第二十条　各二级学院应及时认真全面地做好全校社会实践活动总结，按时分别报送校团委、学工处（部）。

第八章　附　则

第二十一条　本办法自颁布之日起施行，由学工处（部）负责解释。

学士学位授予暂行办法

为规范南昌工学院学士学位授予工作，依据国家相关法律法规及学校相关制度，结合学校实际情况，制定本办法。

第一条　凡南昌工学院全日制普通本科毕业生，拥护中国共产党的领导，拥护社会主义制度，遵守国家法律法规，遵守校纪校规，品德良好，学业优良，可以按照本办法的规定申请学士学位。

第二条　符合本办法第一条的毕业生，按照培养计划要求完成全部课程的学习并取得规定的学分，按规定准予毕业者可授予学士学位。符合辅修学士学位规定的可授予辅修学士学位。

第三条　有下列情形之一的，不能授予学士学位：

（1）未获得毕业证书。

（2）平均学分绩点在2.0以下（不含公共选修课）。

（3）在校学习期间，受到过留校察看及以上处分者。

第四条　因本办法第三条第（3）款规定不符合学士学位授予条件者，如有以下突出表现之一，可授予学士学位：

（1）被评为省级三好学生、省级优秀学生干部、省级优秀团员、省级优秀团干、省级优秀毕业生等省级及以上荣誉者。

（2）参加学科专业技能类和创新创业类竞赛，荣获省部级三等奖以上奖励或市厅级二等奖以上奖励者，如系团队获奖须是第一参与人。

（3）以南昌工学院为第一专利权人授权发明专利者。

（4）以南昌工学院为第一署名单位在中文核心及以上期刊独立撰写或以第一作者公开发表论文者。

第五条　各二级学院学位评定分委员会按学士学位的授予标准对本科毕业生进行逐个审核，并提出拟授予学士学位人员名单，报研究生教育与学位办公室复审后，提交校学位评定委员会审定。

第六条 校学位评定委员会评审结束后对审定结果进行公示，公示期内对评审结果有异议的事项，由毕业生所在学院的学位评定分委员会复议，复议结果报校学位评定委员会审定。

第七条 学士学位证书遗失、毁坏后一律不予补发，但可开具有效证明。

第八条 本办法自颁布之日起实施，原《南昌工学院学士学位授予工作细则（修订稿）》自 2025 届本科毕业生毕业时废止。

第九条 本办法由研究生教育与学位办公室负责解释。

大学生综合素质测评实施办法

第一章 总 则

第一条 为贯彻习近平新时代中国特色社会主义思想，落实立德树人根本任务，牢记为党育人、为国育才使命，充分发挥教育评价的导向作用，系统推进教育评价改革，促进学生成长为德、智、体、美、劳全面发展的卓越人才，努力把大学生培养成中国特色社会主义合格建设者和可靠接班人，引导培养具有工程实践、创新能力和新时代工匠精神的高素质应用型人才，根据南昌工学院实际情况，特制定本办法。

第二条 综合素质测评坚持以德为先、能力为重、全面发展，坚决改变用分数给学生贴标签的做法，创新德、智、体、美、劳过程性评价办法，按照完善德育评价、严格学业标准、强化体育评价、改进美育评价、加强劳动教育评价的要求对学生进行评价。

第三条 综合素质测评的内容包括德育、智育、体育、美育和劳育五个方面。

第四条 综合测评总分的计算方法：德、智、体、美、劳各以 100 分测评，分别以 25% 、60% 、5%、5%、5% 计入综合测评总分。

第五条 本测评结果体现南昌工学院大学生综合素质的相对水平，作为各类奖学金评定、评优、评先、入党推优、毕业生优先推荐、毕业鉴定等各项工作的首要依据，并经整理存入学生个人档案。

第二章 考评组织及程序

第六条 综合素质测评每学年进行一次，非毕业学年在 9 月份对上一学年进行测评，毕业学年则在 4 ～ 5 月进行最后一年的综合素质测评。

第七条 学院成立综合素质测评工作组。组长由学院党政负责人担任，成员包括学院党委副书记、分管教学工作的副院长、学生事务办公室主任、分团委书记、辅导员代表、教（考）务科长、班主任代表、学生党支部书记、学生会轮值主席、学生代表等，负责制定学院综合素质测评实施细则、工作计划，指导班级开展综合素质测评工作。

第八条　班级成立综合素质测评工作小组。组长由辅导员和班主任担任，成员包括团支书、班长及其他班委和学生代表，负责组织本班级综合素质测评工作的开展。

第九条　综合素质测评程序如下（图 15–1）：

（1）学生自评：学生根据本办法填写测评表，并提供加分项的原始证明材料。

（2）班级评议：综合测评人员由各班班长、团支书、学习委员以及各班民主选举产生的学生代表，组成 5～11 人的班级测评小组（约占全班总人数的 25%），对每位学生进行民主评议，并根据五个单项的测评情况，提出意见。

（3）学院核查：学院综合素质测评工作组对各班级学生填写的测评表数据和评议意见准确性进行审核，结合学生日常五育表现和重大事项表现提出审核意见。

（4）评议公示：班级测评结果提交学院综合素质测评工作组审议并公示，公示时间不少于 3 天。学生可在公示期 3 天内向辅导员查询。学生对查询结果有异议可向学院学生科提出书面申诉，由学院一周内组织复核，并将复核结果反馈申诉人。如仍有异议，可向学工处（部）申诉。学工处（部）负责抽样检查，若发现有违背该办法规定的，则责令学院进行整改，情节严重者将追究有关人员责任。

（5）部门审核：学院公示无异议后，将结果报学工处（部）审核并备案。

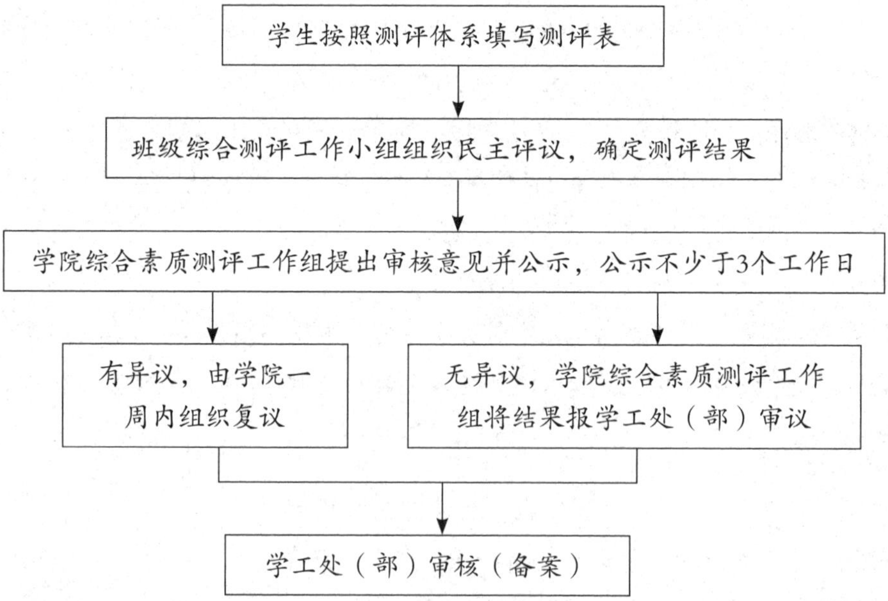

图 15–1　学生综合素质测评程序

第三章 综合测评评分细则

第十条 综合素质测评分为德育、智育、体育、美育和劳育五个单项测评认定，测评总成绩（100分）= 德育测评成绩 ×25% + 智育测评成绩 ×60% + 体育测评成绩 ×5% + 美育测评成绩 ×5% + 劳育测评成绩 ×5% + 扣分项（负分记录），且同一项目只在一个测评单项中记录一次，不可重复记录。

第十一条 德育素质测评内容。

德育测评分（100分）= 基础分（80分）+ 德育奖励分（20分）。德育奖励分，在各项加分中，按条件可以累加的分数，汇总奖励分不得高于20分。

（一）基础分（80分）

（1）政治态度：热爱社会主义祖国，坚持正确的政治方向，拥护党的基本路线、方针和政策，政治上积极上进；自觉学习党和国家的方针政策，关心时事，积极参加各项活动，自觉加强政治修养。可得基础分15分。

（2）法纪观念：自觉遵守国家法律法规和学校的各项规章制度，无违法乱纪行为，敢于批评违法乱纪的人与事。可得基础分15分。

（3）学习态度：专业思想牢固，学习目的明确，学习态度端正，遵守学习纪律，勤奋好学，进取心强，在努力完成各项学习任务中树立良好学风。可得基础分10分。

（4）集体观念：顾全大局，有团结协作精神，关心集体，积极参加各项集体活动，维护集体荣誉，个人利益服从集体利益，不做损害集体利益的事，有较强的爱校荣校意识。可得基础分10分。

（5）品德修养：自觉维护公共秩序和社会公德；在公共场所举止文雅，文明礼貌；爱护公物，保护公共设施。诚实守信，谦虚谨慎，为人正直，办事公道；敬老爱幼，尊敬师长，团结同学。可得基础分10分。

（6）服务精神：积极参加公益劳动和青年志愿者活动，热心为同学、学院、社会多做有益的事；在创建文明学校、文明班级、文明宿舍活动中自觉搞好卫生，努力培养为人民服务的精神。可得基础分10分。

（7）生活态度：积极参加勤工助学活动，自觉养成良好的生活习惯；发扬艰苦奋斗的精神，生活俭朴，不浪费粮食，节约水、电，不向家庭提出超越实际可能的生活要求。可得基础分10分。

（二）德育奖励分（20分）

（1）思想上要求进步，积极向党组织靠拢。已被确定为入党积极分子加1分，已被吸收为中共预备党员加2分，已被吸收为中共党员加3分。

（2）见义勇为、助人为乐。凡举报违法违纪行为、勇于同违法违纪行为作斗争、见义勇为、救死扶伤、拾金不昧等突出事迹者，受到校级、省级或国家级表彰（有相关宣传报道），按校级、省级或国家级分别给予最高 2 分、3 分、5 分加分（此项需有相关证明，经辅导员认可方能生效）。

（3）学生组织工作人员。加分宗旨：所有学生组织采用星级评定方式，共分五个等级，五星级组织中的负责人享受下表（表 15–1）分值加分，获四星级到一星级的组织，加分数在如下加分细则中递减 1 分，所有加分以聘书或管理机构出示的证明为准。

表 15–1　学生组织工作人员加分明细表

类别	校级组织负责人	校级组织部长（社团团长）	校级组织部员（社团成员）	院级组织负责人	院级组织部长（社团团长）	院级组织部员（社团成员）	班级班长（团支书）	班级班委	楼层长、宿舍长、信息员
加分	9	7	5	8	6	4	7	5	3

（4）荣誉加分。所有学生组织、学生党支部、班集体、团支部等集体单位取得突出成绩受到校级以上组织表彰并授予荣誉称号的；突出成绩受到校级以上表彰的先进个人，如优秀共产党员、三好学生、优秀学生干部、学习标兵、优秀共青团员、优秀团干部等荣誉称号及征兵入伍、“三支一扶”、西部计划（国家级，只计算一次）按下表（表 15–2）加分（同种奖励，不同级别可累计加分，主要负责人指主席团成员和班长、团支书）。

表 15–2　荣誉加分明细表

类型	荣誉名称	分值	
		主要负责人	一般成员
集体荣誉	由中共中央、国务院或国家部委授予的集体德育称号，如全国五四红旗团支部、活力团支部等	20	10
	由省委省政府或省级机关单位、群团组织授予的集体德育称号，如全省五四红旗团支部、暑期“三下乡”优秀服务队	15	7
	由市委市政府或市级机关单位、群团组织授予的集体德育称号或先进班集体标兵、五四红旗团支部等经校级打擂产生的集体荣誉（红色班级等）	10	5
	由学校授予的集体德育称号或活力团支部、先进班集体等未经校级打擂产生的集体荣誉	5	2

续表

类型	荣誉名称	分值	
		主要负责人	一般成员
个人荣誉	由中共中央、国务院或国家部委授予的德育称号，如全国优秀共青团员、全国优秀学生、全国优秀学生干部等德育称号	20	
	由省委省政府或省级机关单位、群团组织授予的德育称号，如全省优秀共青团员、全省优秀学生、全省优秀学生干部等德育称号	15	
	由市委市政府或市级机关单位、群团组织授予的德育称号，如全市优秀共青团员、全市优秀学生、全市优秀学生干部、见义勇为先进个人等德育称号，或由学校有关部门授予的德育称号，如最美大学生、资助宣传大使等经校级打擂产生的个人荣誉（提名奖降1分）	10	
	由学校有关部门授予的德育称号，如优秀三好学生、优秀学生干部、优秀团员、优秀团干等	5	
	征兵入伍、“三支一扶”、西部计划	20	

第十二条　智育素质测评内容。

智育测评分（100分）= 专业加权成绩分（80分）+ 智育奖励分（20分）。每学年的专业加权成绩分从教务系统中读取；奖励分设有学科技能竞赛、学术能力测评、外语能力测评、创新创业能力等四类，每项只计入最高项加分一次，汇总奖励分不得高于20分。

（一）专业加权成绩（80分）

基本分为100分，考试课成绩按实际得分计算。因公、病、事假缓考者，按缓考成绩计算；参加补考并通过者，按补考成绩60分计算；参加补考未通过者按正常考试成绩计算。

学习成绩计算公式 $=\sum XY/\sum Y\times 80\%$；其中 X 表示纳入测评的每门课的考核成绩，Y 表示相应课程的学分。

（二）智育奖励分（20分）

1. 学科技能竞赛

学校鼓励学生参与学科技能竞赛，按Ⅰ类竞赛、Ⅱ类竞赛、Ⅲ类竞赛、Ⅳ类竞赛分别给予相应加分激励，按表15–3加分，竞赛类别的具体范围由教务处划定。对于未划入的重大奖项，经教务处审议后按标准计分。

Ⅰ类：中国国际“互联网+”大学生创新创业大赛、“挑战杯”全国大学生课外学术科技作品竞赛等；学校需要调节的竞赛项目。

Ⅱ类：Ⅰ类竞赛以外，纳入全国普通高校学科竞赛排行榜的国赛项目；Ⅰ类项目省级选拔赛；学校需要调节的竞赛项目。

Ⅲ类：Ⅰ、Ⅱ类竞赛以外，省级及以上竞赛；Ⅱ类项目省级选拔赛。

Ⅳ类：Ⅰ、Ⅱ、Ⅲ类竞赛以外，市级及以上竞赛；省级社会力量级竞赛（Ⅳ类竞赛需有正规比赛通知，且参赛高校不少于 20 所）。

表 15–3　学科技能竞赛加分明细表

<table>
<tr><th colspan="3">获奖等级</th><th>分值</th><th>说明</th></tr>
<tr><td rowspan="20">学科技能竞赛</td><td rowspan="4">Ⅰ类竞赛</td><td>特等奖</td><td>20</td><td rowspan="20">1. 以相关证书为准
2. 对于荣获重大奖项，扩大学校声誉的项目，经学校审议后给予单独计分</td></tr>
<tr><td>一等奖</td><td>20</td></tr>
<tr><td>二等奖</td><td>18</td></tr>
<tr><td>三等奖</td><td>15</td></tr>
<tr><td rowspan="4">Ⅱ类竞赛</td><td>特等奖</td><td>20</td></tr>
<tr><td>一等奖</td><td>15</td></tr>
<tr><td>二等奖</td><td>12</td></tr>
<tr><td>三等奖</td><td>10</td></tr>
<tr><td rowspan="4">Ⅲ类竞赛</td><td>特等奖</td><td>15</td></tr>
<tr><td>一等奖</td><td>12</td></tr>
<tr><td>二等奖</td><td>10</td></tr>
<tr><td>三等奖</td><td>8</td></tr>
<tr><td rowspan="4">Ⅳ类竞赛</td><td>特等奖</td><td>12</td></tr>
<tr><td>一等奖</td><td>10</td></tr>
<tr><td>二等奖</td><td>8</td></tr>
<tr><td>三等奖</td><td>6</td></tr>
<tr><td rowspan="4">校赛</td><td>一等奖</td><td>5</td></tr>
<tr><td>二等奖</td><td>3</td></tr>
<tr><td>三等奖</td><td>2</td></tr>
<tr><td>优秀奖</td><td>1</td></tr>
</table>

注：依据《南昌工学院教研工作量化计分暂行办法》学科及创新创业竞赛级别认定

2. 学术能力测评

学校鼓励学生在学术论文、学术著作、知识产权、研究报告、决策咨询报告等科研业绩上有所建树。按国际权威、国内权威（或国际会议）、国内核心、学术著作、专业相关的专利发明、国内一般（国内会议）、参与科研项目等分别给予相应加分激励。

（1）学术著作和论文的级别认定。

学术著作的级别认定：在国家正规出版社公开出版的原创性个人画册、美术作品集、个人音乐集、录音带、光盘，按正式出版的著作类成果Ⅱ类认定。

学术论文的级别认定：论文是指在公开发行的学术刊物上发表的本专业学术论文，不含学术刊物的增刊、特刊、专刊、专辑上发表的论文，不含新闻报道、科技新闻、工作总结、知识介绍、论文文摘、作品赏析、介绍、书评、访谈、讲话、年鉴、会议摘要、会议综述等类型的文章。论文按最高分值计分一次，不重复计算。学术著作、论文的级别认定如下（表 15–4）。

表 15–4　学术著作、论文量化计分表

	类别	范围	分值 / 篇	说明
学术著作	Ⅰ类	学术专著	20	1. 以相关论文期刊为准（附检索报告） 2. 对于论文经学校审议后给予单独计分
	Ⅱ类	大型工具书、学术编著、学术译著		
学术论文	Ⅰ类	中国社会科学、发表在学术期刊上并被 *Science*、*Nature*（不含子期刊）、SSCI 收录的学术论文	20	
	Ⅱ类	AHCI、EI 收录的学术期刊论文，在《人民日报》《光明日报》理论版、《求是》《经济日报》上发表的学术性论文（5000 字以上），CSSCI 源期刊、CSCD 来源期刊（核心数据库）上发表的学术性论文，《新华文摘》《中国人民大学复印报刊资料》《高等学校文科学报文摘》全文转载的学术论文，中国社会科学文摘		
	Ⅲ类	CSSCI 扩展版期刊、CSCD 扩展版期刊、北大中文核心期刊上发表的学术论文，《中国教育报》理论版上发表的学术性论文，《新华文摘》《中国人民大学复印报刊资料》《高等学校文科学报文摘》详细摘要的学术论文，《江西日报》上发表的理论文章		
	Ⅳ类	被 EI、ISTP（CPCI–S）、ISSHP（CPCI–SSH）数据库收录的会议论文	10	
	Ⅴ类	赣江论坛、普通论文		

（2）知识产权类项目的认定。

知识产权包括专利（含发明专利、实用新型专利、外观设计专利）、软件著作权登记，申报前须经科技处备案。按表 15–5 标准计算分值。

表 15–5 知识产权量化计分表

项目	类别	分值 / 件
知识产权	发明专利	20
	实用新型专利	10
	外观设计专利	5
	软件著作权登记	3

（3）优秀网络文化成果的认定。

优秀网络文化作品包括网络微视频类、网络公益广告类、网络音乐类、网络 CG 及摄影类、网络文学类等。按表 15–6 标准计算分值。

表 15–6 优秀网络文化成果量化计分表

项目	类别	分值 / 项
优秀网络文化成果奖	省部级以上奖励	8
	市厅级以上奖励	5
	校级奖励	2

（4）研究报告与决策咨询报告的认定。

以南昌工学院署名提交的研究报告、决策咨询报告等非公开发表的成果，被政府及有关机关部门采纳，且提供盖有采纳单位公章的有效证明，按表 15–7 标准计算分值。

表 15–7 研究报告与决策咨询报告量化计分表

	类别	分值 / 篇
研究报告与决策咨询报告等成果	被中共中央和国务院采纳或得到国家领导人重要批示的研究报告或咨询报告	20
	被国务院各部委、省级人民政府采纳或得到省级领导重要批示的研究报告或决策咨询报告	
	被省直部门或地市采纳或得到市厅级领导重要批示的研究报告或决策咨询报告	

注：批示证明要有实际内涵且意思表达清楚，不能只是签字、画圈或已阅之类。

（5）科研项目的级别认定。

学生参与以学校名义获得科研项目的科研业绩，科研项目的级别认定及认定要求按照《南昌工学院科研工作量化计分暂行办法》执行，按表 15–8 标准计算分值。

表 15–8 科研项目量化计分表

<table>
<tr><td rowspan="2"></td><td rowspan="2" colspan="2">类别</td><td colspan="2">分值 / 项</td></tr>
<tr><td>立项</td><td>结题</td></tr>
<tr><td rowspan="12">科研项目</td><td rowspan="2">国家级</td><td>Ⅰ类</td><td rowspan="5">20</td><td rowspan="5">20</td></tr>
<tr><td>Ⅱ类</td></tr>
<tr><td rowspan="3">省（部）级</td><td>Ⅰ类</td></tr>
<tr><td>Ⅱ类</td></tr>
<tr><td>Ⅲ类</td></tr>
<tr><td colspan="2">市（厅）级</td><td>15</td><td>15</td></tr>
<tr><td colspan="2">校级项目</td><td>10</td><td>10</td></tr>
<tr><td rowspan="4">横向</td><td>Ⅰ类</td><td rowspan="4">20</td><td rowspan="4">20</td></tr>
<tr><td>Ⅱ类</td></tr>
<tr><td>Ⅲ类</td></tr>
<tr><td>Ⅳ类</td></tr>
</table>

科研项目和成果如由多人完成，其所认定的分值按排名顺序分配，按表 15–9 标准计算分值。

表 15–9 科研成果分值分配表

<table>
<tr><td>人数</td><td colspan="2">2</td><td colspan="3">3</td><td colspan="4">4</td><td colspan="5">5</td></tr>
<tr><td>排序</td><td>1</td><td>2</td><td>1</td><td>2</td><td>3</td><td>1</td><td>2</td><td>3</td><td>4</td><td>1</td><td>2</td><td>3</td><td>4</td><td>5</td></tr>
<tr><td>比例</td><td>0.6</td><td>0.4</td><td>0.6</td><td>0.25</td><td>0.15</td><td>0.5</td><td>0.25</td><td>0.15</td><td>0.1</td><td>0.5</td><td>0.2</td><td>0.15</td><td>0.1</td><td>0.05</td></tr>
</table>

注：依据《南昌工学院科研工作量化计分暂行办法》认定［具体分值 = 学术能力测评分 × 个人贡献度系数。例如：张同学作为第二作者（共 2 人参与）在Ⅲ类国内核心期刊发表论文，具体得分为 20（学术能力测评分）×0.4（个人贡献度系数）=8 分］

3. 职业技能测评

学校鼓励学生提高技术技能，凡在参加外语水平、计算机等级、职业技能考试中获得相应证书，皆可在相应学期（以证书注明时间为准）按表 15–10 标准计算分值。

表 15–10　职业技能加分明细表

类型	英语四级	英语六级（专四）	英语八级	计算机二级	计算机三级	职业技能初级	职业技能中级	职业技能高级
分值 / 项	3	5	8	3	5	3	5	8

4. 创新创业能力

学校以培养具有实践与创新能力强的创新创业人才为己任，凡自主创业（已完成企业登记且有实际运作），均可得到相应加分激励计 10 分。

第十三条　体育素质测评内容。

体育测评分（100 分）= 体质测试成绩（80 分）+ 体育奖励分（20 分）。奖励分设有体育竞赛、心理健康活动两类，每项只计入最高项加分一次，汇总奖励分不得高于 20 分。

（一）体质测试成绩评定标准（80 分）

由体育学院每年对学生进行体质测试获得，取实际体测分；学生因故获批免测，则退役士兵免测按 80 分计算，因病、伤、残免测按 60 分计算；未参加体质测试按 0 分计算。

（二）体育奖励分（20 分）

1. 体育竞赛

学校鼓励学生发挥体育特长，学生个人或团队获得校级、省级、国家级奖项后均可得到相应加分激励，按表 15–3、表 15–4 标准计算分值（体育类专业学生体育竞赛成绩加分只可选择智育测评成绩或者体育测评成绩中的一项）。

2. 心理健康活动

学校鼓励学生身心健康发展，积极参与心理素质拓展大赛、心理微电影、心理知识竞赛、心理情景剧大赛等相关活动，让学生在活动中学会悦纳自己、肯定自我，学生个人或团队获得校级、省级、国家级奖项后均可得到相应加分激励，按表 15–3、表 15–4 标准计算分值。

第十四条　美育素质测评内容。

美育测评分（100 分）= 基础分（80 分）+ 美育奖励分（20 分）。美育奖励分，在各项加分中，按条件可以累加的分数，汇总奖励分不得高于 20 分。

（一）基础分（80 分）

（1）美育培养：具有良好的情趣情操和文化艺术修养，对生活万物充满热爱，拥有正确的审美观，具有发现美、欣赏美、创造美的能力，善于通过美育教育涵养美丽心灵。可得基础分 20 分。

（2）素养提升：热爱才艺表演，具有一定的艺术修养和水准。可得基础分 20 分。

（3）美育表现：积极参加校内外各项文艺活动，在学校、学院组织的文艺活动中没有无故缺席记录。可得基础分 20 分。

（4）魅力展现：在各级大学生艺术节比赛中获得优异成绩，为学校、学院、班级文艺工作作出突出贡献。可得基础分 20 分。

（二）美育奖励分（20 分）

1. 文艺竞赛分

学校鼓励学生发挥文艺特长，积极参与文化、艺术类活动，学生个人或团队获得校级、省级、国家级奖项后均可得到相应加分激励，按表 15–2、表 15–3 标准计算分值（艺术类专业学生美育竞赛成绩加分只可选择智育测评成绩或者美育测评成绩中的一项）。

2. 大型文艺演出获奖

积极参加大型文艺演出并获奖者，按表 15–11 标准计算分值。参加不同项目者可累加计分，同一项目只计最高分，不累加。

表 15–11 大型文艺演出加分明细表

级别	国家级		省级		市级		校级	
类型	主要演员	普通演员	主要演员	普通演员	主要演员	普通演员	主要演员	普通演员
分值 / 项	10	6	6	4	4	2	2	1

第十五条 劳育素质测评内容。

劳育测评分 = 基础分（80 分）+ 劳育奖励分（20 分）。劳育奖励分，在各项加分中，按条件可以累加的分数，汇总奖励分不得高于 20 分。

（一）基础分（80 分）

（1）劳动观念：弘扬劳动精神、树立劳动理念，劳动精神面貌饱满、劳动价值取向正确、劳动技能水平过关。可得基础分 20 分。

（2）劳动态度：具有正确的劳动观点和劳动态度，积极参加力所能及的劳动及实践。可得基础分 20 分。

（3）社会认同：热爱劳动和劳动人民，正确对待不同职业的劳动者，尊重一线劳动者，爱护公共环境卫生及个人卫生。可得基础分 20 分。

（4）劳动体验：积极参加各类劳动，在家帮助父母做家务、在校打扫宿舍卫生，积极参加学校、学院、班级等统一安排的校园大清扫、劳动实践、爱国卫生运动等劳动教育活动。可得基础分 20 分。

（二）劳育奖励分（20分）

（1）志愿公益：注册志愿者参加志愿服务次数超过义务次数，按表15–12标准计算分值（校级志愿者、义工义务服务次数不少于20次/年，含无偿献血活动）。

表15–12　公益超额加分明细表

公益超额数	2～4次	5～7次	8～10次	10次以上
分值/类	2	3	4	5

（2）星级宿舍：在校级宿舍卫生、安全检查中获星级宿舍的成员加分如下：五星级宿舍加3分/次/人；四星级宿舍加2分/次/人；三星级宿舍加1分/次/人。

（3）社会实践：社会实践加分，按表15–13标准计算分值。同一事迹受不同级别表彰的，以最高级别表彰加分，不重复加分。

表15–13　社会实践加分明细表

项目＼级别		国家级	省级	市级	校级
社会实践先进集体	负责人	20	15	10	5
	成员	10	7	5	2
社会实践先进个人 优秀青年志愿者		20	15	10	5
撰写调查报告、实践报告获奖		20	15	10	2
按照计划完成社会实践、提交实践报告（每份）		2			

第十六条　扣分项。

（1）日常表现：对违反校纪校规受到处分或者通报批评者，每次按表15–14扣分（团内的处分参照进行扣分）。

表15–14　处分等级扣分明细表

类型	留校察看	记过	严重警告	警告	全校通报批评	院内通报批评
分值/类	20	15	10	7	5	3

（2）学习表现：测评年度学生受到退学预警的，直接扣20分。

（3）诚信表现：恶意拖欠学费者，扣15分；在校内存在考试舞弊、学术不端、欺诈学生，弄虚作假者等严重失信行为，视情况由评审小组讨论扣分。

（4）遵纪守法：受到司法部门或公安机关查处；煽动闹事、组织非法游行集会；参与非法组织，破坏安定团结、扰乱社会秩序者，综合素质测评直接为0分。

第四章 附 则

第十七条 各学院要建立、健全各项考核管理制度，使综合素质测评工作有章可循、有据可依，充分发挥综合素质测评评价制度和育人功能。

第十八条 学工处（部）具体负责组织和管理学生综合素质测评工作，对各学院学生综合素质测评工作进行指导和监督。

第十九条 本办法适用于全日制普通本科（专升本）、专科学生，由学工处（部）负责解释。

第二十条 本办法自发布之日起试行，原办法作废。其他未尽事宜由校学生综合素质测评领导小组研究决定。

CHAPTER 16 资助奖励规定

家庭经济困难学生认定细则

第一章 总 则

第一条 为了进一步落实家庭经济困难学生资助政策，实现精准识别、精准资助，确保不让一个学生因家庭经济困难而失学，按照《江西省教育厅等七部门关于印发〈江西省家庭经济困难学生认定暂行办法〉的通知》（赣教发〔2019〕6号）的精神，根据国家和省的有关政策，特制定本细则。

第二条 做好家庭经济困难学生认定工作，是贯彻落实党中央、国务院决策部署，全面推进精准资助，确保资助政策有效落实的迫切需要。

第三条 家庭经济困难学生认定要坚持阳光操作，以上级部门核定的信息和学生家庭真实经济状况为基础，确保家庭经济困难学生认定各个环节和认定结果公开、公平、公正。

第二章 认定对象

第四条 家庭经济困难学生认定工作的对象是指本人及其家庭的经济能力难以满足在校期间的学习、生活基本支出的学生。本细则中的学生指南昌工学院所有全日制在校学生。

第五条 家庭经济困难认定对象包括以下10类：

（1）经乡村振兴部门确认的脱贫家庭学生。

（2）经乡村振兴部门确认的脱贫不稳定家庭学生。

（3）经乡村振兴部门确认的边缘易致贫家庭学生。

（4）经民政部门确认的因病因灾因意外事故等刚性支出较大或收入大幅缩减导致基本生活突发严重困难家庭学生。

（5）经民政部门确认的低收入人群。

①经民政部门确认的最低生活保障家庭学生。

②经民政部门确认的低保边缘人口家庭学生。

③经民政部门确认的特困救助供养学生。

④经民政部门确认的刚性支出困难家庭学生。

⑤经民政部门确认的其他低收入家庭学生。

（6）经民政部门确认的孤儿。

（7）经民政部门确认的事实无人抚养儿童。

（8）经残联确认的残疾学生及残疾人子女。

（9）经退役军人事务部门确认的烈士子女。

（10）其他家庭经济困难学生（非特殊群体家庭经济困难学生）。主要包括享受抚恤补助待遇的优抚对象的经济困难家庭学生，因家庭遭受重大自然灾害造成重大损失、因家庭成员遭受重大疾病或意外伤害、因家庭发生重大变故等情况影响其子女入学就读及其他需要资助的家庭经济困难学生。

第三章　认定原则

第六条　坚持实事求是、客观公平。认定家庭经济困难学生要从客观实际出发，以学生家庭经济状况为主要认定依据，认定标准和尺度要统一，确保公平公正。

第七条　坚持定量评价与定性评价相结合。既要建立科学的量化指标体系，进行定量评价，也要通过定性分析修正量化结果，更加准确、全面地了解学生的实际情况。

第八条　坚持公开透明与保护隐私相结合。既要做到认定内容、程序、方法等透明，确保认定公正，也要尊重和保护学生隐私，严禁让学生当众诉苦、互相比困。

第九条　坚持积极引导与自愿申请相结合。既要引导学生如实反映家庭经济困难情况，主动利用国家资助完成学业，也要充分尊重学生个人意愿，遵循自愿申请的原则。

第四章　认定依据

第十条　家庭经济因素。主要包括家庭收入、财产、债务等情况。

第十一条　特殊群体因素。主要指是否属于建档立卡贫困家庭学生、低收入人群家庭学生、孤儿学生、烈士子女、家庭经济困难残疾学生及残疾人子女、患罕见病学生等情况。

第十二条　地区经济社会发展水平因素。主要指校园地、生源地经济发展水平、城乡居民最低生活保障标准，学校收费标准等情况。

第十三条　学生消费因素。主要指学生消费的金额、结构等是否合理。

第十四条　其他影响家庭经济状况的有关因素。主要包括家庭负担、劳动力及职业状况等。

第五章　认定机构和程序

第十五条　学校成立学生资助工作领导小组，领导、监督家庭经济困难学生认定工作；学生资助管理机构具体负责组织、管理全校家庭经济困难学生认定工作；二级学院成立以分管学生资助工作的领导为组长，学工科长、分团委书记、辅导员等相关人员参加的认定工作组，负责认定的具体组织和审核工作；年级（专业或班级）成立认定评议小组，成员应包括辅导员、班主任、学生代表等，辅导员、班主任不担任评议小组组长。学生代表由公开选举产生，遵循回避机制，不少于班级人数的 25%。

第十六条　家庭经济困难学生每学年认定一次（秋季）。每学期要按照家庭经济困难学生实际情况进行动态调整。在校学生因其家庭遭遇突发事件造成家庭经济困难的，可及时向二级学院提出认定申请，二级学院应及时对其进行认定并报备学生资助管理中心。

第十七条　提前告知。通过新生入学须知、主题班会、微信、电话等多种途径和方式，提前向学生或监护人告知家庭经济困难学生认定工作事项，并做好资助政策宣传工作。

第十八条　个人申请。所有家庭经济困难学生本人或监护人如实填报综合反映学生家庭经济情况的申请表，其中：第五条中第（1）～第（9）类家庭经济困难学生需同时提供户籍所在地乡村振兴、民政、退役军人事务、残联等部门出具的建档立卡贫困户登记证、特困人员救助供养证、城乡低保证、烈士证、残疾证（残疾人子女还需提供户口证明）等有效证件的原件之一核验，第10类其他家庭经济困难学生需提供家庭经济困难相关佐证材料。不得强制学生到当地政府、学校、民政等部门办理贫困证明材料。

第十九条　班级评议。第五条中第（1）～第（9）类贫困学生无需班级评议，应直接认定为家庭经济困难学生。第10类家庭经济困难学生的认定，由班级评议小组根据学生或监护人提交的申请材料，综合考虑学生日常消费情况以及影响家庭经济状况的有关因素开展认定工作。

学校贫困学生分为三个档次，分别是：特别困难、困难和一般困难。三个档次的学生人数约占班级总人数的10%、20%和不限，第五条中第（1）～第（9）类贫困学生较多的班级除外。三个档次的学生评议要分档逐批表决通过，并在班级范围内公示1个工作日，无异议后，报学院认定工作组进行审核。

第二十条　学院认定。学院根据班级评议的情况，核对上级下发贫困数据是否存在漏报漏评，核查班级评议推荐的贫困学生情况属实，可以采取家访、个别访谈、大数据分析、信函索证等方式进行。核查无误后以适当方式、适当范围内公示3个工作日，公示时严禁涉及学生个人敏感信息及隐私，公示内容包括序号、学院、班级代码、姓名、学号、贫困等级、举报方式和公示时间。

如师生有异议，可通过有效方式向二级学院评审小组提出质疑。二级学院评审小组应在接到异议材料的3个工作日内予以答复。如对二级学院评审小组的答复仍有异议，可向学校学生资助工作领导小组提出复议。学校学生资助工作领导小组在接到复议提请的3个工作日内予以答复。若情况属实，应做出调整。

第二十一条　复核公示。各二级学院将本学院评审和公示无异议的贫困学生信息报学校学生资助管理中心，资助管理中心对二级学院上报的家庭经济困难学生认定结果进行复核，并将家庭经济困难学生认定的名单及档次，在适当范围内、以适当方式予以公示，公示时间5个工作日。

第二十二条　建档备案。经学生资助管理中心公示无异议后，学校汇总家庭经济困难学生信息并统一建档。连同学生的申请材料加盖公章后装订成册进行存档，并按要求录入全国学生资助管理信息系统。

第二十三条　各二级学院和班级要加强学生的诚信教育，要求学生或监护人如实提供家庭经济情况，并及时将家庭经济变化情况告知学校。如发现有恶意提供虚假信息的情况，一经核实，学校将取消学生的认定资格和已获得的相关资助，并追回资助资金。

第六章　附　则

第二十四条　本细则从 2024 年秋季学期开始施行。

第二十五条　本细则由学生资助管理中心负责解释。

“绿色通道”制度的管理办法

第一条　“绿色通道”是确保家庭经济困难新生顺利入学的有效措施。为保证家庭经济困难的新生能正常入学，依据《国务院关于建立健全普通本科高校高等职业学校和中等职业学校家庭经济困难学生资助政策体系的意见》（国发〔2007〕13 号）文件内容，结合南昌工学院实际情况，特制定本办法。

第二条　建立“绿色通道”制度，即对被录取入学、家庭经济困难的新生，在缓交全部或部分学费的情况下，学校一律先办理入学手续，确保每一位家庭经济困难新生不因家庭经济困难而无法入学，然后再根据核实后的情况，分别采取不同办法予以资助。

第三条　本制度适用于被南昌工学院正式录取的家庭经济困难的全日制新生。

第四条　申请条件：

（1）孤残学生、烈士子女及优抚家庭子女等无直接经济来源，仅靠政府救济的。

（2）家庭成员主要劳动力长期患病或残疾，基本丧失劳动能力的，或家庭成员老弱幼小，没有直接经济来源，无生活依靠的。

（3）家庭发生重大事件而造成经济特别困难的。

（4）家在重灾区，因灾害导致“三无”（无房屋、无父母、无收入）的。

（5）父母有双方或一方下岗，或者父母有一方因病丧失劳动能力造成家庭经济困难的。

第五条　申请及审批的程序。

（1）学生资助管理中心设立“绿色通道服务站”，负责办理相关事宜。

（2）家庭经济困难的新生凭录取通知书和家庭经济困难相关佐证材料，向所在学院提出“绿色通道”申请。

（3）学院审查后，学院分管学生工作领导对申请进行审查核实，对符合条件的新生发放并指导其填写“绿色通道”相关材料，初步确定缓缴或减免学费金额，签署意见并签章，报送学校“绿色通道”工作领导小组。

（4）校“绿色通道”工作领导小组成员对申请进行复查，对符合条件的予以批准，签署意见，并报分管校领导签字生效，交学生资助管理中心备案。

（5）新生持审批后的审批意见到财务资产管理处办理相关手续，并到学校相关部门办理入学手续。

第六条　新生入学后，学校将进一步核实其困难情况，通过家庭经济困难学生认定工作，根据其困难程度，分别采取不同办法予以资助。对经核实不符合资助条件的新生，应立即补交学费。

第七条　“绿色通道”入学学生的管理。

（1）经学校“绿色通道”入学的新生应向学校如实提供家庭经济情况，学院应及时按相关规定和程序对其进行困难认定和建档，并在今后的学习和生活中重点关心，做好相关资助工作。

（2）经“绿色通道”入学新生应主动申请、办理助学贷款，服从学校勤工助学安排。

（3）经“绿色通道”入学并申请学费缓缴的学生，应恪守诚实守信原则，在约定期限内及时还清欠款。

第八条　本办法自公布之日起施行，由资助管理中心负责解释。

国家奖学金管理实施细则

第一章　总　则

第一条　为激励南昌工学院在校学生勤奋学习、努力进取，在德、智、体、美等方面得到全面发展，根据《财政部 教育部 人力资源社会保障部 退役军人部 中央军委国防动员部关于印发〈学生资助资金管理办法〉的通知》（财教〔2021〕310号）有关规定，特制定本实施细则。

第二条　国家奖学金是国家面向普通高校学生设立的荣誉最高国家级奖项，用于奖励特别优秀的全日制本专科学生。

第二章　奖励标准与申请条件

第三条　国家奖学金的奖励标准为每人每年8000元。

第四条　国家奖学金的基本申请条件：

（1）热爱社会主义祖国，拥护中国共产党的领导。

（2）自觉遵守宪法和法律、遵守学校各项规章制度，在校期间无违纪记录。

（3）诚实守信、道德品质优良。

（4）在校期间学习成绩优异，社会实践、创新能力、综合素质等方面特别突出。具体要求如下：

①在校期间没有补考挂科记录。

②学习成绩排名与综合素质测评成绩排名均位于前 10%。

③学习成绩排名或综合素质测评成绩排名超出前 10%，但均位于前 30%，必须在道德风尚、学术研究、学科竞赛、创新发明、社会实践、社会工作、体育竞赛、文艺比赛等某一方面表现特别优秀，详见教育部《国家奖学金评审办法》。

④学习成绩排名或综合素质测评成绩排名超出前 30%，不具备申请资格。

第三章　名额分配与预算下达

第五条　每年 9 月 1 日前，省财政厅、省教育部根据财政部、教育部批准下达的国家奖学金名额和预算将国家奖学金和预算下达给省属高校和设区市财政局、教育局。设区市财政局、教育局下达国家奖学金名额和预算给高校。

第六条　南昌工学院学生资助管理中心根据财政厅、教育厅确定的当年国家奖学金的总人数，提出学校国家奖学金名额分配建议方案，报省财政厅、教育厅审核。

第四章　组织评审

第七条　国家奖学金每学年评审一次，实行等额评审，坚持公开、公平、公正、择优的原则。

第八条　获得国家奖学金的学生为在校生中二年级以上（含二年级）的学生。同一学年内，获得国家奖学金的家庭经济困难学生可以同时申请国家助学金，但不能同时申请国家励志奖学金。

第九条　评选流程。

（1）学校公布评选条件和名额，各学院各班级进行宣传。

（2）班级成立评议小组，受理班级候选人的评议。评议小组成员由班级公开选举产生，由学生干部和普通学生共同组成，评议小组人员数不得少于班级总人数的 25%，组长由小组成员选举产生。班级评议小组成立后，其成员名单应在本班级范围内公示，辅导员负责指导班级评议小组开展工作。

（3）学生根据国家奖学金的基本申请条件和规定，向班级评议小组提出申请，并提交个人事迹材料（不少于 2000 字），并递交“普通本科高校、高等职业学校国家奖学金申请表”，材料提交给班级评议小组组长。

（4）班级评议小组对学生学习情况、综合表现进行评议，并投票决定候选人。

（5）候选人在班级公示 1 个工作日无异议后，报二级学院评审小组。二级学院评审小组由分管资助工作的院领导、学生工作办公室教师、辅导员代表共同组成。

（6）二级学院评审小组根据班级评议的推荐名单进行审核，召开学院评审领导小组会议，讨论通过并公示 3 个工作日无异议后，报校学生资助管理中心。

（7）校学生资助管理中心对学生成绩和综合素质测评等材料再次进行核查，经核查符合条件的学生报校资助工作领导小组。

（8）校资助工作领导小组讨论，投票确定最终候选人。

（9）公示 5 个工作日无异议，报校长办公会（或校长）批准后，由校学生资助中心将候选人逐级报省学生资助管理中心审核。

第五章　奖学金发放、管理与监督

第十条　学校按照省资助中心的布置，按时将国家奖学金一次性发放给获奖学生，颁发国家统一印制的奖励证书，并记入学生学籍档案。在国家奖学金发放之前，获得国家奖学金的学生中途休学、退学或开除学籍，发放资格随之取消。

第十一条　切实加强管理，认真做好国家奖学金的评审和发放工作，确保国家奖学金用于奖励特别优秀的学生。

第十二条　严格执行国家相关财经法规和本实施细则规定，对国家奖学金实行分账核算，专款专用，不得截留、挤占、挪用，同时应接受财政、审计、教育和纪检监察等部门检查和监督。

第十三条　本实施细则由学校学生资助管理中心负责解释。

第十四条　本实施细则自发布之日起施行。

国家励志奖学金管理实施细则

第一章　总　则

第一条　为激励家庭经济困难学生勤奋学习、努力进取，在德、智、体、美等方面全面发展，帮助他们顺利完成学业，根据《财政部 教育部 人力资源社会保障部 退役军人部 中央军委国防动员部关于印发〈学生资助资金管理办法〉的通知》（财教〔2021〕310 号）有关规定，结合南昌工学院实际，制定本实施细则。

第二条　本细则适用于学校全日制本、专科在校生中家庭经济困难学生，国家励志奖学金用于奖励资助品学兼优的二年级以上（含二年级）的家庭经济困难学生。

第三条　南昌工学院国家励志奖学金所需资金均由省级财政负担。国家励志奖学金的名额均由省教育厅、省财政厅根据各高校本、专科学生人数的一定比例，并统筹考虑高校类别、办学层次、办学质量等因素统一分配。

第四条　南昌工学院学生资助工作领导小组全面领导学校国家励志奖学金的评审、发放工作，学生资助管理中心具体负责组织和管理工作。

第五条　国家励志奖学金的评定坚持等额评审，公开、公平、公正，由本人申请、班级评议、二级学院评审和学校评定相结合的原则。

第二章　奖励标准与申请条件

第六条　国家励志奖学金的奖励标准为每人每年5000元。

第七条　国家励志奖学金申请条件。

国家励志奖学金的主体资格是“家庭经济困难”和“品学兼优”：

（1）热爱社会主义祖国，拥护中国共产党的领导。

（2）诚实守信，道德品质优良。

（3）家庭经济困难，生活俭朴，并被学校认定为本学年家庭经济困难学生。

（4）遵守宪法和法律，遵守学校规章制度，在校期间无违纪处分（含已解除处分满半年人员）：

①评定期间没有补考挂科记录。

②评定期间综合素质测评应在评选范围内位居前20%。

③评定期间学习成绩排名在评选范围内位居前30%，若在校期间有挂科记录，评定期间学习成绩排名必须在评选范围内位居前10%。

第三章　名额分配

第八条　学校学生资助管理中心根据省财政厅、教育厅确定的南昌工学院当年国家励志奖学金总人数，按照各二级学院符合本细则第二条所规定的学生人数比例，提出各二级学院组织国家励志奖学金名额分配建议方案，并报学校学生资助工作领导小组审批。

第九条　学生资助工作领导小组审批后，由学生资助管理中心统一组织管理，二级学院具体开展评审工作。

第四章　评审时间及程序

第十条　国家励志奖学金每学年评审一次，具体评审时间以当年省教育厅的规定时间为准。

第十一条　同一学年内，获得国家励志奖学金的学生可以同时申请并获得国家助学金，但不能同时获得国家奖学金和省政府奖学金。

第十二条　国家励志奖学金的评审程序：

（1）学校公布评选条件和名额，各学院各班级进行宣传。

（2）班级成立评议小组，受理班级候选人的评议。评议小组成员由班级公开选举产生，由学生干部和普通学生共同组成，评议小组人员数不得少于班级总人数的 25%，组长由小组成员选举产生。班级评议小组成立后，其成员名单应在本班级范围内公示，辅导员负责指导班级评议小组开展工作。

（3）经认定的家庭经济困难学生根据国家励志奖学金的基本申请条件和规定，向班级评议小组提出申请，提交个人事迹材料（不少于 1500 字），并填写“江西省国家励志奖学金申请审批表”，材料提交给班级评议小组组长。

（4）班级评议小组对学生贫困材料、学习情况、综合表现等情况进行评议，并投票决定候选人。

（5）候选人名单在班级公示 1 个工作日无异议后，报二级学院评审小组。二级学院评审小组由分管资助工作的院领导、学生工作办公室教师、辅导员代表共同组成。

（6）二级学院评审小组根据班级评议的推荐名单进行审核，召开学院评审领导小组会议，讨论通过并公示 3 个工作日，无异议后，报校学生资助管理中心。

（7）校学生资助管理中心对学生贫困等级和生活表现再次进行核查，经核查符合条件的学生报校资助工作领导小组。

（8）校资助工作领导小组讨论，确定最终候选人。

（9）公示 5 个工作日无异议，报校长办公会（或校长）批准后，由校学生资助中心将候选人逐级报省学生资助管理中心审核。

第五章　奖学金发放、管理与监督

第十三条　国家励志奖学金由省资助中心指定银行发放，国家励志奖学金一次性划入获资助的学生账户。在国家励志奖学金发放之前，获得国家励志奖学金的学生中途休学、退学或开除学籍，发放资格随之取消。

第十四条　各二级学院要切实加强管理，严格按照本细则的规定认真做好国家励志奖学金评审和发放工作，确保用于资助家庭经济困难学生。二级学院保障监督渠道畅通，设置并在所有班级公布举报方式及联系方式。

第十五条　学校将对各学院国家励志奖学金评审和发放工作进行检查和监督，严肃查处评审过程中违规操作、弄虚作假的行为，并追究相关人员责任。

第六章　附　则

第十六条　在评审年度内，出现下列情形之一的，学校将取消其评审资格或收回已发放的资助资金：

（1）因违反校规校纪，受到纪律处分的。

（2）获得资助后，生活不节俭、铺张浪费，将奖励资金用于非学生正常消费，造成不良影响的。

（3）经查实在申报过程中有弄虚作假、瞒报行为的。

第十七条　本细则由学校学生资助管理中心负责解释。

第十八条　本细则自发布之日起施行。

国家助学金管理实施细则

第一章　总　则

第一条　为激励南昌工学院在校学生勤奋学习、努力进取，在德、智、体、美等方面得到全面发展，根据《财政部 教育部 人力资源社会保障部 退役军人部 中央军委国防动员部关于印发〈学生资助资金管理办法〉的通知》（财教〔2021〕310号）有关规定，特制定本实施细则。

第二条　本实施细则适用于学校全日制本、专科在校生中家庭经济困难学生。

第三条　南昌工学院国家助学金由省级财政负担。国家助学金的名额均由省教育厅、省财政厅根据各高校本专科学生人数的一定比例，并统筹考虑高校类别、办学层次、办学质量等因素统一分配。

第四条　学校学生资助工作领导小组全面领导南昌工学院国家助学金的评审、发放工作，学生资助管理中心具体负责组织和管理工作。

第五条　南昌工学院国家助学金的评定坚持等额评审，公开、公平、公正，由本人申请、班级评议、二级学院评审、学校评定相结合的原则。

第二章　奖励标准与申请条件

第六条　国家助学金的奖励标准。

国家助学金主要资助家庭经济困难学生的生活费用开支，平均资助标准为每生每年3300元，具体分为三档，一等4400元，二等3300元，三等2200元。

第七条　国家助学金的申请条件。

国家助学金主体资格是“家庭经济困难学生”：

（1）热爱社会主义祖国，拥护中国共产党的领导。

（2）遵守宪法和法律，遵守学校规章制度。

（3）诚实守信，道德品质优良。

（4）勤奋学习，积极上进。

（5）家庭经济困难，生活俭朴，并被学校认定为本学年家庭经济困难学生。

第三章　名额分配

第八条　学校学生资助管理中心根据省财政厅、教育厅确定的南昌工学院当年国家助学金总人数，资助中心按照各学院学生总数和贫困学生比例两个指标，提出各二级学院国家助学金名额分配建议方案，并报学校学生资助工作领导小组审批。

第九条　学生资助工作领导小组审批后，由学生资助管理中心统一组织管理，各学院具体开展评审工作。

第四章　评审时间及程序

第十条　国家助学金每学年评审一次，具体评审时间以当年省教育厅的规定时间为准。

第十一条　同一学年内，获得国家助学金的家庭经济困难学生可同时申请并获得国家奖学金、国家励志奖学金和省政府奖学金中的一项。

第十二条　国家助学金的评审程序。

资助条件中明确规定，国家助学金申请人要求家庭经济困难，生活俭朴，并被学校认定为本学年家庭经济困难学生，故而在评选国家助学金之前，贫困学生等级认定工作一定要在前期完成。

（1）学校公布评选条件和名额，各学院各班级进行宣传。

（2）班级成立评议小组，受理班级候选人的评议。评议小组成员由班级公开选举产生，由学生干部和普通学生共同组成，评议小组人员数不得少于班级总人数的25%，组长由小组成员选举产生。班级评议小组成立后，其成员名单应在本班级范围内公示，辅导员负责指导班级评议小组开展工作。

（3）经认定的家庭经济困难学生根据国家助学金的基本申请条件和规定，向班级评议小组提出申请，并提交个人事迹材料（不少于1000字），并填写“南昌工学院国家助学金申请表”，材料提交给班级评议小组组长。

（4）班级评议小组对学生家庭经济情况进行评议，并投票决定候选人名单及等级。

（5）候选人名单在班级公示1个工作日无异议后，报二级学院评审小组。二级学院评审小组由分管学生工作的负责人、学生工作办公室教师、辅导员代表共同组成。

（6）二级学院评审小组根据班级评议的推荐名单进行审核，召开学院评审领导小组会议，讨论通过并公示3个工作日，无异议后，报校学生资助管理中心。

（7）校学生资助管理中心对学生贫困等级和生活表现再次进行核查，经核查符合条件的学生报校资助工作领导小组。

（8）校资助工作领导小组讨论，确定最终候选人。

（9）公示5个工作日无异议，报校长办公会（或校长）批准后，由校学生资助中心将候选人逐级报省学生资助管理中心审核。

第五章 奖学金发放、管理与监督

第十三条 国家助学金由省资助中心指定银行发放，国家助学金分两次（秋季、春季）划入获资助的学生账户。在国家助学金发放之前，获得国家助学金的学生中途休学、退学或开除学籍，发放资格随之取消。

第十四条 各二级学院要切实加强管理，严格按照本细则的规定认真做好国家助学金评审和发放工作，确保用于资助家庭经济困难学生。二级学院保障监督渠道畅通，在班级公布举报热线。

第十五条 学校将对各学院国家助学金评审和发放工作进行检查和监督，严肃查处评审过程中违规操作、弄虚作假的行为，并追究相关人员责任。

第六章 附 则

第十六条 在评审年度内，出现下列情形之一的，学校将取消其评审资格或收回已发放的资助资金：

（1）因违反校规校纪，受到纪律处分的。

（2）获得资助后，生活不节俭、铺张浪费，将奖励资金用于非正常消费，造成不良影响的。

（3）经查实在申报过程中有弄虚作假、瞒报行为的。

第十七条 本实施细则由学校学生资助管理中心负责解释。

第十八条 本实施细则自发布之日起施行。

学校助学金管理实施办法

第一章 总 则

第一条 为了体现学校对家庭经济困难、学习努力学生的关怀，解决在校期间学习、生活方面的困难，使其顺利完成学业，加强南昌工学院助学金（以下简称“学校助学金”）的管理，确保资助工作顺利实施，结合南昌工学院实际情况，制定本实施办法。

第二条 学校助学金用于资助南昌工学院在籍并注册的家庭经济困难学生。

第三条 学校学生资助工作领导小组全面领导学校助学金的评审、发放工作，学生资助管理中心具体负责组织和管理工作。

第四条 学校助学金的评定坚持等额评审，公开、公平、公正，由本人申请、班级评议、学院评定、学校监督相结合的原则。

第二章　机构设置及其职能

第五条　评审机构的设置。

学校设立校级、学院、班级三级评审组。班级评议小组成员由班级公开选举产生，由学生干部和普通学生共同组成，评议小组人员数不得少于班级总人数的25%，组长由小组成员选举产生。班级评议小组成立后，其成员名单应在本班级范围内公示，辅导员负责指导班级评议小组开展工作。学院评定小组由学院学生工作负责人任组长，辅导员为组员，对班级推荐名单进行审核并评定。校级评审组由分管学生工作的校领导任组长，学生资助管理中心、各学院学生工作负责人为组员。

学生资助管理中心负责日常具体工作。

第六条　评审机构职能。

（1）校级评审组负责统筹学校助学金评审工作，划定各学院助学金总额。

（2）院级评定组负责班级助学金指标划定和班级评议结果的审定，对班级评议进行监督，处理评审工作反映出来的问题和建议，调查、处理反映出来的情况。

（3）班级评议小组负责对班级贫困学生情况进行摸底、评议。

第三章　资助标准与申请条件

第七条　资助标准分为一等、二等、三等三个等级执行。

一等　2000元/生/学年

二等　1000元/生/学年

三等　500元/生/学年

第八条　申请条件：

（1）热爱社会主义祖国，拥护中国共产党的领导。

（2）遵守宪法和法律，遵守学校规章制度。

（3）诚实守信，道德品质优良。

（4）勤奋学习，积极上进。

（5）家庭经济困难，生活俭朴，没有铺张浪费行为，原则上为南昌工学院贫困建档学生。

同等条件下有下列情况之一的，优先考虑：

（1）建档立卡贫困户学生。

（2）父母丧失或基本丧失劳动能力，又无其他经济来源。

（3）军（烈）属子女、孤儿等无经济依靠。

（4）家庭因天灾人祸等造成严重经济困难。

第四章 金额分配

第九条 学校将助学金金额按学院人数比例分配到各学院，学院再将金额按比例分配到各班级，同时兼顾班级学生家庭经济困难情况，向班级家庭经济困难人数或特别困难人数多的班级倾斜。

第五章 申请与评审

第十条 学校助学金按学年申请和评审，每学年评定一次。

第十一条 学校助学金的评审程序：

（1）学院根据学校有关文件结合学院实际情况评审学校助学金，并公布评选条件和名额，各班级进行宣传动员。

（2）班级成立评议小组，受理班级助学金的评议。

（3）符合申请条件和规定的学生，向班级评议小组提出申请，材料提交给班级评议小组组长。

（4）班级评议小组对学生贫困材料、学习情况、综合表现等情况进行评议，并投票决定候选人。

（5）候选人名单在班级公示 1 个工作日无异议后，报学院评定小组。

（6）学院评定小组根据班级评议的推荐名单进行审核，召开学院评定小组会议，讨论通过并公示 3 个工作日无异议后，将获得学校助学金学生名单报备校学生资助管理中心。

（7）校学生资助管理中心对各学院助学金评定工作进行指导、督查。

（8）及时整理并做好档案保存工作，档案保存五年及以上。

第六章 发放、管理与监督

第十二条 学校助学金原则上按学年进行评审，一次性发放到位。严禁以任何形式截留、挤占和挪用学校助学金。

第十三条 对已享受助学金者，如发现有因弄虚作假骗取助学金、任意挥霍助学金等行为，取消其受助资格、退回助学金，同时视情节给予必要的纪律处分。

第七章 附 则

第十四条 本办法由学生资助管理中心负责解释。

第十五条 本办法自公布之日起施行。

新生助学金实施方案

为全面落实党中央脱贫攻坚决策部署，回馈社会各界的广泛支持，彰显学校扶危济困和公益办学的社会责任，南昌工学院坚持“扶贫扶志、助学育人”的工作理念，实施系列助学金项目，投入了大量资金用于新生资助，绝不让家庭经济问题阻碍学生的成才之路。具体资助项目实施安排如下。

一、贫困新生专项助学金

贫困新生专项助学金共分五个资助等级，各资助等级满足条件之一即可申请，相关评定条件如下。

1. 一等助学金：资助金额 10000 元 / 人，以学费减免的方式予以发放，评定条件如下：

（1）孤儿。

（2）优抚对象子女，如烈士子女、因公牺牲军人子女、一级至四级残疾军人子女。

所需邮寄材料（表 16–1）：

表 16–1

所需公共材料	1. 学生身份证复印件（正反面）
	2. 填写“新生助学优惠申请表”
孤儿所需材料	孤儿证明材料，如孤儿证、父母死亡户籍证明、父母死亡或者宣告死亡的证明等
优抚对象子女额外所需材料	政府发放的烈士、因公牺牲军人、一级至四级残疾军人证明原件及复印件

2. 二等助学金：资助金额 6000 元 / 人，以学费减免的方式予以发放，评定条件如下。

（1）近两年内学生或父（母）因国家规定的 36 种重大疾病丧失劳动力并负债，家庭无其他经济收入。

（2）农村特困救助供养学生。

所需邮寄材料（表 16–2）：

表 16–2

所需公共材料	1. 学生身份证复印件（正反面）
	2. 填写“新生助学优惠申请表”
因重大疾病或伤残丧失劳动能力学生额外所需材料	县级以上公立或三甲医院开具的病例书和诊断书（表明患有国家规定的 36 种重大疾病或伤残已丧失劳动能力的）复印件等
农村特困救助供养学生	民政部门审批证明

3. 三等助学金：资助金额 4000 元 / 人，以学费减免的方式予以发放，评定条件如下。

（1）单亲家庭（不含离异），且家庭经济困难。

（2）父母双方肢体残疾，学生本人或父母一方残疾（残疾等级为一至二级）。

（3）家庭被地方政府列为脱贫户（原建档立卡户），且学生本人为脱贫户成员，家庭人均收入低于当地最低保障，难以维持基本生活。

所需邮寄材料（表 16–3）：

表 16–3

所需公共材料	1. 学生身份证复印件（正反面）
	2. 填写"新生助学优惠申请表"
单亲家庭（不含离异）	父母一方死亡户籍证明，或死亡（宣告死亡）的证明等
残疾学生或父母双方残疾额外所需材料	家长残疾证复印件 学生残疾证复印件
脱贫户（原建档立卡户）所需材料	扶贫部门出具的脱贫户（原建档立卡贫困户）证明材料，如原建档立卡本复印件、精准扶贫本复印件、盖有扶贫部门公章证明等

4. 四等助学金：资助金额 2000 元 / 人，以学费减免的方式予以发放，评定条件如下。

（1）单亲家庭（离异），且家庭经济困难。

（2）入学当年家庭遭受重大自然灾害、意外伤害、重大变故导致经济困难。

（3）入学当年学生或父母一方因患病产生高额医药费，且劳动力弱，家庭经济负担重。

（4）经民政部门确认的最低生活保障家庭学生，且学生本人为低保户成员，难以维持基本生活。

所需邮寄材料（表 16–4）：

表 16–4

所需公共材料	1. 学生身份证复印件（正反面）
	2. 填写"新生助学优惠申请表"
单亲家庭（离异）	提供父母离异的证明等
患病证明	患病产生高额医药费等医疗费用证明
民政部门认定低保障家庭学生所需材料	低保证复印件

5. 五等助学金：资助金额 1000 元 / 人，以学费减免的方式予以发放，评定条件如下。

（1）家庭无劳动力，无固定经济来源且亲友无资助能力。

（2）多个子女同时在非义务教育阶段就读，家庭经济负担较重。

（3）不符合以上条件，但家庭确实困难，有相关证明，且经学校学生资助中心核查认可的。

所需邮寄材料（表 16–5）：

表 16–5

所需材料	1. 学生身份证复印件（正反面）
	2. 填写“新生助学优惠申请表”
	3. 学生对家庭实际情况的描述（手写并签字）
	4. 相关证明材料

二、勤工俭学项目

学校为家庭经济困难学生设立了勤工助学项目，生均每月 300～600 元。另外，根据二级学院产教融合和校企合作项目情况为贫困新生设立了校企合作专项助学项目，每月可获得 800～2000 元的补贴。如有意向申请的学生可在来校报到时向辅导员提出申请。

三、说明事项

（1）新生助学金直接抵免新生学杂费，在新生缴费中直接扣除。

（2）未到学校办理入学报到手续的新生助学金获得者，作自动放弃处理。

（3）助学金相关证明材料用 EMS 直接邮寄至江西省南昌市红谷滩区阁皂山大道 998 号招生就业处，邮编 330108，收件人牛老师，电话 0791—87713758。助学金申请于正式报到前 10 天截止，逾期不予受理。资助审核工作由学生资助管理中心、招生办公室以及二级学院代表联合审定，按相关规定公示后执行。

（4）本方案内所有资助项目最终解释权归南昌工学院所有。

新生助学金实施细则

第一章　总　则

第一条　为了体现学校对家庭经济困难新生的关怀，规范南昌工学院新生助学金的使用和管理，提高资金使用效益，帮助家庭困难新生来校就读，顺利完成学业，学校设立了新生助学金。为建立健全科学合理的新生助学金评审机制，特制定本实施细则。

第二条　本实施细则适用于考入南昌工学院的全日制家庭经济困难大学新生。

第二章　基本条件与资助标准

第三条　被南昌工学院录取并报到的本、专科新生及新入学专升本学生均可申请新生助学金。

第四条 新生助学金按照家庭经济困难程度，设五个等级，分别为一等助学金、二等助学金、三等助学金、四等助学金和五等助学金，资助金额依次为 10000 元 / 人、6000 元 / 人、4000 元 / 人、2000 元 / 人和 1000 元 / 人。

第五条 新生助学金评定条件（满足条件之一即可）：

1. 一等助学金。

（1）孤儿。

（2）优抚对象子女：烈士子女、因公牺牲军人子女、一级至四级残疾军人子女。

2. 二等助学金。

（1）近两年内学生或父（母）因国家规定的 36 种重大疾病丧失劳动力，家庭无其他经济收入。

（2）农村特困救助供养学生。

3. 三等助学金。

（1）单亲家庭（不含离异），且家庭经济困难。

（2）父母双方残疾，学生本人或父母一方残疾（残疾等级在一至二级）。

4. 四等助学金。

（1）入学当年学生家庭遭受重大自然灾害、意外伤害、重大变故的家庭经济困难子女。

（2）多个子女同时在非义务教育阶段就读，家庭经济负担较重的学生。

（3）入学当年学生或父母一方因患有重大疾病（国家规定的 36 种除外）产生高额医药费，且劳动力弱，家庭经济负担重的学生。

（4）家庭被地方政府列为脱贫户（原建档立卡户），且学生本人为脱贫户成员，家庭人均收入低于当地最低保障，难以维持基本生活。

（5）经民政部门确认的最低生活保障家庭学生，且学生本人为低保户成员，难以维持基本生活。

5. 五等助学金。

（1）家庭缺乏劳动力，无固定经济来源且亲友无资助能力。

（2）不符合以上条件，但家庭确实困难，有相关证明，且经学校学生资助中心核查认可的新生。

上述助学金涉及的条件需提供相应证明，涉及家庭成员重大疾病的需提供县级以上医院的诊断书或病历材料复印件（所需材料详见“录取通知书”相关说明）。

第六条 新生助学金的名额和经费由招生就业处统筹管理。新生助学金根据全国各省市的录取生源实际情况和贫困新生申报情况进行资助。

第七条　学校可根据实际情况，对新生助学金覆盖面、等级和资助标准进行动态调整。

第八条　获得新生助学金资助的，可以同时获得国家及学校政策允许参评的其他各类奖助学金。

第九条　有下列情况之一者，取消新生助学金资助资格并追回资助资金：

（1）入校后经复查不符合条件或有弄虚作假等情形。

（2）被取消入学资格者。

（3）享受了助学金的新生因故办理退学，以学生实际缴纳学杂费金额核算，按照相关规定办理退费手续。

第三章　评审组织与资助金发放

第十条　新生助学金的评审工作应坚持公正、公平、公开的原则，严格执行国家有关法律法规及学校相关规定，杜绝弄虚作假。

第十一条　学校成立新生助学金评审领导小组统筹领导新生助学金的评审资助工作。

第十二条　学生资助管理中心和招生就业处共同负责新生助学金的评审工作，包括制定评审工作实施计划、审核初审名单、公布（示）评审结果等。

第十三条　新生助学金申请材料（含证明）由学生本人于规定时间内按相关要求寄至学校招生就业处，招生就业处联合学生资助管理中心、二级学院代表、校医院进行审核，召开评审领导小组会议确定资助名单和资助等级并报学校审定后，进行不少于3个工作日的公示。

第十四条　对新生助学金评审结果有异议的，可在公示期内向招生就业处提出申诉，招生就业处应及时研究并予以答复。如对招生就业处做出的答复仍存在异议，可向学校提请裁决。

第十五条　新生助学金的发放采用学费和住宿费抵扣形式发放，即入学报到时直接抵扣当年学杂费，不折算现金发放。

第十六条　财务资产管理处负责新生助学金发放工作，未到学校办理入学报到手续的新生助学金获得者视为主动放弃。

第四章　附　则

第十七条　新生助学金在每年本、专科录取结束后组织评审，各二级学院根据评定结果，将获得新生助学金学生情况纳入资助工作档案。

第十八条　新生助学金评定结果和费用发放报学校资助管理中心备案。

第十九条　本实施细则从2023级新生开始施行，由招生就业处负责解释。

学生勤工助学管理办法

第一章 总 则

第一条 为规范管理学校学生勤工助学工作，促进勤工助学活动健康、有序开展，保障学生合法权益，帮助学生顺利完成学业，发挥勤工助学育人功能，培养学生自立自强、创新创业精神，增强学生社会实践能力，特制定本办法。

第二条 本办法所称勤工助学活动，是指在学校的组织下，学生利用课余时间，通过劳动取得合法报酬，用于改善学习和生活条件的实践活动。学生私自在校外兼职的行为，不在本办法规定之列。

第三条 勤工助学活动应坚持“立足校园、服务社会”的宗旨，按照学有余力、自愿申请、信息公开、扶困优先、竞争上岗、遵纪守法的原则，由学校在不影响正常教学秩序和学生正常学习的前提下有组织地开展。

第四条 学生勤工助学依法享受劳动保护，任何用工单位或个人必须为学生的人身安全提供保障，不得损害学生在劳动保护方面的合法权益，不得组织学生参加有毒、有害和危险的生产作业以及超过学生身体承受能力、有碍学生身心健康的劳动。

第五条 学生参加勤工助学活动必须遵守国家法律法规以及用工单位和学校的规章制度，履行勤工助学活动的各项义务。不得参与有损大学生形象，有碍社会公德，不利于身心健康的活动。

第二章 组织管理

第六条 勤工助学是学校学生资助工作的重要组成部分，由学生资助工作领导小组全面领导。学校专门设立勤工助学办公室（科级），归属于学生资助管理中心。勤工助学办公室为勤工助学日常办事机构，具体负责管理和组织学生的勤工助学活动。

第七条 勤工助学办公室的职责是：

（1）研究制定勤工助学政策。

（2）监督二级学院单位落实勤工助学政策。

（3）确定勤工助学中心资金的使用方法。

（4）协调校内勤工助学岗位设置。

（5）调解处理因勤工助学活动产生的各种纠纷，维护学生在勤工助学活动中的正当权益。

（6）努力拓宽勤工助学渠道，积极开拓勤工助学岗位。

（7）安排学生的勤工助学岗位。

（8）其他有关勤工助学的管理和服务事项。

第三章　参与对象

第八条　勤工助学对象为南昌工学院家庭经济困难学生，原则上优先考虑贫困建档学生，特别是建档立卡贫困学生。对少数民族学生从事勤工助学活动，应尊重其风俗习惯。

第四章　岗位设置

第九条　勤工助学遵守按需设岗。各单位所设岗位必须是根据实际工作需求而设定，具体工作有明确的岗位职责，不得设虚岗、领空饷。学生自愿选择意向岗位，岗位根据需求择优录取。

第十条　校内勤工助学岗位设置应以校内教学助理、科研助理、行政管理助理和学校公共服务等为主。

依据岗位管理归属，分别设置 A、B 两类岗位，A 类岗位指由职能部门设置的岗位，由学工处（部）负责招聘；B 类岗位指由二级学院设置的岗位，由二级学院自行负责招聘。

根据岗位工作的性质，可分为固定岗位和临时岗位。

（1）固定岗位是指持续一个学期以上的长期性岗位和寒暑假期间的连续性岗位；固定岗位按月计酬。以不同岗位每月工时长短和工作辛劳度计酬。按月计酬，以每月 40 个工时的酬金原则上不低于当地政府或有关部门制定的最低工资标准或居民最低生活保障标准为计酬基准，可适当上下浮动。

（2）临时岗位是指不具有长期性，通过一次或几次勤工助学活动即完成任务的工作岗位。临时岗位按小时计酬。每小时酬金可参照学校当地政府或有关部门规定的最低小时工资标准合理确定，原则上不低于每小时 12 元人民币。

第十一条　设立勤工助学岗位要妥善处理学生的工学矛盾，学生参加勤工助学的时间原则上每周不超过 8 小时，每月不超过 40 小时。

第十二条　参加勤工助学的学生应能够正常完成学业，对符合参加勤工助学条件者，如果不服从学院统一安排，不愿意从事勤工助学劳动，原则上应取消其接受资助的资格。

第五章　薪金发放

第十三条　各用工部门负责对勤工助学的学生进行管理，按照岗位要求安排学生开展勤工助学工作。各用工部门根据录用学生的实际情况做好考勤工作，A 类岗位由学工处（部）造表交财务资产管理处发放学生勤工助学薪金，B 类岗位由二级学院造表交财务资产管理处发放学生勤工助学薪金，严禁现金发放。

第十四条　二级学院设置专项勤工助学费用，严禁以任何形式、任何理由截留、挤占、挪用勤工助学费用，确保经费及时发放到学生手中。

第六章　档案管理及奖励

第十五条　为规范勤工助学工作，反映工作真实情况，为不断总结经验，进一步开展好勤工助学活动，各学院及时整理并保存勤工助学档案（学生申请勤工助学表、勤工助学考勤表、勤工助学工资发放表等）五年及以上。

第十六条　在每学年结束前一个月（5 月中下旬），由用工单位按照不超过 5% 的比例，向学生资助管理中心推荐优秀工作者，由学生资助管理中心给予统一表彰。

第七章　经费管理

第十七条　设立勤工助学专项经费。其目的是使学生勤工助学活动具有稳定可靠的经费来源，重点保证家庭经济困难特别是特困生在校期间的经济问题得到一定的改善，以完成学业。勤工助学中心负责勤工助学经费的使用管理。

第十八条　勤工助学的经费来源主要为自筹解决，其来源渠道为：

（1）学校每年下拨的勤工助学专项经费。

（2）通过组织学生参加勤工助学获得相应的报酬。

（3）从预算收入以外中划拨一定比例的经费。

（4）勤工助学中心通过开展提供服务获取经费。

（5）社会赞助的各项经费。

第八章　附　则

第十九条　本办法自 2019 年 1 月 1 日起执行。

第二十条　本办法由学生资助管理中心负责解释。

突出贡献学生奖励办法

第一章　总　则

第一条　为适应学校应用转型发展需要，实现“政治合格、身心健康、理论到位、技能实在”的培养目标，发挥奖励的机制，特制定本办法。

第二条　奖励坚持精神鼓励与物质奖励相结合，以精神奖励为主的原则。

第三条　奖励对象为全体在册学生。

第四条　凡在学校思想政治、素质教育、科技创新和维护学校安全稳定等方面取得重大成绩（荣誉）或重大社会影响，均可视为突出贡献，并予以奖励。

第二章　奖励办法

第五条　精神奖励分为：通报表扬、发文表彰、记功、记大功和授予荣誉称号。

第六条　物质奖励分为九等：一等 4000 元、二等 3000 元、三等 2500 元、四等 2000 元、五等 1500 元、六等 1200 元、七等 1000 元、八等 800 元和九等 600 元。

第七条　奖励采用即时申报，集中批复的原则。学生根据在个人作出贡献或获得荣誉一个月内，填写“南昌工学院突出贡献学生奖励审批表”，经所在学院（或部门）签署意见后，交学工处（部）统一收集，在每年 9～10 月由评审领导小组对上一学年的各类奖励进行认定。评审领导小组由分管学生工作的校领导、学工处（部）负责人和二级学院分管学生工作领导组成。

第八条　竞赛级别界定如下：

（1）全国性竞赛：指由国家或部级行政单位（如教育部、体育总局、团中央等）主办，面向全国的各类竞赛。

（2）省级竞赛：含全国性竞赛分赛区的比赛、分大区举行的行业性竞赛、由省政府或厅级行政单位（如教育厅、劳动厅、体育局、团省委等）主办的竞赛、挂靠在部级行政单位的一级协会主办的竞赛。

（3）市局级竞赛：指由市局相关部门（如市教育局、市体委、市局团委等）主办，或挂靠在厅局单位的二级协会主办的各类竞赛。

（4）其他未提及的竞赛，根据其比赛性质及等级，参考现有比赛等级给予等级，经评委会商议决定给予等级认定；其中参考表中赛事最高等级只对应最高级别，对未达到最高等级，依据级别顺序递减。

第九条　奖励标准：

（1）国家级荣誉：获得国家级评优评先类和竞赛类奖项的，视情况授予一、二、三等奖励。

（2）省级竞赛奖励：获得省级评优评先类和竞赛类奖项的，视情况授予四、五、六等奖励。

（3）市局级竞赛奖励：获得市局级评优评先类和竞赛类奖项的，视情况授予七、八、九等奖励。

（4）获得团体荣誉的，团队总奖励金额 = 对应等级金额 × 有效人数 × 系数 0.7，具体个人奖励金额由组织单位根据参赛选手贡献值确定。例如：大学生篮球比赛 9 人参赛获得省级团体三等奖，有效人数为 5 人，系数为 0.7，总奖励金额 =1200 × 5 × 0.7=4200 元。未明文规定参赛人数的默认为 1 人可独立完成，有效人数为 1 人，系数为 1。

第三章 思想政治

第十条 为鼓励学生做一个爱国守法、政治合格、高尚情操的大学生，对于在思想政治方面做出显著成绩的学生给予奖励。

（1）敢于揭露和打击犯罪分子和宗教极端分子，为学校和社会的安全稳定争得荣誉或作出贡献的。

（2）在犯罪分子侵害国家和人民生命财产安全时、在抢险救灾及其他场合中和协助政法机关侦破重大案件和抓获犯罪分子时，奋不顾身、见义勇为的。

（3）对于拾到他人重要证件、贵重物品和大额金钱能及时归还的拾金不昧者。

（4）参与社会公益活动，在社会取得重大影响的志愿者。

第十一条 思想政治方面的奖励按贡献大小，分别授予精神奖励和物质奖励。奖励具体等级由评审委员会评议确定，报校长办公会（校长）批准。

第四章 素质教育

第十二条 为鼓励学生综合素质全面发展，对于在文体竞赛等方面做出显著成绩的学生给予奖励。

（1）对参加国家级和省级文学、美术、书法、摄影、声乐、舞蹈等方面的活动，并在比赛中获得奖励者。

（2）对参加国家级和省级体育竞赛中获得名次者。

（3）对综合素质优秀，荣获国家级和省级各类荣誉称号者，如优秀学生干部、三好学生、优秀团干、优秀党员等。

第十三条 对于获得各类荣誉或竞赛名次的学生不另行发文表彰，物质奖励按照荣誉等级和比赛名次，由评审委员会评议确定，报校长办公会（校长）批准。

第五章 科技创新

第十四条 为鼓励学生适应学校应用能力培养的转型发展，提高学生创新创业能力，对于在学科竞赛、科研专利和创业等方面做出显著成绩的学生给予奖励。

（1）参加数学建模竞赛、电子设计竞赛、大学生英语竞赛、ACM/ICPC（国际大学生程序设计竞赛）、机械创新设计竞赛、高等数学竞赛、大学生物理实验竞赛、计算机程序设计竞赛、计算机绘图竞赛、创业计划竞赛、课外科技作品等学科竞赛获奖。

（2）以学校为第一署名单位，学生为第一作者发表或出版学术论文或著作。

（3）以学校名义申请并获得专利。

（4）在职业技能大赛中获得名次。

（5）以南昌工学院学生身份进行创业，并取得一定社会影响。

第十五条　创新创业方面的奖励按荣誉等级和社会影响等因素，分别授予精神奖励和物质奖励。奖励具体等级由评审委员会评议确定，报校长办公会（校长）批准。

第六章　附　则

第十六条　本办法自发文之日起执行。

第十七条　本办法由学工处（部）负责解释。

优秀学生评选办法

第一条　为了全面贯彻党的教育方针，适应教育体制改革，创建良好的校风和学风，调动学生的学习积极性，激励学生德、智、体全面发展，努力提高综合素质和能力，鼓励和表彰学生刻苦学习、奋发向上、开拓创新、努力成才，增强广大同学的集体主义荣誉感，特制定本办法。

第二条　评选范围为全体大二及以上学生。

第三条　评选条件及名额。

一、三好学生申请条件及名额

（1）坚持四项基本原则，关心国家大事，积极参加各项政治活动和学校开展的“三风”建设活动。关心集体、热爱学校、主动做好事、自觉遵守组织纪律。

（2）努力学习，成绩优良，一次性通过上一学年校内考试或国家组织考试科目，综合素质排名在全班前30%。

（3）积极锻炼身体，讲究个人和集体卫生，热爱劳动，勤俭节约。

（4）评定名额占全体参评学生人数的15%。

二、优秀学生干部申请条件及名额

（1）担任宿舍长以上（含宿舍长）的学生干部，任职半年以上。

（2）热心为同学服务，工作认真负责，积极进取，工作成绩显著。

（3）成绩良好，一次性通过上一学年校内考试或国家组织考试科目，综合素质排名在全班前40%。

（4）班级名额不超过全体参评学生人数的3%，院级名额不超过全体参评学生人数的1%，校级名额不超过全体参评学生人数的1%。

三、奖学金申请条件、等级

（1）坚持四项基本原则，拥护党的路线、方针和政策，热爱祖国、热爱党、热爱人民，自觉地遵守学生守则和学校各项规章制度。

（2）勤奋学习，刻苦钻研，成绩优异，上一学年所有科目（含考查科目）都需一次性通过，补考、缺考、旷考一律不算作一次性通过（缓考除外）。

（3）关心集体、团结同学、遵守公德，积极参加学校开展的各项有益活动。

（4）学习目的明确，态度端正，学年中无旷课、迟到、早退现象。

（5）申请等级及名额：

一等奖学金，综合素质排名前 2%，不足 1 人按一人计算，奖金 1500 元。

二等奖学金，综合素质排名前 2%～5%，不足 1 人按一人计算，奖金 1000 元。

三等奖学金，综合素质排名前 5%～10%，不足 1 人按一人计算，奖金 800 元。

四、评选程序及要求

（1）宣传动员。学工处（部）下发评审通知后，学院需利用学院自身宣传阵地认真宣传，并认真组织辅导员们开好主题班会，动员优秀学生、优秀班级积极参评并予以指导。学院需在 1～2 个工作日内在全院范围内宣传到位，不留死角。

（2）学院评审及公示。学院按照文件要求做好学院、班级两级评审小组的建立，指导学生按照要求提交申请材料并做好审核工作，经班级、学院评审小组审核无异议后在学院内公示三天，按照文件规定时间将相关材料提交至学工处（部）。

（3）学工处（部）及评审小组复查。学工处（部）复查二级学院上交材料，并将审核结果提交至评审小组开会讨论。

（4）学校公示及表彰。评审小组开会讨论无异议后，由学工处（部）在全校范围内将名单公示 3 天，公示期结束后由学校发文表彰。

优秀毕业生评选办法

为表彰优秀、鼓励先进，为全校学生树立典型榜样，全面贯彻十六字人才培养目标，根据学校研究决定，制定本办法。

一、评选范围

（1）评选范围：应届全体本科、专科毕业生。

（2）评选比例：毕业生总人数的 5%。

二、评选条件

（1）参评优秀毕业生的学生应具有坚定正确的政治方向，拥护党和国家的路线、方针、政策；自觉遵守国家法律法规、高等学校学生行为准则和学校规章制度；在校期间未受过任何纪律处分。

（2）学习勤奋，热爱所学专业，学习成绩优异，在校期间各年度综合素质测评排名均在班级前 30%；或者专科生参加专升本考试被录取的，本科生参加研究生考试被录取的，本、专科生被录取公务员、事业编或高质量就业创业的。

（3）本科生在校期间曾获得三好学生、优秀学生干部、优秀团员、优秀团干部、国家奖学金、国家励志奖学金等校级及以上荣誉称号 3 次及以上的，专科生 2 次及以上的，专升本学生 1 次及以上的。

（4）在校毕业德育答辩成绩在班级前 20%。

（5）积极参加各类体育活动，在校期间体育成绩良好。

（6）树立正确的就业择业观，在就业过程中，积极响应党和政府号召，到祖国最需要的地方。

三、评选办法及程序

（1）传达部署。学工处（部）下发优秀毕业生评选工作的通知后，按照通知要求成立校级评审小组；各学院在认真学习传达评选通知及本办法的基础上，在 3 个工作日内完成全院范围内的宣传，同时成立学院、班级两级评议小组。

（2）个人申报。学生按照通知的相关要求向班级评议小组提交评审材料。

（3）班级评议。班级评议小组根据评选条件，按照公开、公正的原则，选出候选人提交学院审核。

（4）学院评审。学院评审小组按照评选比例、评选条件确定人员，并利用所辖宣传阵地及网络新媒体将名单公示 3 天，同时公布监督电话，广泛听取意见，接受监督。

（5）学工处（部）审核。学院公示无异议后，学院撰写评审报告，将汇总表及评审报告一并报学工处（部）审批备案，学工处（部）根据评选条件进行审核，并按照通知要求进行学院层面的材料整理归档。

（6）学校审定表彰。学校评议小组根据各二级学院提交的材料，严格按照通知要求进行审核，审核无误后公示 3 天，公示无异议则对应届优秀毕业生进行表彰。

CHAPTER 17 行为管理规定

学生日常管理规定

为维护学校正常教学、管理和生活秩序，保障学生身心健康，促进学生德、智、体、美全面发展，引导学生自我管理、自我教育、自我服务，使广大学生成为“政治合格，身心健康、理论到位、技能实在”的合格人才，根据《高等学校学生行为准则》和《普通高等学校学生管理规定》等有关文件精神，结合学校实际，特制定本规定：

一、指导原则

学校、学生应当共同维护校园正常秩序，保障学校环境安全、稳定，保障学生的正常学习和生活。学校建立和完善学生参与管理的组织形式，支持和保障学生依法、依章程参与学校管理。学生通过自我管理、自我教育、自我服务和自我监督，促使良好校风、学风的形成。

二、校园行为管理

（1）践行社会主义核心价值观，自觉遵守公民道德规范。爱国守法、明礼诚信、团结友善、勤俭自强、敬业奉献。面向世界，了解国情，确立在中国共产党领导下走社会主义道路实现中华民族伟大复兴的共同理想和坚定信念，努力成为有理想、有道德、有文化、有纪律的社会主义新人。

（2）学生要加强自我修养，维护大学生形象。诚实守信，严于律己。履约践诺，知行合一；遵从学术规范，坚守学术道德，不作弊，不剽窃；自尊自爱，自省自律；文明使用互联网；自觉抵制黄、赌、毒等诱惑。明礼修身，团结友爱。弘扬传统美德，遵守社会公德，男女交往文明；关心集体，爱护公物，热心公益；尊敬师长，友爱同学，团结合作；仪表整洁，待人礼貌；豁达宽容，积极向上。

（3）自觉维护国家安全和平统一，弘扬民族精神，维护国家利益和民族团结。培养同人民群众的深厚感情，正确处理国家、集体和个人三者利益关系，增强社会责任感，甘愿为祖国为人民奉献。

（4）自觉维护校园绿化、美化、净化、文化环境。爱护公共财物，爱护学校的一草一木，努力创造和维护文明、整洁、优美安全的学习和生活环境。不折花，不践踏草坪、不乱扔垃圾，不随意张贴小广告，不推销商品。

三、课堂管理

（1）学生必须按时上课，严格课堂考勤纪律，一般应提前五分钟到达上课教室。不迟到、早退或旷课，因病、因事不能听课者事先请假，及时办理请销假。

（2）学生言行举止应符合高等学校学生行为准则。衣着应整洁得体，不得穿背心、低胸吊带上衣超短裙、非制式短裤等过于暴露的服装进入教室；不穿拖鞋或赤脚进入教室；不在教室内吸烟和将食物带进教室；不在正常上课期间睡觉或谈笑喧哗。

（3）学生应自觉遵守课堂纪律，关闭手机等通信及娱乐设备，保持教室安静，不做与上课无关的事情。学生有特殊情况需中途出入教室时须取得教师的同意。如使用手机及通信设备进行答题，应控制使用时间，用完后及时关闭。

（4）学生在课堂上应尊重教师，回答问题时应起立。上课过程中，学生不得随意打断教师的讲授，确需提问题时，应在座位举手示意，经教师同意后，方可起立提问。

（5）课前和课间休息时，学生要轮流值日擦拭黑板，保持黑板清洁。学生应保持教室内清洁卫生，不准随地吐痰、乱扔纸屑和废弃物等。

（6）学生必须爱护教室内各类教学设施，不挪动、损坏教学设施，不在课桌椅、墙壁等教学设施上涂画、张贴。

四、宿舍管理

（1）遵守《南昌工学院学生宿舍管理规定》，严格执行作息时间、宿舍实行宿舍长负责制，宿舍内不准大声喧哗，不准打闹、嬉戏，不说不文明的话，舍员之间要互相帮助，搞好团结，不得在宿舍里进行妨碍他人学习、休息的活动；不得留宿他人；不得私自夜不归宿和在外租房住宿。

（2）遵守《南昌工学院学生宿舍“十不准”》文件要求，不在宿舍内乱接电线，使用电炉、煤油炉等；不携带和存留匕首及其他管制器械。

（3）遵守《南昌工学院宿舍环境卫生评比办法》，爱护宿舍卫生，坚持宿舍卫生值班制度，接受学校卫生检查和考核。

五、网络行为管理

（1）遵守国家关于网络使用的有关规定，自觉强化自律精神和责任意识，自觉遵守网络道德，要利用网络的交互性和易参与性实现自我管理、自我教育、自我服务和自我发展。

（2）正确运用网络资源，不沉溺于网络游戏，增强自我保护意识，避免个人信息外泄，保障自身合法权益。

六、附则

（1）本规定由学工处（部）负责解释。

（2）本规定自 2017 年 9 月 1 日起施行。

“第二课堂成绩单”制度积分计量与认定办法

为深入学习贯彻习近平新时代中国特色社会主义思想，全面落实《关于加强和改进新形势下高校思想政治工作的意见》，不断完善学校人才培养体系，深化教育教学改革，提高人才培养质量，根据《南昌工学院“第二课堂成绩单”制度工作实施方案》，特制定本办法。

一、积分认定内容

按照学生在校期间的成长认知规律，结合学生成长成才特征，学校人才培养以不同的目标作为引领，指引学生德、智、体、美、劳全面发展。从思想成长、创新实践、志愿公益、文体活动、工作履历、其他（专题讲座）等六个模块进行培养与考核。

具体内容如下：

第二课堂活动按照“学生为本、五育并举、提质升级、重点突破”原则，第二课堂重点项目的活动积分参照“第二课堂重点项目设置一览表”进行积分认定发放；其他第二课堂活动不作积分计入，只作记录式评价体现在第二课堂成绩单。

二、学分认定标准

学生各级各类活动按照积分计入，具体活动定级标准如下：

（1）国家级活动是指由国务院各部（委）、团中央、教育部主办的活动。

（2）国家级各社会团体举办的活动，原则上作为省级活动认证。

（3）省级活动是指由江西省各厅（委）、团省委、教育厅各有关部门等主办的活动。

（4）省级各社会团体举办的活动，原则上作为市级活动认证；市级政府及主要党政部门和团市委主办的活动按市级活动认证。

（5）市级各社会团体举办的活动，原则上作为校级活动认证。

（6）学生参加活动的级别认定以实际举办单位（表彰单位）所属级别为准。

（7）凡带有商业性质的评比竞赛活动，一律不予认证。

三、认定说明及要求

学生“第二课堂成绩单”成绩以学年为认定期限，各级各类活动组织实施获得积分按照具体情况实现动态积分累积，其他类型积分需在每学年 9 月开学两周内完成认定、审核、公示、备案。毕业班学生“第二课堂成绩单”须在毕业班的第二学期开学两个月内完成认定、审核、公示、备案。毕业前一个月，在“第二课堂成绩单”上加盖公章，装入学生档案。

学生须完成相应“第二课堂成绩单”工作方可参加学年评奖评优、推优入党等。“第二课堂成绩单”成绩优秀学生，按照一定比例，分类别授予相应荣誉称号。

“第二课堂成绩单”制度实施工作中，针对弄虚作假获得学分的学生，经委员会查实认定，取消其相应项目积分；针对违规操作项目的学生组织、个人，经委员会查实认定，取消该组织的活动组织权，追究负责人责任，并根据学生管理相关规定协同学工处（部）对相应个人予以处分。

本办法解释权归“第二课堂成绩单”办公室。凡本办法中未涉及的，但需要予以确认积分的项目，需上报“第二课堂成绩单”办公室审核通过立项并备案。

学生请销假制度

（1）学生在校学习期间，因病、因事、因公不能参加学校的教育教学活动，需办理书面请假手续，否则按旷课论处。

（2）学生因病请假，必须持有学校医院或二级以上医院诊断书方可办理请假手续。病假三天以内的，由所在学院辅导员批准；病假在三天以上至两周以内的，经辅导员同意后报学院主管领导批准；病假两周以上至一个月以内的，由辅导员报学院主管领导签署意见后，报学工处（部）批准；病假超过一个月，需经学院主管领导签署意见后报学工处（部），由学工处（部）呈报校主管领导批准，并转教务处备案。

病假超过或累计超过一学期总学时的三分之一者，应办理休学手续。

（3）学生因事请假应从严控制，确需请假的，本人要提出书面申请，并附有能证明请假理由的材料。

事假三天以内的，由所在学院辅导员批准；事假在三天以上至一周以内的，经辅导员同意后报学院主管领导批准；事假一周以上至两周以内的，由辅导员报学院主管领导签署意见后，报学工处（部）批准；事假两周以上，需经学院主管领导签署意见后报学工处（部），由学工处（部）呈报校主管领导批准，并转教务处备案。

事假超过或累计超过一学期总学时的三分之一者，不予准假。

（4）学生因公请假，由组织单位依据参赛文件或上级通知提出申请并签署意见，学生所在学院分管学生工作领导会签，报组织单位的分管领导批准后，报备学工处（部）和教务处。学生将批准函复印件交给辅导员和班长办理请假手续，否则视为旷课。

（5）学生因急病、急事来不及事先请假者，必须持有关证明办理补假手续，否则视为旷课。

（6）学生请假期满，因故仍不能到校上课或参加活动，必须在原批准假期结束前持有关证明，办理续假手续，否则视为旷课。

（7）学生请假期间如果适逢公休日（包括法定节假日）应连续计算。

（8）凡不办理请假手续或请假未获准擅自离校者，所产生的一切后果由本人承担。

（9）学生日常考勤由辅导员及各班班长负责。请假由辅导员填写准假通知书，请假者本人持准假通知书报告班长及有关任课教师。请假期满须及时到辅导员处销假，如不按时销假者，视为旷课。

（10）各班班长应认真掌握本班学生出勤情况，并将月考勤表及时上报辅导员。辅导员每月将考勤表报送学院办公室备案，由学院办公室汇总后留存备查。每逢节假日前后，各学院需将学生擅自离校旷课情况及时报送学工处（部）。

（11）本制度由学工处（部）负责解释。

学生一日生活制度

（1）起床。听到广播响，每个学生都应按时起床。

（2）整理内务和洗漱。起床后，各宿舍长督促本室人员按统一规范整理内务，然后进行洗漱，值日同学认真搞好寝室卫生，各班班长和生活委员要及时检查或抽查本班寝室的内务整理和卫生清扫情况，并做好记录。

（3）早读。学生洗漱完毕，应抓紧时间在室内外早读。

（4）早锻炼。全校同学须按时参加早锻炼，锻炼方式自行确定（跑步、爬山、做操以及其他方式均可），各学院各班要认真组织并做好登记，对无故不参加早锻炼者须进行批评教育，对多次不参加者给予通报批评或纪律处分。

（5）早餐。早锻炼后及时到食堂就餐，严禁在教室用餐或课间外出用餐。

（6）上课。早餐后按时到教室上课，遵守课堂有关规则。班长及任课教师要做好考勤记录，教务处每天检查各班上课情况。

（7）午睡。各宿舍值日同学和宿舍长督促本宿舍人员午睡，不能入睡者应保持安静，不做影响他人午睡的事。

（8）课外活动。课外活动在规定的时间进行，班、团干部应认真组织，接受二级学院有关部门的指导。

（9）收看新闻节目。收看新闻节目是学生学习了解国内外重要时事的时间，学生应积极到公共收视点收看。

（10）自习。自习（包括下午自习和晚自习）时间，学生到教室或图书馆自习，并自觉遵守教室和图书馆的有关规定，保持安静，不得外出游玩、闲逛。

（11）就寝。熄灯后，学生应按时就寝，保持安静。各宿舍值日同学和室长要清点人数，对晚归者要查明原因，做好记录。各二级学院组织辅导员、学生干部及宿舍值班人员要进行检查或抽查，重点检查晚归、外宿、酗酒、熄灯后点蜡烛等，并做好登记和处理。

学生违纪处分实施办法

第一章　总　则

第一条　为了维护学校正常的教学、生活秩序，严肃校风校纪，营造和谐平安校园，培养学生成为有理想、有道德、有文化、有纪律的社会主义现代化建设的合格人才，根据教育部《高等学校学生行为准则》《高等学校校园秩序管理若干规定》和《普通高等学校学生管理规定》，结合南昌工学院实际，特制定本办法。

第二条　本办法适用于南昌工学院在籍本、专科学生。

第三条　学校贯彻依法治校，从严管理、完善管理制度、规范管理行为，对有违法、违规、违纪行为的学生根据性质和认错态度给予批评教育或纪律处分。

第四条　处分违纪学生应遵循“程序正当、证据充足、依据明确、定性准确、处分恰当”的原则，在处分过程中要履行调查制度、告知制度、听证制度、送达制度和申述制度。

第二章　处分等级

第五条　对学生的处分分为通报批评和纪律处分。

通报批评分为下列两种：

（1）二级学院通报批评。

（2）全校通报批评。

纪律处分分为下列五种：

（1）警告。

（2）严重警告。

（3）记过。

（4）留校察看。

（5）开除学籍。

第六条　除开除学籍外，其他四类纪律处分分别设置期限，受处分的学生在期限内有显著进步表现的，可按期解除处分；有立功表现者，可提前申请解除处分；经教育不改或继续犯错者，给予延长处分期限。

第七条　学生有下列情况之一的，可以给予开除学籍处分：

（1）违反宪法，反对四项基本原则、破坏安定团结、扰乱社会秩序的。

（2）触犯国家刑律，构成刑事犯罪的。

（3）违反治安管理规定受到处罚，情节严重，性质恶劣的。

（4）代替他人或者让他人代替自己参加考试、组织作弊、使用通信设备作弊或其他器材作弊、向他人出售考试试题或答案牟取利益，以及其他严重作弊或扰乱考试秩序行为的。

（5）学位论文、公开发表的研究成果存在抄袭、篡改、伪造等学术不端行为，情节严重的，或者代写论文、买卖论文的。

（6）严重违反学校规定，严重影响学校教育教学秩序、生活秩序以及公共场所管理秩序的：

①酗酒并因此扰乱公共秩序，或借酒滋事，影响恶劣的。

②违反学校规定，一学期累计旷课超过 50 学时的。

③未经批准，组织举行大型集会、游行、示威等活动，造成恶劣影响的。

④宿舍留宿涉案、涉恐等公安机关监控的外来人员的。

（7）侵害其他个人、组织合法权益，造成严重后果的：

①殴打或策划殴打他人致使对方受伤，伤势经法医鉴定为轻微伤甲级以上的。

②参与校内外群体性斗殴事件的主要人员或情节严重者。

③蓄意破坏他人或公共财物，造成重大损失的。

④其他造成严重后果、影响恶劣的。

（8）屡次违反学校规定受到纪律处分，经教育不改的。

第八条　学生有下列情形之一的，可以给予留校察看处分。

（1）鼓动闹事，破坏公共秩序，扰乱教学秩序，但认错态度较好，并有悔改表现的。

（2）一次性偷盗现金或偷盗财物折价 500 ～ 800 元的。

（3）在营业性场所有陪舞、陪唱、陪酒行为，影响极坏的。

（4）使用明火，私拉电线或使用电炉、电热杯、电熨斗、电暖器、热得快及其他电热器具等造成火灾事故的。

（5）聚众赌博或以麻将、扑克牌、游戏机及其他赌具进行赌博，情节严重的。

（6）动手打人或持器械打人，情节恶劣的和唆使他人打架造成严重后果者，或使他人受伤，经法医鉴定为轻微伤乙级的，及对检举人进行威胁或打击报复的。

（7）利用互联网散布谣言、谎报险情、传播淫秽资源或病毒程序，未构成治安处罚，但有一定影响的。

（8）伪造成绩单和其他各类证件的。

（9）一学期累计旷课达 40 学时的。

（10）酗酒达到严重醉酒程度或借酒滋事，情节严重，影响较坏的。

（11）恶意破坏公物，造成学院财产损失 500 ～ 800 元的。

（12）宿舍留宿外来人员的；宿舍留宿外来人员瞒报、不报的。

（13）考试违反以下规定之一的。

①故意销毁试卷、答卷、考试材料者。

②在考试过程中使用通信设备作弊者。

③相互交换试卷、答卷、演算纸者。

④在校级考试中代替他人或者让他人代替自己参加考试者。

⑤通过伪造证件、证明及其他材料获得考试资格或考试成绩者。

⑥以涂改等方式将他人答卷占为己有者。

（14）违反学院其他纪律，情节较重的。

第九条　学生有下列情形之一的，可以给予记过处分。

（1）故意损坏公、私财物，造成损失的。

（2）参与赌博两次以上的。

（3）一次性偷盗现金或财物折价 300～500 元的。

（4）恶意破坏，造成学校财产损失 300～500 元的。

（5）参与打架，造成对方轻微伤乙级以下的。

（6）为各类违纪行为或违纪人员提供伪证的。

（7）未经学院批准，擅自离开宿舍在校内外居住的。

（8）宿舍留宿外来人员瞒报、不报的或不及时报告的；宿舍留宿本校学生的。

（9）有侮辱师长行为，影响较坏的。

（10）一学期累计旷课达 30 学时的。

（11）使用明火、私拉电线或使用违章电器等（电炉、电热杯、电熨斗、电暖器、热得快）造成火灾，造成火警的。

（12）有意撕毁学校张贴布告、通知和宣传物品等情节严重者。

（13）考试违反以下规定之一的：

①抄袭或者协助他人抄袭试题答案及与考试内容相关资料者。

②借故外出在考场外翻看与考试内容相关资料，或与他人交谈有关考试内容，或回考场后带有与考试内容相关材料者。

③传递与考试内容相关资料，用语言、手势或其他动作向他人传递考试内容信息，或者相互核对答案者。

④抢夺、窃取他人试卷、答卷、考试材料者，或者强迫他人为自己抄袭提供方便者。

⑤在答卷上填写与本人身份不符信息者。

⑥计算机上机考试或其他实践环节考核中，抄袭或剽窃他人成果者。

⑦答卷答案雷同者。

（14）在校内外有饮酒行为且已达到酗酒标准的。

（15）违反学校其他纪律，影响较坏的。

第十条 学生有下列情形之一的，可以给予严重警告处分。

（1）一次性偷盗现金或财物折价 100～300 元的。

（2）有侮辱师长行为的，在学生中造成影响的。

（3）打架或参与打架事件的。

（4）在各类评先评优活动中，伪造或谎报申报材料的。

（5）一学期累计旷课达 20 学时的。

（6）擅自携带试卷离开考场的。

（7）违反学校考试纪律但未造成影响的。

（8）隐匿、毁弃或私拆他人邮件的。

（9）携带匕首、三棱刀、弹簧刀等管制刀具进出校园的。

（10）在教室、会场等公共场所起哄闹事、扰乱公共秩序的。

（11）宿舍留宿本校学生瞒报、不报、不及时报告的。

（12）不服从管理人员的管理，并阻碍管理的。

（13）考试违反以下规定之一的：

①在考试过程中查看与考试无关的资料或者手机者。

②用规定以外的笔、纸张，或者在答卷规定以外的位置书写个人信息等，或者在答卷上标记信息者。

③在考场或考试禁止的范围内，喧哗、吸烟或者实施其他影响考场秩序的行为者。

④在考试过程中旁窥、交头接耳、互打暗号或者手势者。

⑤拒绝、妨碍考试工作人员履行管理职责者。

⑥其他考试违纪者，视其情节，给予通报批评、警告或严重警告处分。

⑦事先在座位及周围或者身体等处书写与考试相关内容者。

⑧在监考人员发卷过程中，交换 A、B 卷者。

⑨在闭卷考试时翻看与考试内容相关资料者。

（14）在校内外有 3 次或以上饮酒行为但均未达到酗酒标准的；

（15）违反学校其他纪律，影响较坏者。

第十一条 学生有下列情节之一的，可以给予警告处分。

（1）有小偷小摸行为，一次性偷盗现金或偷盗财物折价 100 元以下的。

（2）破坏园林设施，毁坏树木的。

（3）在校园内随意燃放烟花、鞭炮或摔酒瓶等器皿的。

（4）采取欺骗手段，重复领取学生证或假报家庭住址取得火车票优待资格的。

（5）一学期累计旷课达10学时的。

（6）在同一学期因考试受到两次通报批评的。

（7）在宿舍做饭、烧菜、饲养宠物或被发现使用违禁用电器的。

（8）经常攀爬学校围墙，劝阻无效的。

（9）开口骂人、行为粗野、不遵守作息制度或大声喧哗、播放音乐、弹奏乐器严重影响他人休息和乱扔垃圾者。

（10）考试违反以下规定之一的：

①考试开始信号发出前答题或者考试结束信号发出后继续答题者。

②未经监考人员同意在考试过程中擅自离开考场者。

③私自传、接考试用品者。

④将试卷、答题纸、草稿纸等考试用纸带出考场者。

（11）在校内外有饮酒行为且态度恶劣的。

（12）违反学校其他纪律，造成较坏影响但认错态度较好的。

第三章　减轻和从重处分

第十二条　减轻或免予处分的情况：

（1）情节特别轻微的。

（2）主动承认错误并及时改正。

（3）主动揭发他人违纪行为，对违纪（或犯罪）事件处理有突出贡献的。

（4）受他人威胁或者诱骗的。

（5）积极配合违纪调查和处理，并有贡献的。

（6）有真诚悔改和立功表现的。

第十三条　有下列情况之一的，可以从重一级处分，同时具备多项条款或者情节特别恶劣的，可以给予从重处分：

（1）有较严重后果，造成恶劣影响或者破坏学校声誉的。

（2）违纪后，不承认错误，不交代事实或者作伪证的。

（3）在处理违纪事件中被发现曾违纪隐瞒未报或者未被发现，且情节恶劣的。

（4）教唆或者威胁、诱骗他人违纪的。

（5）违纪者事先有预谋、有策划或伙同他人共同违纪的。

（6）在接受违纪处理过程中，对学校和其他有关人员采取恫吓、威胁的。

（7）在处理违纪事件过程中用钱财或者以其他形式私下解决的。

（8）对检举人、证人或者其他有关人员进行打击报复的。

（9）屡次违反学校规定受到纪律处分，经教育不改的。

第十四条　违反学校纪律除给予处分外还附加下列连带责任：

（1）损坏和破坏公共和私人物品的附加赔偿责任。

（2）打人致伤的赔偿经济损失，承担医疗、医药费用等。

（3）因受纪律处分，在就业或者其他方面受到影响的由其本人承担责任。

（4）对其他本办法没有列举的有连带责任的行为，可按照相似条款进行处理。

第十五条　本办法未列举的其他违纪行为，可按照相似情况进行处理。

第四章　处分权限与程序

第十六条　学生违反学校规定需要给予处分的，由所在二级学院详细记录学生违纪事实并向学生和学生家长发出预处分告知书，学生对处分有异议的，可以于 7 个工作日内向二级学院或学生申诉处理委员会提出申诉。

第十七条　警告、严重警告、记过处分，由学生所在二级学院调查处理，由院务会批准，学院行文，处理结果报学工处（部）备案。

留校察看处分，由学生所在二级学院提供调查材料及处理建议，学工处（部）提出核查意见，由分管学生工作副校长批准处理，学工处（部）发文并存档。

开除学籍处分，由学生所在二级学院提供调查材料，报学工处（部）核实后提出处理意见，经校长办公会议讨论决定，由学校发文并存档。

第十八条　凡学生涉及民事案件、刑事案件、行政案件等情况均由保卫处（部）调查、了解并写出调查报告。调查期间，各二级学院和学工处（部）必须紧密配合保卫处（部）工作，共同协商提出处理意见，并按第十六条规定处分等级和权限处理。

凡学生涉及学籍、考试，违反实验操作规程致使教学设备损坏等，由学生所在二级学院会同教务处及相关管理部门调查后按本实施办法第二章规定处分等级和权限处理。

第十九条　对学生作出处分决定前，所在班辅导员应当告知学生拟处分的事实、理由和依据，并告知学生有进行陈述和申辩的权利，听取陈述和申辩。拟被处理学生或者其代理人提出的事实、理由、证据成立的，应当采纳，并根据相关管理规定重新提出处理意见。

第二十条　处分意见经批准签发后应统一行文，并以学校（院）规范性文件制作出处分决定书，处分决定书应当针对每个被处分的学生分别制订。处分决定书应当载明下列事项：

（1）学生的基本信息（姓名、性别、所属院部、年级、专业、学号等）。

（2）作出处分的事实和依据。

（3）处分的种类、依据、期限。

（4）申诉的途径和期限。

（5）其他必要内容。

第二十一条　学生违纪受警告、严重警告、记过处分，各二级学院在事发后 5 天内完成处理工作；留校察看处分，各二级学院在事发后 6 天内报送调查材料和处理意见，学工处（部）在收到材料后 5 天内将处理决定（通报）发至各学院。开除学籍处分的，各学院在事发后 7 天内将调查材料及处理意见报送学工处（部），学工处（部）在 3 天内进行复核，并将处理意见报送学校党政办，待学校召开校长办公室研究决定。

第二十二条　处分决定（通报）下达后，学生处分决定书由被处分学生所属学院送达学生本人，并要求签收，告知被处分学生提出申诉的权利和期限，同时由学生所属院部通知学生家长。学生拒绝签收的，以留置方式送达；学生离校或直接送达处分决定书确有困难时，通过邮局挂号信件方式送达。邮寄送达应当附有送达回证。通过以上方式无法送达的，利用学校奖惩布告栏、学校网站或新闻媒体公告方式送达，自公告之日起，经过 15 个工作日，即视为送达。

第五章　处分的解除

第二十三条　解除处分申请期限：

（1）受到警告、严重警告处分者从处分决定书下发之日起，需经过满 6 个月的考核期方可申请解除处分。

（2）受到记过处分者，从处分决定书下发之日起，需经过满 9 个月的考核期方可申请解除处分。

（3）受到留校察看处分者，从处分决定书下发之日起，需经过满 12 个月的考核期方可申请解除处分。

第二十四条　解除处分条件：

（1）申请解除处分者必须符合以下基本条件：

①改正错误的态度诚恳，每 3 个月认真撰写思想小结，主动向辅导员汇报思想。

②在考核期间遵守校纪校规，不旷课、迟到，能积极参加学校及学院的各项活动。

（2）解除处分提前的条件：

①处分下发之后，获得一个省级荣誉或以学校名义发表一篇学术论文，可以缩短 1 个月的考核期，荣誉抵充的时长最多不超过原处分考核期的二分之一。

②因毕业或升学，截至 7 月 1 日，考核实际时长 + 荣誉抵充的时长 ≥ 原规定的考核期二分之一，可提前申请解除。

（3）下列情况延期解除或不予解除处分：

①违反国家宪法、法律、法令、法规、治安管理规定受到公安或司法机关处罚者不予解除处分。

②受到两次及以上处分（含已被解除处分）者，需延长处分考核期6个月，时间达到后方可申请解除处分。

③毕业时未满足解除条件，当年不给予解除，来年可凭工作单位的表现证明再申请解除。

第二十五条　解除处分程序：

（1）受处分学生在考核期满后，写出书面申请并填写“南昌工学院申请解除处分审批表”向所在二级学院提出解除处分申请。

（2）学生所在二级学院在接到解除处分申请后的5个工作日内召开会议，听取辅导员汇报受处分学生在考核期内的思想、现实表现和考核报告，审查相关材料，研究并决定提出是否解除处分的意见或建议。

（3）解除处分遵循“谁处分、谁解除”的原则。解除警告、严重警告、记过处分的，由学生本人提出申请，经班级和辅导员推荐，由所在学院召开院务会讨论决定并发文，报学工处（部）备案；解除留校察看处分的，由学生本人提出申请，经班级和辅导员推荐，所在学院院务会讨论同意上报，学工处（部）在3个工作日内审核，报分管学生工作副校长批准，学工处（部）发文并存档。

（4）对于不符合要求的申请者，各决定单位需阐明原因，做出书面回复。学生可在3个月后再次提出申请，但最多只允许申请两次。

第二十六条　学生处分解除后，学生获得表彰，奖励及其他权益，不再受原处分影响。处分及解除处分材料，学校真实完整地归入学校文书档案和学生本人档案。

第六章　附　则

第二十七条　开除学籍的学生，由学校发给学习证明。学生应在接到通知后5个工作日办理离校手续离校。档案由学校退回其家庭所在地，户口应当按照国家相关规定迁回原户籍地或者家庭户籍所在地。

第二十八条　本办法自2022年9月1日起施行，原有相关规定同时废止。

第二十九条　本办法由学工处（部）负责解释。

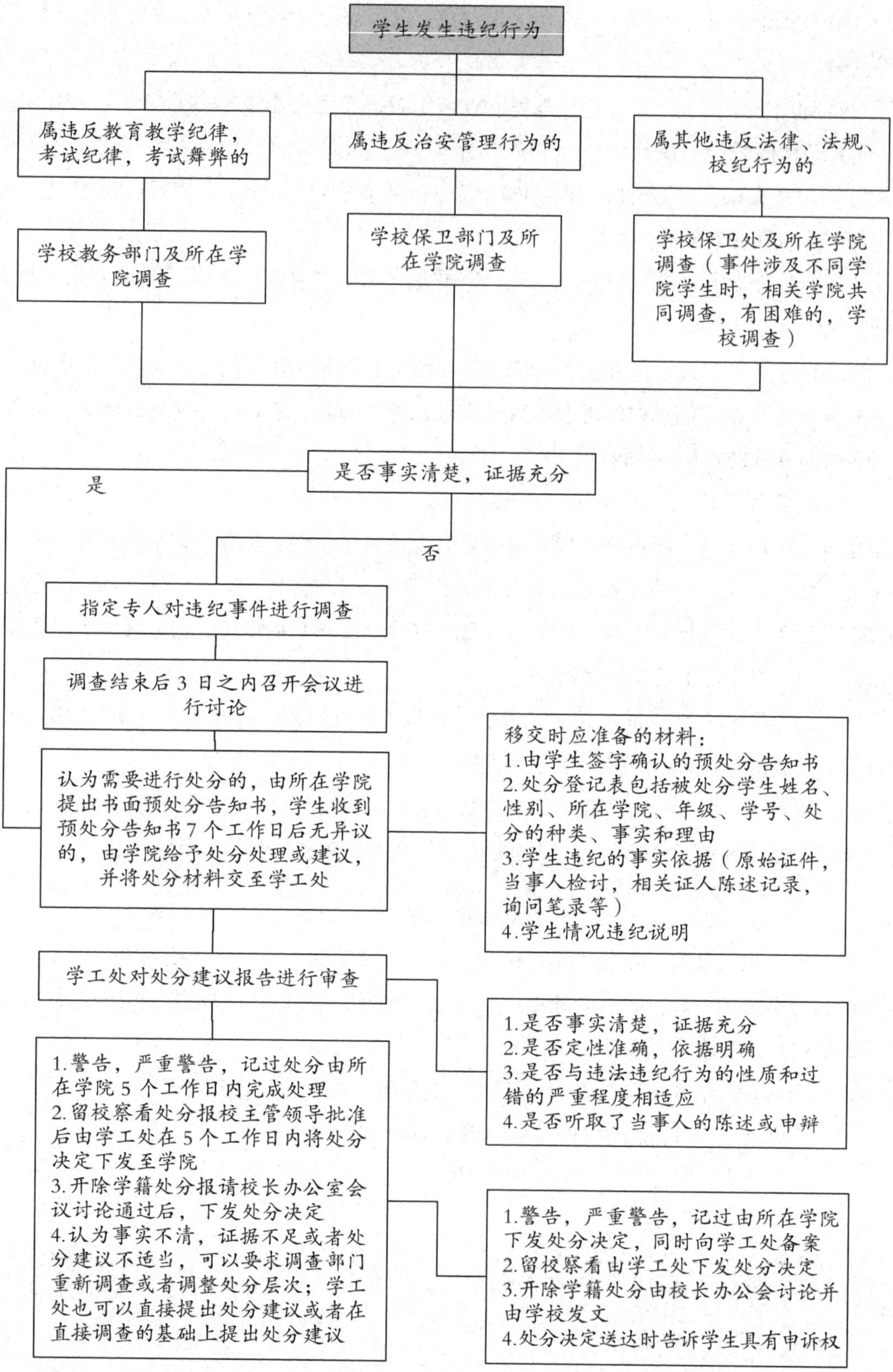

图 17–1　学生纪律处分流程图

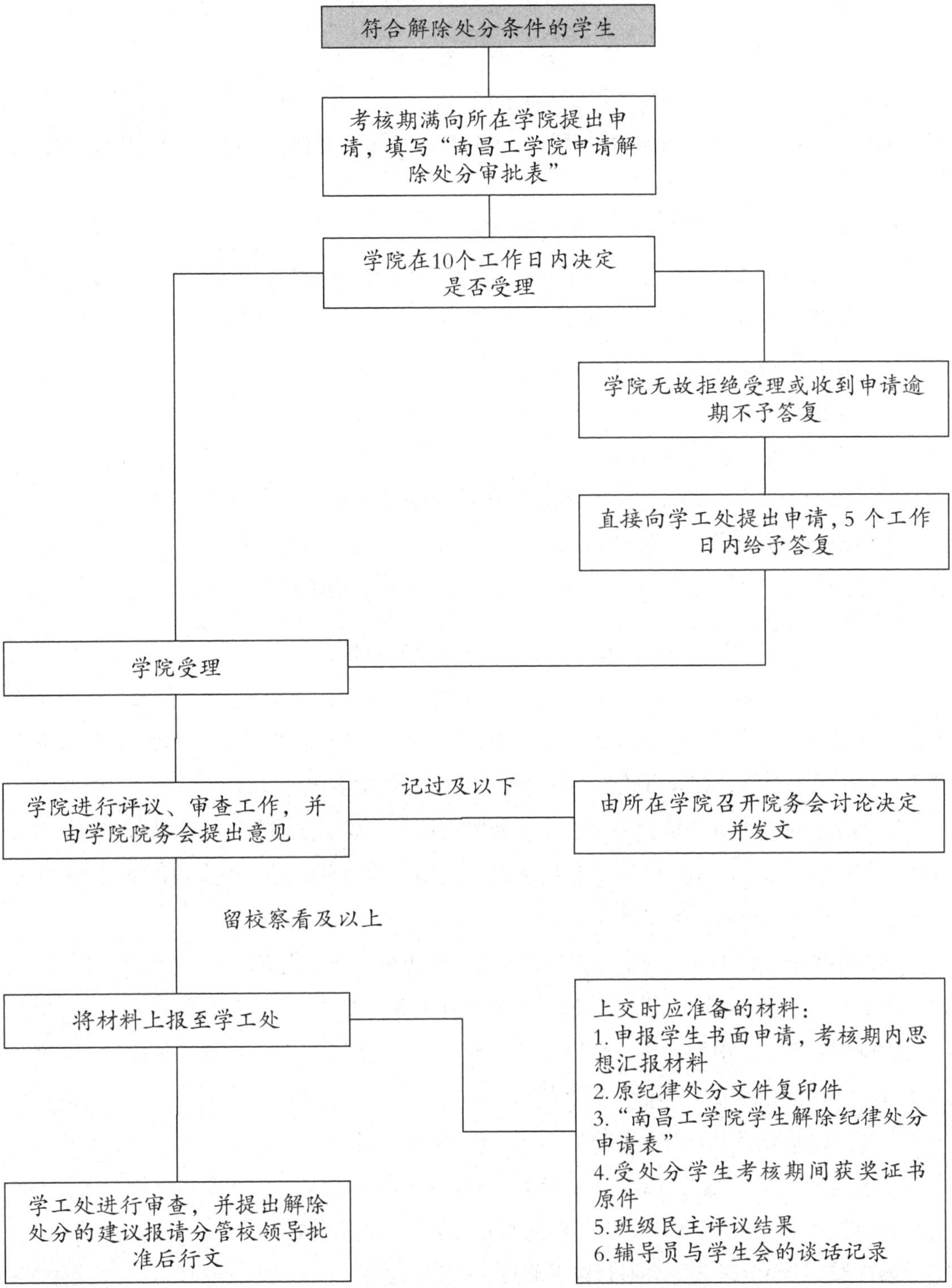

图 17–2　解除学生处分流程图

学生申诉的处理办法

第一章　总　则

第一条　为推进依法治校，促使学校依法行使职权，依法保障学校和学生的合法权益，根据教育部《普通高等学校学生管理规定》和有关法律法规精神，结合本校实际，制定本办法。

第二条　本办法适用于本校全体在籍学生。

第三条　学生认为学校的下列处理、处分侵犯其合法权益的，可以依照本办法申诉：

（1）取消入学资格。

（2）违规、违纪处分。

（3）退学处理。

（4）不颁发毕业证、学位证。

（5）依据相关法律法规、规章可以申诉的其他处理决定。

第四条　学生申诉应遵循实事求是、有法有据、诚实明理的原则。

第五条　处理学生申诉应遵循公正合法、有错必纠、准确恰当的原则。

第二章　申诉处理的机构

第六条　学校成立南昌工学院学生申诉处理委员会（以下简称“申诉处理委员会”）。申诉处理委员会为受理学生申诉的常设机构，负责学生申诉案件的复查处理工作。申诉处理委员会下设办公室，挂靠行政督察办公室，负责处理学生申诉日常事务。

第七条　申诉处理委员会委员由学校相关负责人、职能部门负责人、教师代表、学生代表、负责法律事务的相关机构负责人等 11 人组成。申诉处理委员会设常任委员和临时委员，鉴于申诉回避机制，每起申诉事件具体执行委员由学校发文委任。

学校相关负责人 1 人，由常务副校长作为常任委员，担任主任。

职能部门代表 3 人，由学工处（部）、团委和教务处主要负责人担任常任委员。

教师代表 3 人，由法律专业教研室、思想政治教育教研室骨干担任常任委员，随机选举 1 名非申诉人所在学院的辅导员担任临时委员。

负责法律事务的相关机构负责人 1 人，担任常任委员。

学生代表 3 人，从学生会干部中产生。每起申诉被受理后，由团委提供符合条件的学生名单，申诉处理委员会办公室以随机抽取方式选定 3 人担任临时委员。

第八条　申诉处理委员会履行以下职责：

（1）受理学生申诉。

（2）向有关部门、单位和人员调查取证，查阅文件和资料。

（3）就学生申诉的事实、证据、处理程序和适用法纪等进行审查，提出处理意见。

第九条　申诉处理委员会委员有下列情形之一的，应当自行回避，申诉人和申诉处理委员会也有权要求其回避：

（1）申诉人所在学院的师生。

（2）与申诉人有利害关系的人员。

（3）申诉人的近亲属。

（4）其他可能影响公正的人员。

（5）当事人提出其他正当回避理由的。

回避决定应当在提出回避申请之日起 3 日内由申诉处理委员会作出，并及时通知提出回避的申请人。

本条规定适用于处理学生申诉的听证活动。

第十条　申诉处理委员会委员应当坚持原则，秉公办事，严谨审慎，遵守工作纪律，保守工作秘密。

第十一条　学校各部门有责任对申诉处理委员会的调查处理工作予以协助和配合。

第三章　申诉的受理

第十二条　学生对学校的处理或者处分决定有异议的，应当在接到学校处理或者处分决定书之日起 10 个工作日内向申诉处理委员会提出书面申诉。

逾期申诉的，除有不可抗力或其他正当事由外，不予受理。

申诉人因不可抗力或其他正当事由错过申诉期限的，应当在障碍消失后 2 个工作日内，向申诉处理委员会说明事由并提交相关证明材料。经核查属实的，可视为在规定期限内提出的申诉，申诉处理委员会作出复查结论的期限相应顺延。

第十三条　申诉受理的条件：

（1）申诉人必须是受处理的学生本人，若学生因故不能亲自申诉，可以委托代理人提出和参与申诉。每个学生可以委托 1 ～ 2 人代理申诉。委托他人代理申诉的，应当向申诉委员会提交授权委托书。

（2）申诉必须以书面方式提出，且书面形式符合本办法要求。

第十四条　申诉存在以下情形之一的，不予受理：

（1）申诉事项不属于规定的受理范围。

（2）超过申诉期限，且无正当理由。

（3）对已经作出复查结论的同一事项重复申诉。

（4）申诉事项已向上级主管部门申诉或司法机关起诉。

（5）已撤回申诉，又无正当理由再申诉。

（6）由他人代理的申诉，其代理人不符合本办法要求。

第十五条　学生申诉时，须递交申诉书和有关证据。申诉书应载明下列内容：

（1）申诉人的基本情况（姓名、性别、院系、班级、专业、学号、联系方式等）。

（2）申诉的诉求。

（3）支持申诉人诉求的事实、证据和理由。

（4）申诉人签名及申诉日期。

第十六条　申诉处理委员会接到申诉书后，应立即对申诉人的资格和申诉条件进行审查，并在5个工作日内根据不同情况作出以下处理：

（1）对符合申诉条件的予以受理，同时告知申诉人。

（2）对不符合申诉条件的，向申诉人作出不予受理的书面答复。

（3）对申诉材料不齐备的，通知申诉人在3日内补齐。逾期不补齐的，视为撤回申诉。

第十七条　申诉人可以撤回申诉，撤诉应以书面形式提出。

第四章　申诉的处理

第十八条　对决定受理的申诉，申诉处理委员会应在2个工作日内将申诉书副本送达原处理部门。

原处理部门应自收到申诉书副本之日起3个工作日内向申诉处理委员会提交包括原处理的依据和其他相关材料的书面回复。

第十九条　申诉审理一般采取书面方式。实行书面审理的，也应对当事人进行询问查证。审理不服开除学籍处分的申诉，可以采取听证的方式进行调查。

第二十条　申诉处理委员会会议应有不少于三分之二的委员（其中学生代表不得少于2名）出席方为有效，申诉处理意见必须获得超过出席会议的二分之一委员的同意方为有效。

委员因故不能出席会议时，不得委托他人代理。

第二十一条　申诉处理委员会按以下程序和方式复查原处理决定：

（1）提取原处理形成的全部材料，依据政策法纪予以审查。

（2）对申诉人进行询问查证，听取其申辩。

（3）听取原处理部门负责人、经办人及其他相关人员的说明。

（4）对申诉提出的新线索、新情况予以核实查证。

（5）受开除学籍处分的学生要求进行听证的，应当举行听证会。

（6）召开申诉处理委员会会议，讨论并作出复查决定或提出其他处理意见。

第二十二条　申诉处理委员会对受理的申诉，应当根据调查的结果作出复查决定。在讨论时如果委员意见不一致，应实行投票表决，按少数服从多数的原则作出决定。

第二十三条　申诉处理委员会根据以下不同情况，作出相应处理：

（1）原处理决定正确的，予以维持。

（2）原处理决定证据不足的，通知原处理部门做补充调查并重新作出处理决定。

（3）原处理决定错误或明显不当应予纠正的，作出变更原处理的决定或提出变更建议。其中，对应当变更留校察看以下处分的，直接作出决定；对应当变更取消入学资格、退学处理、开除学籍处分或不颁发毕业证、学位证的，提出建议，由校长办公会议研究决定。

申诉处理委员会变更留校察看以下处分的决定，以学校名义行文，为学校的最终决定。

第二十四条　学生申诉处理委员会对学生提出的申诉进行复查，并在接到书面申诉之日起 15 日内作出复查结论并告知申诉人。情况复杂不能在规定期限内作出结论的，经学校负责人批准，可延长 15 日。学生申诉处理委员会认为必要的，可以建议学校暂缓执行有关决定。

学生申诉处理委员会经复查，认为作出处理或者处分的事实、依据、程序等存在不当，可以作出建议撤销或变更的复查意见，要求相关职能部门予以研究，重新提交校长办公会或者专门会议作出决定。

第二十五条　申诉处理委员会复查结束后，应当制作复查决定书。复查决定书应当载明下列内容：

（1）申诉人的基本情况。

（2）原处理机关的名称，原处理决定认定的事实、理由及适用的依据。

（3）申诉的事项、理由及要求。

（4）申诉处理委员会认定的事实、理由及适用的依据。

（5）复查决定。

（6）复查决定的日期。

（7）申诉人不服复查决定时向主管机关申诉的途径和期限。

第二十六条　申诉处理委员会应当在复查结束后 5 个工作日内将复查决定书送达申诉人和原处理部门，并抄报相关部门。送达应当直接送达。直接送达有困难的，可以采取委托送达、邮寄送达、留置送达。申诉人下落不明或以上方式不能送达的采取公告送达。

第二十七条　各部门不得因学生申诉而加重对学生的处理。在学生申诉期间，原处理决定不停止执行；但退学处理或开除学籍处分决定在申诉被受理期间应暂停执行。

第二十八条　申诉人对申诉复查决定或新的处理决定仍有异议的，在接到申诉复查决定书或新的处理决定之日起 15 个工作日内，可以向江西省教育厅书面申诉。

第五章　相关责任

第二十九条　对学生处理错误的，应当及时纠正；造成名誉损害的，应予恢复名誉，消除影响，赔礼道歉；造成经济损失的，应予经济赔偿。

第三十条　原处理部门处理错误，且不按复查决定予以纠正，或者对申诉学生打击报复的，学校依纪追究直接责任者和负责人的责任。

第三十一条　学生申诉捏造事实、弄虚作假、诬陷他人的，学校依纪追究其责任；给他人造成名誉损害的，应当赔礼道歉；给学校和他人造成经济损失的，应予经济赔偿。

第六章　附　则

第三十二条　本办法自 2017 年 9 月 1 日起施行，原有相关规定同时废止。

第三十三条　本办法由南昌工学院学生申诉处理委员会办公室负责解释。

关于禁止学生私自到江河湖塘游泳的规定

为了贯彻落实上级有关加强师生安全防范的指示精神，避免发生学生私自到江河湖塘游泳造成的溺水死亡事故，确保学生生命安全，特做出如下规定：

1. 禁止学生私自到江河湖塘去游泳或洗澡。

2. 凡学生私自到江河湖塘去游泳或洗澡，一经发现，一律以违纪论处，给予纪律处分。

3. 学生私自到江河湖塘去游泳或洗澡，发生意外人身伤亡事故，按中华人民共和国教育部令第 12 号《学生伤害事故处理办法》第 13 条处理。

4. 各二级学院领导和辅导员要切实加强对学生的安全教育，做好防范措施，以避免意外伤亡事故发生，确保学生的人身安全。

关于禁止学生酗酒的规定

第一章　总　则

第一条　为维护正常校园秩序，保障学生身体健康，营造良好学风和校风，依据教育部《普通高等学校学生管理规定》和《关于禁止高等学校学生酗酒的通知》等文件精神，结合《南昌工学院学生违纪处分实施办法》和《南昌工学院学生宿舍管理规定》的相关规定和南昌工学院实际情况，特制定本规定。

第二条　本规定适用于在校所有学生。

第二章　安全教育与管理

第三条　全校各教职员工应将对学生进行安全教育作为一项经常性工作，各相关部门要相互配合、积极开展安全教育、普及安全知识，增强学生的安全意识和法治观念。

各二级学院（部）应有针对性地加强学生的思想教育，告知学生饮酒危害，不饮酒、不酗酒，教育引导学生自觉遵守学校规章制度。

第四条　校园内超市、商店、食堂和饮食摊点严禁向学生出售各种酒类（包括白酒、啤酒和红酒等），禁止宿舍经商，更不允许违规售卖酒类。

第五条　严禁学生将酒类（包括白酒、啤酒和红酒等）带入学生宿舍，一经发现除没收其所带酒类外，视为酗酒情节处理。

第三章　判定标准与方法

第六条　学校统一采购酒精测量仪，学工处（部）和各二级学院（部）配备一台测量仪用于饮酒学生的检测。

第七条　饮酒和酗酒判定标准如下：

（1）血液中的酒精含量大于或者等于 20mg/100mL、小于 80mg/100mL 的行为为饮酒行为。

（2）血液中的酒精含量大于或者等于 80mg/100mL 的行为为酗酒行为。

第八条　以下情况一律视为酗酒：

（1）22 时 30 分后在校内外饮酒被当场发现或被举报经查证属实的。

（2）饮酒后参加学校规定的教学活动的。

（3）在宿舍内发现（经查实）留有啤酒以外的其他酒瓶的或 5 瓶及以上啤酒酒瓶的。

（4）酒后言行失态的或酒后身体发生异常反应送往就医的。

（5）酒后滋事者。

第四章　处罚与责任追究

第九条　在学生宿舍内发现酒类而无人承认的，一律按本规定追究该宿舍内的学生党员、学生干部、宿舍长和其他成员的责任。

第十条　对饮酒学生，参照《南昌工学院学生违纪处分实施办法》相关规定，视情节轻重给予以下相应的处分：

（1）在校内外有饮酒行为，但未达到酗酒程度，可视学生态度给予批评教育或警告处分。学生态度端正者，第 1 次饮酒给予口头批评教育，第 2 次饮酒给予书面通报批评并口头警告。

（2）在校内外有饮酒行为，且已达到酗酒程度，可视学生态度和情节严重程度给予警告至记过处分。

（3）在校内外有饮酒行为三次及以上的，但未达到酗酒程度，可视学生态度和情节严重程度给予严重警告至记过处分。若有一次已达到醉酒（酗酒情况相对严重）程度，可视情节严重程度给予记过至留校察看处分。

（4）在校内外有饮酒行为，且已达到严重醉酒程度或酒后滋事，造成严重影响的，可给予留校察看至开除学籍处分。

第十一条　对违规饮酒的学生实行“五挂钩”制度，即与党员发展、评优评先、学生干部、推荐就业和奖学金评定等挂钩，取消评定资格。

第十二条　对酗酒滋事的学生按照《南昌工学院违纪处分实施办法》之有关条款从严从重处理。

第十三条　饮酒后造成的一切后果由饮酒者本人承担，学校概不负责。饮酒行为触犯法律法规和治安管理处罚法的，由公安司法部门依法依规处置。强制他人饮酒造成伤害事故的，强制者承担经济责任，造成严重后果的，按照法律法规追究相应责任。

第十四条　凡有教职工参与的学生聚餐活动，一律不得饮酒，违反规定造成学生酒后滋事及其他不良后果的，将教职工上报学校给予相关校规校纪处分。学生自发聚餐也应当做到不饮酒、少喝酒、不酗酒，违反规定造成学生酒后滋事及其他不良后果的，对活动组织者和参与者参照本规定给予相应处分。

第十五条　对学生酗酒行为频发，监管不力的班级辅导员，除按规定给予学生处理以外，同时追究辅导员的管理责任。

第十六条　对学生饮酒滋事处置不力的二级学院（部），视情节轻重程度，追究相应责任。

第五章　附　则

第十七条　本规定由学工处（部）负责解释。

第十八条　自 2017 年 11 月 20 日起施行。

重大节假日学生管理暂行办法

为切实做好重大节假日、民族传统节日、网络节日、民间节日、学生生日等特殊时间的学生安全教育管理工作，保证学生的人身和财产安全，维护学校正常的教学秩序，特制定本办法。

一、加强节假日前学生安全教育和安全检查

（1）重大节假日及民族传统节日前，各二级学院（部）要召开学院安全工作会议，布置节假日期间的学生管理工作。各班级要召开安全教育主题班会，教育引导学生要注意人身、交通、财产安全，要向学生重申学校有关安全管理规定：

①宿舍安全管理规定。在宿舍内严禁喝酒、赌博；严禁使用或存放电炉、酒精炉、热得快、电热杯等大功率电热设备；严禁在无人时将任何电器插在电源插座上，严禁私自改变供电线路、私拉电线、乱拉网线等行为，严禁在宿舍内点蜡烛、焚烧杂物、起哄闹事等。

②严格宿舍住宿管理制度。宿舍不得留宿他人，一经发现，责成被留宿者立即离开学生宿舍并追究当事人责任。

③严禁在校内外喝酒。不在任何时间任何地点喝酒，不能以老乡聚会、民族节日、生日聚会、班级聚会等任何借口喝酒。

④严禁到江、河、湖、泊等危险的地方游泳，严禁参加危险的户外活动，如到偏僻、陡峭的地方登山等，严禁乘坐不具备营运资格的车辆。

（2）各二级学院（部）要安排一次宿舍安全大检查，重点检查学生宿舍是否存在使用违禁物品、是否存在其他安全隐患，发现问题要及时整改。

二、严格执行有关工作制度和要求

（1）值班制度。法定节假日期间，学校和各二级学院（部）都要安排专人值班，并加强校内外的检查、巡查。全体学生工作人员要保持手机及值班电话畅通，以便出现问题及时沟通处理。值班人员要按照要求每天深入学生中间了解学生思想状况，动态掌握学生情况，发现问题及时处理，重大问题及时上报。

（2）院部巡查制度。二级学院（部）领导要亲自带队到教室和宿舍进行巡查，对发现的问题要及时处理；辅导员要对所带班级的学生动向做到心中有数，特别对过节学生的动向要严密把控；班团干部、宿舍长要发挥信息员的作用，对出现喝酒、旷课、私自离校等违反学校学生管理规定的情况时要及时制止，同时第一时间报告辅导员。

（3）课堂管理制度。如节日期间有课应保证正常的教学秩序，要加强学生在上课期间的管理，任课教师要做好学生的点名工作，对请假、迟到、旷课的学生要及时跟班级辅导员沟通，辅导员要第一时间了解情况，并采取有效措施，对到课率低的情况要向二级学院（部）领导报告。

（4）集体活动申报制度。各学院在不影响正常教学秩序的前提下，可根据实际情况安排相应的文化、体育等活动，丰富学生的假日生活，但是事先必须按规定填写相应申报材料，向主管部门报告活动方案、行动路线及风险防控，经学校同意后方可实施。活动本着“谁组织、谁负责”的原则实行责任追究制。

（5）学生请销假制度。法定节假日的请销假事项要严格按照平时请销假制度执行，并将外出游玩学生的离校信息告知家长，对未按时返校的学生要及时跟踪联系，确保安全。

三、责任追究

各二级学院（部）要高度重视法定节假日学生的安全教育与管理工作，将其作为常规工作来抓，认真组织落实，确保人员、措施、工作到位。由于工作失误造成安全事故的，将根据学校规定追究相关人员责任；学生违反本规定的，一经查处，将根据学校规定予以通报批评直至纪律处分。

四、附则

本规定自公布之日起施行，由学工处（部）负责解释。

关于民族传统节日开展节庆活动的管理办法

为进一步规范南昌工学院学生在民族传统节日期间开展节庆活动，根据《普通高等学校学生管理规定》和南昌工学院相关规章制度，制定本办法。

（1）南昌工学院尊重各民族风俗习惯，本着“民族平等、从俭节约”的原则，鼓励各民族同学相互尊重，做到节俭、文明、祥和过节。

（2）南昌工学院涉及民族众多，学校原则上不为某一民族学生组织全校性节庆活动。如有必要，各民族学生在本民族重大传统节日期间，可适当有组织地开展一些小型、内容积极向上、丰富多彩的节庆活动。活动的组织应按以下要求执行：

①严格实行活动申报及审批制度。任何节庆活动的开展必须进行申报。以班级组织的活动需经学院批准，以学院组织的活动需经学校批准。各级机构严格审批各活动的申报。经审批同意的活动方可正式开展。

②严密做好活动过程的组织工作。各项活动的开展必须制定详细的实施方案。活动过程必须严格按照实施方案进行，按照“谁组织、谁负责”的原则，严明活动纪律，保证安全有序。对活动的每一个环节，都要精心组织、周密安排，层层落实责任制，做到专人负责，不留空白点。

③活动结束后，活动组织者应及时形成书面总结，送交相关的审批部门。

（3）所有节庆活动须在校内有序地开展，严禁跨校、跨区域组织活动。严禁任何个人出面组织活动。

（4）各民族学生在本民族传统重大传统节日期间，不得影响正常学生生活，学生如需请假，按学校有关部门请销假制度严格执行。

关于加强学生实习安全管理的若干意见（试行）

为切实加强实习（含职业体验、专业实习、顶岗实习、毕业实习、赴校外短期实训、校外专升本或考研培训等）安全管理，保证学生在实习期间的人身、财产安全，根据教育部《普通高等学校学生安全教育及管理暂行规定》《学生伤害事故处理办法》等文件精神，特制定本意见。

一、实习前的安全教育与管理

（一）学校统一组织的实习活动

（1）各学院统一组织学生外出实习，应对实习学生进行专题安全教育，增强学生的法治观念、安全知识、防范技能，并要求学生在申请外出实习时作出安全承诺。

（2）二级学院应会同实习单位制定学生实习工作具体管理办法和安全管理规定、实习学生安全及突发事件应急预案等制度性文件。

（3）二级学院应联合实习单位共同做好岗前安全教育，开展安全防护知识、岗位操作规程教育和培训并进行考核。未经教育培训和未通过考核的学生不得参加实习。

（4）按照教学要求，选好实习教师，院领导要与其进行谈话，强调实习期间安全责任和明确具体任务。

（二）学生外出自主实习

（1）学生选择外出自主实习（含参加专升本或考研培训），需学生本人申请，家长同意，且签订校外实习实训安全责任承诺书。

（2）学院要安排专人作为学生、家长和单位的联系人，并做好记录。

所有外出实习学生的信息要向教务处和学工处（部）备案。

二、校外实习期间的安全管理

（1）赴校外实习的学生要严格遵守实习实训单位的组织纪律，服从实习实训单位的工作安排，按照劳动规程实训，确保劳动安全。若因违反实习纪律和安全规程、要求而造成自身伤害者，由学生本人负责或按实习实训单位的有关规章制度处理；造成他人财产或人身伤害的应由学生本人承担经济和法律责任。

（2）实习单位要加强学生实习实训期间的劳动保护，严格执行《中华人民共和国劳动法》，防止实习中发生意外事故。

（3）实习学生是具有行为能力的社会自然人，实习单位、学院应不断教育、督促学生工作之余要遵守社会公德，增强安全防范意识，提高自我保护能力，告诫学生工作时间以外必须遵守学校安全管理方面的规定，对于一切违法违规的行为由自己承担责任。

（4）学院指定的专人，要对在南昌市自主实习学生一一走访，有条件的话可以到南昌市外进行安全巡视和慰问。

（5）学工处（部）将根据二级学院上报的名单，对外出实习学生门禁系统信息实行冻结。学生实习期间如需提前返校（除学校或学院统一安排返校外），应由学生提出申请，经辅导员核实情况并报请学院同意后，方可入住宿舍。

（6）毕业生返校做毕业设计或留校未外出期间，学院按照在校生的管理要求进行日常管理。

三、安全事故的责任鉴定与处理

（1）学生在校外实习过程中，因实习单位的责任发生事故的，由实习单位承担责任及处理善后工作；因实习学生不遵守纪律或不遵守实习实训单位的规定而发生意外事故，由学生本人承担责任。学生实习属于学校教学的组成部分之一，应为实习学生投保实习责任保险，属于实习责任保险赔付范围的，由承保保险公司按保险合同赔付标准进行赔付。

（2）学生在校外实习实训过程中，因不可避免的原因或自然灾害而发生的事故，其责任鉴定及处理程序，按教育部《学生伤害事故处理办法》相关制度执行。

（3）其他未尽事项，按国家相关规定执行。

学生诚信档案管理办法

第一章　总　则

第一条　为进一步加强和改进大学生思想教育与管理工作，倡导和建立大学生社会信用体系，促进大学生素质全面发展，提高大学生的社会适应能力和竞争力，根据《中共中央、国务院关于进一步加强和改进大学生思想政治教育的意见》《国务院办公厅关于社会信用体系建设的若干意见》《普通高等学校学生管理规定》及其他法律法规，结合学校实际，制定本办法。

第二条　南昌工学院学生诚信档案（以下简称“学生诚信档案”），是记载学生在校期间诚信状况和操行表现的载体，是学校、用人单位以及其他相关单位或部门对学生进行诚信程度评价的重要依据，是学生本人社会诚信档案体系的重要组成部分。学生诚信档案的建立和管理遵循“以人为本、实事求是、客观公正、系统规范”的原则。

第二章　组织机构

第三条　组织领导。

学生诚信档案工作在学校党政统一领导下，成立由学校分管领导、学校相关部门和各二级学院负责人及专职辅导员组成的大学生诚信档案工作领导小组，全面负责学校学生诚信档案建设和管理工作。领导小组办公室设在学工处（部）。

第三章　学生诚信档案基本内容

第四条　学生诚信档案构成。

学生诚信状况手册中包括承诺书和诚信状况登记表。承诺书是南昌工学院学生在校期间自觉履行社会责任和义务，遵守诚实守信的道德规范的慎重承诺。凡南昌工学院学生入学时都必须在诚信承诺书上签字，践行自己的承诺，接受各方监督。诚信状况登记表记载学生每学年的诚信状况和在校期间的操行表现。

第五条　学生诚信状况的主要指标：

（1）学习诚信状况。不抄袭他人作业；撰写论文不剽窃他人成果；不伪造实验数据；遵守考场纪律，自觉抵制各种考场违纪行为；不填报虚假材料、成绩单等。由教务处和二级学院负责。

（2）生活诚信状况。不恶意损坏学校及社会公共设施；不恶意拖欠他人及公共财物；不恶意举报投诉，不打架、不赌博，无其他违反校规校纪、损坏学校名誉及秩序的行为；遵守学校管理规章，不违章用电，不留宿外来人员和进行其他干扰他人正常作息的行为。由学工处（部）、保卫处（部）和二级学院负责。

（3）缴费诚信状况。记录学生每年缴纳学费、住宿费的诚信状况，主要记录是否存在恶意欠费事实。所谓恶意欠费是指具备缴纳学杂费能力，但在学校规定时间内无任何正当理由拒绝缴费；或家庭经济困难但未向学校申请任何助学项目的欠费行为。由财务资产管理处、学工处（部）和二级学院负责。

（4）贷款诚信状况。记录学生从申请国家助学贷款到偿还国家助学贷款过程中的诚信状况，主要包括所提供的个人贷款信息是否真实，有无骗取国家助学贷款的行为；贷款还款是否严格遵守协议和有关规定。由学工处（部）和二级学院负责。

（5）受助诚信状况。记录学生在申请各类资助过程中的诚信状况，主要包括所提供的个人申请信息是否真实；贫困助学金和勤工俭学岗位补贴的使用是否存在不当消费行为。所谓不当消费行为是指将助学金用于购买高档商品和社交性消费。由学工处（部）和二级学院负责。

（6）就业诚信状况。不向用人单位提供虚假成绩单或证明、学术成果证明和资格证书等，不编造虚假班级、社团职务与社会实践经历；慎重签署劳动就业合同，不恶意违约，做诚实守信的毕业生。由招生就业处和二级学院负责。

（7）上网诚信状况。记录学生上网时的行为表现，主要包括是否有散布、传播恶意攻击性信息、虚假信息或中伤他人、制造事端的行为。由信息中心、党委宣传部和二级学院负责。

第四章　学生诚信档案的建立

第六条　学生诚信档案的建立：

（1）学生诚信档案从入学报到之日起建立，到学生毕业离校时结束。

（2）学生诚信档案的记载工作由二级学院负责。各二级学院根据相关部门提供的有关学生诚信方面已认定的事实依据，记录学生每学年的诚信状况。诚信档案的记录工作在每学年第二学期的最后一个月进行。学院对学生每学年的诚信记录要告知学生本人，学生对个人的诚信记录存在异议的，可以向学院提出书面申请。学院要根据实际情况进行处理，并将处理结果及时告知学生本人。学院要按规定如实填写学生诚信档案，注意档案保护，禁止任何人私自涂改、污损、摘抄、复制学生诚信档案。

（3）学生离校前，二级学院要将《南昌工学院学生诚信状况手册》内学生在校期间操行表现记录完整，并装入学生档案。

（4）对于有不诚信行为能知错就改的学生，可根据该生在本学年期间的综合表现，经本人提出申请，二级学院学生工作领导小组评议，报学工处（部）批准，酌情修订该生本学年的《南昌工学院学生诚信状况手册》。

第五章　学生诚信档案的使用

第七条　学生诚信档案的使用：

（1）学生诚信档案纳入学生个人档案，主要供各有关部门、用人单位考查学生道德品质和诚信守法状况时使用。各有关部门和学院对学生的诚信档案信息应合理、客观、公正使用，对个人隐私负有保密义务。

（2）学校有权在学生评优、入党、资助、就业推荐时把诚信档案作为重要考评依据。

第六章　附　则

第八条　本办法适用于南昌工学院全日制在校学生。

第九条　本办法自公布之日起实施，由学工处（部）负责解释。

学生欠费管理办法（试行）

第一章　总　则

第一条　为了规范学生欠费管理工作，维护学校正常教育教学秩序，根据《中华人民共和国高等教育法》第五十四条“高等学校的学生应当按照国家规定缴纳学费”，《普通高等学校学生管理规定》第十二条“每学期开学时，学生应当按学校规定办理注册手续。不能如期注册的，应当履行暂缓注册手续。未按学校规定缴纳学费或者有其他不符合注册条件的，不予注册。家庭经济困难的学生可以申请助学贷款或者其他形式资助，办理有关手续后注册”等规定，制定本管理办法。

第二条　本办法所称欠费学生是指在南昌工学院就读的普通本科生（含专升本）、专科生、继续教育未按规定缴费的学生。

第二章　欠费性质认定

第三条　各二级学院和财务资产管理处、学工处（部）等有关职能部门应相互配合，准确区分学生无力缴纳和无故欠费两种不同情况，采取不同措施，做好收费工作。

第四条 凡有下列情形之一，视为无故欠费：

（1）在规定时间内未提交缓交申请。

（2）不符合缓交条件，申请被退回的。

（3）已获准缓交，但在缓交期限内既不申请国家助学贷款，又不通过其他方式缴费，缓交期限已到仍未能交清欠费的。

（4）缓缴期限已到仍未缴清欠费且未获延期的。

（5）学校认定的其他情形。

第三章 缓交申请程序

第五条 每学年开学报到时，家庭经济困难学生凭相关困难证明材料和缓缴学费书面材料申请。

（1）开学后2个工作日内，申请学生自行到学工处（部）网站下载“南昌工学院学生学费缓交申请表”。

（2）辅导员初审。

（3）二级学院审核签署意见。

（4）分管校领导审批。

（5）报送财务资产管理处备案。

第六条 原则上缓缴期限最长6个月。

第四章 欠费处理措施

第七条 无故欠费的，学校将视其情节，采取以下处理办法：

（1）不予注册，不得参加学校教育教学活动，不得使用学校教育教学资源，欠费学年不能取得学业成绩、实习实践成绩和学籍记录。

（2）在缓缴期限内既不申请国家助学贷款、又没有通过其他方式缴清欠费的，除了按上述第一项处理外，还不得享受勤工助学、困难补助等一切帮困助学措施。

（3）毕业班学生无故欠费的，学校不出具任何学业成绩等证明或推荐材料，不颁发毕业证、工作派遣证等，不办理毕业生档案和户籍转移手续，不予复印毕业证和工作派遣证及查询证号。

（4）不得享受困难补助、奖学金，不得参加评优，不得担任学生干部。

（5）在无故欠费者的诚信档案中记录“无故欠费不良信用记录”。

（6）学校保留追缴和以一定方式、在一定范围内公布无故欠费者名单的权利，保留向无故欠费者所在工作单位通报的权利。

第五章　附　则

第八条　本办法自发布日起施行，由学工处（部）、财务资产管理处、教务处负责解释、修订。

学生出国（境）管理规定（试行）

第一章　总　则

第一条　为进一步规范学生出国（境）事宜的办理程序和管理工作，提高工作效率，根据国家有关法律法规及上级和学校相关文件精神，结合学校工作实际，制定本规定。

第二条　本规定所称南昌工学院学生是指在南昌工学院就读的普通本科生（含专升本）、专科生。

第三条　学生出国（境）包括公派出国（境）和因私出国（境）。

（1）公派出国（境）是指学生受国家留学基金委以及其他部门经费资助或受学校派遣出国（境）攻读学位、联合培养、访学、合作科研、参加国际学术会议或文化交流活动等。

（2）因私出国（境）是指学生自费出国（境）攻读学位、旅游、探亲、访友等。

第四条　学生出国（境）分为短期和长期。3个月以内的为短期出国（境），3个月（含3个月）以上的为长期出国（境）。

第五条　学生出国（境）原则上应持普通护照，赴港、澳地区应持往来港澳通行证，赴台湾地区应持往来台湾通行证。

第二章　出国（境）审批

第六条　学生出国（境）审批程序。学生出国（境）由本人提出申请，并提交经家长签字同意的书面申请，经所在学院、学工处（部）、教务处、保卫处（部），报国际合作与交流处（以下简称“国合处”）审批备案。

（一）学生公派出国（境）应提交以下材料：

（1）学生本人填写“南昌工学院学生出国（境）申请”。

（2）经家长签字同意的书面申请。

（3）在外学习计划（公派长期）、学籍异动申请、日程安排及邀请信、经费来源证明等材料。

（二）学生因私出国（境）应提交以下材料：

（1）学生本人填写“南昌工学院学生出国（境）申请表”。

（2）经家长签字同意的书面申请。

（3）因私出国（境）的相关签证证明材料（复印件）。

（三）户籍迁入学校的学生按以下程序办理手续：

（1）学生持本人身份证、学生证和户口复印件到出入境接待大厅领取“中国公民出国（境）申请审批表”。

（2）学生本人填写“南昌工学院学生出国（境）申请表”。

（3）经家长签字同意的书面申请。

（4）学生持学校批件、携带相关材料按公安部门的程序办理出国（境）手续。

第三章　职责分工

第七条　各二级学院负责受理学生的出国（境）申请，办理出国（境）学生的校内请假审核审批及返校后报到或复学等手续。负责做好出国（境）学生行前思想教育、在国（境）外期间的管理服务与联络，以及返校后的回访工作。

第八条　学工处（部）负责协调各二级学院做好出国（境）学生审核审批备案、行前思想教育、在国（境）外期间的跟踪管理服务和返校后的回访工作。

第九条　教务处负责学生出国（境）学籍异动、学分认定等工作。

第十条　保卫处（部）负责出国（境）学生的户籍管理、无犯罪记录等证明材料的办理。

第十一条　国际合作与交流处是学生出国（境）工作的归口管理部门，负责学生出国（境）审批、行前教育以及数据统计等工作。

第十二条　学校其他相关职能部门按照部门工作职责做好学生出国（境）工作。

第四章　学生管理

第十三条　申请长期出国（境）的学生在办理校内审批手续前，必须缴清应缴给学校的全部费用，不得欠费。

第十四条　学生因私出国（境）原则上安排在寒暑假或国家法定假日。非假期期间出国（境）时间超过学校规定期限的，应申请休学。学生擅自出国（境）、擅自改变批准的出国（境）计划以及返校后未按时销假或办理相关登记手续的，根据违规情节和性质，按照学校相关管理规定处理。

第十五条　学生出国（境）期间，原则上不参加该学期的综合素质考评及评优评先、奖学金等评定。

第十六条　学生党（团）员出国（境），应事先向所在党（团）支部和二级学院党委（团委）提交书面报告，并遵守党（团）员出国（境）管理的相关规定。

第十七条　学生出国（境）自行选择医疗保险等医疗保障措施。

第十八条　各二级学院分管领导负责做好出国（境）学生的管理工作，并指派辅导员或班主任负责学生在国（境）外学习、交流期间的指导与联络工作。在国（境）外期间，学生安全自行负责。

第十九条　出国（境）期间的学生，有义务向后续需申请办理的学生提供相关办理流程、困难咨询等信息和帮助。长期公派出国（境）学生返校后，必须在返校后两周内向所在学院和国际合作与交流处提交“出访交流报告”。

第二十条　学生在国（境）外期间，应当遵守所在国家或地区的法律法规和所在学校的校纪校规，注意维护国家、学校的声誉和形象。对在国（境）外期间做出有损国家或学校利益的行为，或发表有损国家或学校声誉及形象的言论，按照《南昌工学院学生违纪处分实施办法》相应条款予以处理。

第二十一条　出国（境）学生应当按照批准时限如期返校，返校后及时到所在学院报到，提交出国（境）总结，并到学工处（部）、教务处和国际合作与交流处等相关部门办理返校报到手续。

第五章　附　则

第二十二条　本规定由国际合作与交流处、学工处（部）等相关部门分别负责解释相应条款内容。

第二十三条　本规定自公布之日起执行。学校原有相关规定与本规定有抵触的，以本规定为准。

CHAPTER 18 宿舍管理规定

学生宿舍管理规定

第一章 总 则

第一条 学生宿舍是学习、生活、休息、交往的重要场所，是学校管理工作的重要组成部分，是高校精神文明建设的重要阵地。为了维护学生正常的学习、生活秩序，创造一个文明、整洁、优雅、安全的学习和生活环境，促进学生健康成长，根据教育部《普通高等学校学生管理规定》以及《高等学校学生行为准则》的有关规定，结合南昌工学院实际，特制定本规定。

第二条 凡本校在籍学生，均由学校统一安排在学生宿舍住宿，并按规定缴纳住宿费。新生入校时须向宿舍管理中心交一张一寸免冠相片，办理住宿形象卡。

第三条 学生应当遵守学校有关学生住宿管理的规定，自觉维护学生宿舍正常学习、生活秩序。

第四条 学生宿舍管理实行校、院二级管理体制，由学工处（部）代表学校统筹管理，各学院具体负责管理。

第二章 财产管理

第五条 学生宿舍财产的范围。

除学生的个人财产外，宿舍内的一切公共物品都属于宿舍财产。

第六条 学生宿舍的财产管理制度：

（1）学生宿舍财产属于学校固定资产，由学校进行统一调配，未经允许任何人不得私自搬离、拆卸、调换或者随意组合，不准带出宿舍楼。给予违者教育直至纪律处分，赔偿造成的损失。宿舍内的空调、直饮水机、洗衣机、热水系统均属于学校资产，应按照操作流程使用，不按照流程使用或人为原因造成的损坏，照价赔偿。

（2）学生宿舍财产由各二级学院负责管理，学工处（部）予以监督。学生宿舍若有调整、变更，学工处（部）和各二级学院应及时组织人员清查原宿舍财产情况，检查确保宿舍财产无人为损坏调整。

（3）学生宿舍设施、设备（家具）如有损坏，学生根据报修程序向学校后勤管理部门提出，并由后勤部门维护，个人不得自行维修。

（4）学生宿舍财产的报损、报废由学校后勤管理部门认定并做相应处理。

第七条 学生宿舍财产维修以及丢失，损坏赔偿制度：

（1）学生在使用宿舍财产的过程中，有自然破损的应及时按报修程序报修。

（2）学生宿舍财产丢失的，由具体负责人照价赔偿；故意损坏宿舍财产的，除应由负责人照价赔偿外，还要根据学校有关规定给予纪律处分。

（3）对学生宿舍财产丢失、故意损坏的，能明确责任人的，由责任人赔偿，不能确定责任人的由该宿舍学生集体赔偿。

（4）学生宿舍财产价目表由学校后勤管理部门提供，学生宿舍财产丢失、照价赔偿费用由学校后勤管理部门根据价目表开具单据，收取赔偿费用并交至后勤财务部门。

第八条　毕业生宿舍财产验收制度：

（1）毕业生宿舍财产验收工作由学生、学院和学校三方共同完成，学生可由学生班干或毕业生代表参加，经学生代表及所在二级学院签字盖章后交学工处（部）审核。

（2）毕业班学生宿舍全面清查验收合格后方可办理毕业生离校手续。

因病因事等原因休学、退学或被开除的学生，应在手续办理完成后 5 个工作日，进行财产清查，并搬离宿舍。

第三章　纪律管理

第九条　男生不得擅自进入女生宿舍；女生亦不得擅自进入男生宿舍。确有特殊情况需要进入异性宿舍的，应当经楼栋所在学院同意并凭学生证进行登记后方可入内，并按规定时间离开（原则上不超过 15 分钟）。

第十条　学生不得擅自在宿舍留宿校外人员，不得在宿舍留宿异性或者在异性宿舍住宿。

第十一条　学生应当维护宿舍公共秩序，不得在宿舍大声喧哗、打闹；上课、自习、午休及晚就寝时间，不得在宿舍吹拉弹唱，不得使用音响电脑音量过大。

第十二条　学生不得在宿舍酗酒、打架、起哄闹事、乱扔乱砸物品。

第十三条　学生应当按照整洁美观、格调高雅、健康向上、方便生活的原则布置宿舍，不得在宿舍书写、张贴格调低下的字画。

第十四条　学生出入宿舍应该随身携带有关证件，遵守宿舍门卫出入制度，主动配合宿舍管理员工作，接受询问，服从管理；将物品带出（入）宿舍的，应当主动到楼栋（区域）宿管员处登记并接受宿管员查询。对于无正当理由拒绝盘查的，一次给予批评教育，两次给予通报批评，三次以上视情节轻重给予纪律处分。对不服从管理、无理取闹及假报姓名的人员，在核实情况之后报二级学院给予警告及以上纪律处分。

违反第九条至第十四条规定的，视情节轻重给予警告及以上纪律处分。

第十五条　学生应当遵守宿舍作息制度、做到按时起床、按时就寝。宿舍开门时间为早上 6:00，学生于晚上 10:30 前返回宿舍接受学院查寝。学生在晚上 11:00 关闭大门后回宿舍的，视为晚归。晚归者应当向宿舍管理员说明原因，出具证件，如实登记后方可进入宿舍。

第十六条　学生应当按照学校指定的宿舍和床位住宿，未经同意，不得擅自调换或者强占宿舍和床位。如有违反，视情况轻重，给予批评教育直至纪律处分。学生不得擅自在校内外租房住宿或者留宿校外，限期未改正的，视情况轻重给予记过以上（含）纪律处分。

第十七条　学生不得在宿舍组织或者参加任何形式的赌博活动，违者除没收赌具外，视情节轻重给予严重警告以上（含）纪律处分。

第十八条　学生不得在宿舍观看、制作、复制、出售、出租或者传播淫秽书籍、画册、录像或者其他淫秽物品。一经发现，除没收非法书刊或录像制品外，给予记过及以上处分；情节严重的，移交公安机关、司法机关处理。

第十九条　学生在宿舍使用计算机网络，应当遵守国家和学校有关网络使用的有关规定，不得登录非法网站，不得利用网络传播有害信息、进行非法活动。违反者给予纪律处分；情节严重的，移送公安、司法机关处理。

第二十条　来校探亲访友者，应当征得所在学院同意，办理来访登记手续后，方可进入宿舍，并按规定时间离开宿舍。

第二十一条　外来人员进入宿舍应当出示相关证件，说明理由，经学工处（部）或学院书面同意并进行登记后，方可入内。

第四章　安全管理

第二十二条　禁止学生在宿舍内私拉电线、网线和使用违章电器，如电炉、电热棒（热得快）、电热杯、电热（炒、焖）锅、电饭煲、电熨斗、电暖器、电热毯、电磁炉、电水壶、电冰箱、1000W 以上的电吹风机、烘鞋器、卷发棒、蒸蛋器、酸奶机、榨汁机及其他大功率电热设备。

第二十三条　学生要注意宿舍防火，不得在宿舍内使用灶台；不得将易燃、易爆、有毒物品带入宿舍；不得在宿舍焚烧物品，点蜡烛和燃放烟花爆竹。

第二十四条　学生要预防传染病，经常开窗通风，不得在宿舍内饲养猫、狗、兔、鸟等宠物或将宠物带入宿舍内。

第二十五条　学生应当维护宿舍的安定团结，不得在宿舍区内张贴大小字报及非法宣传品。

违反第二十二至第二十五条规定者，视情节轻重给予记过及以上纪律处分。

第二十六条　学生应该积极配合学校做好宿舍安全的群防群治工作，增强安全防范意识，注意自身的人身和财产安全，做好防火、防盗、防事故、防破坏的工作，发现异常情况应当及时报告。

第二十七条　学生应当爱护宿舍区内的消防设施，不得损坏、擅自移动消防设施和安全标志。违者照价赔偿。

第二十八条　学生宿舍是公共生活区域，非个人商业场所，不得擅自在宿舍区内摆摊设点、叫（送）外卖、推销物品或者散发各种广告宣传品，违者除没收物品。

第二十九条　学生应遵守文明规范，不得翻爬围墙和门窗出入宿舍。因未携带或遗失钥匙而不能进入宿舍的，应在楼栋宿舍管理员处进行登记，妥善处理，不得擅自撬锁或爬窗入室。学生不得进入学生宿舍楼顶活动（除晾晒衣物外）。

违反第二十七至第二十九条规定者，视情节轻重给予警告及以上纪律处分。

第三十条　学生宿舍是学生在校期间学习、生活、休息的公共场所。为了维护学生正常的学习、生活秩序，营造整洁、健康、文明、和谐的学生宿舍环境，针对宿舍天台的管理，严格规定天台开放时间（冬令时：早上 7:00 打开，晚上 7:00 关闭；夏令时：早上 6:30 打开，晚上 9:00 关闭），各栋宿舍管理员负责打开、关闭天台大门。

第三十一条　自觉遵守门禁系统的相关规定，新生要及时配合完成个人信息采集，老生如有体型、发型变化造成无法刷脸进入门禁，要及时更新信息；日常过程中严禁“翻越”“硬闯”或“代刷”，如造成闸机或系统损坏，要照价赔偿；对教育不改者，视情节轻重给予警告及以上处分。

第五章　卫生管理

第三十二条　学生要自觉维护好宿舍卫生，宿舍垃圾一律放入垃圾袋内，并装入楼栋的垃圾桶内，平时应保持室内地面无垃圾，门窗无灰尘，墙角、天花板无蜘蛛网，墙面无污迹，卫生间无异味，便池无污渍。

第三十三条　宿舍外公共环境卫生由清洁工负责打扫与保洁。全体学生应当尊重他人的劳动，积极监督和维护宿舍区的公共环境卫生。

第三十四条　学生不得在宿舍墙面或者公物上踏脚印、拍球印、乱刻、乱写、乱画、乱钉、乱张贴；禁止随地吐痰。违者除责令清除干净外，不听劝阻的，视情节给予纪律处分。

第六章　附　则

第三十五条　学生违反本规定，应当给予纪律处分的，依照《南昌工学院学生违纪处分实施办法》进行处分。

第三十六条　本规定适用于在校普通本、专科学生。

第三十七条　本规定由学工处（部）负责解释，自公布之日起实施。

文明卫生宿舍星级评定办法

宿舍是同学们学习、生活、休息的场所，宿舍的精神风貌直接影响同学的学习和生活质量。为了提高同学们的文明及卫生意识，培养集体主义观念，养成良好的生活习惯，营造健康、安全、文明、和谐、秩序井然，卫生洁净，环境优美的住宿环境，特制定本办法。

一、内务整理要求

全校学生在周五 7:10～7:40 进行宿舍的内务集中整理。

二、评选办法与程序

（一）评选办法

班级、学院、学校对宿舍卫生内务整理进行检查或抽查，依据评分进行星级评定：

通报：85 分以下。

一星：85～88 分。

二星：89～91 分（不超过 25%）。

三星：92～94 分（不超过 20%）。

四星：95～97 分（不超过 10%）。

五星：98～100 分（班级推荐不超过 10%，学院评定不超过 5%，学校评定不超过 1%）

班级享有一星至三星“文明卫生宿舍”的评定权；四星宿舍经班级评定后报学院核查批准；班级享有五星宿舍推荐权，由学院或学校根据指标数评定，落选宿舍降一级。

（二）评选程序

1. 班级评比

（1）班级检查组在周日至周四 22:00～22:30 开展晚归签到及安全用电检查。

（2）在周五 8:00～12:00 根据评比标准对全班宿舍内务进行检查评分。

（3）在月初和月末开展节能评比（用水用电）。

（4）结合晚归签到、内务评分的均分、安全用电和节能等结果进行评分，并对各宿舍进行星级认定。

2. 学院核查

（1）学院每周开展一次宿舍安全大检查。

（2）学院在周五 12:00～17:00 对班级推荐的五星宿舍进行核查评分。

（3）学院根据安全和内务等检查项目的评分情况，按月产生院级五星“文明卫生宿舍”（不超过总宿舍数的 5%），并推荐不超过 40% 的院级五星“文明卫生宿舍”推荐参评校级五星“文明卫生宿舍”。

3. 学校复核

（1）学工处（部）每月开展两次全校安全大检查。

（2）学工处（部）在收到二级学院申报校级五星“文明卫生宿舍”材料的第二周进行不定期复核。

（3）学工处（部）根据当月安全检查情况和复核结果，按照全校宿舍总数1%的比例确定校级五星“文明卫生宿舍”。

三、评分标准

文明卫生宿舍评比从宿舍文化（20分）、宿舍卫生（45分）、宿舍秩序（15分）、宿舍安全（20分）和节能环保（奖励5分）五个方面进行评价。

四、评选奖励

1. 宿舍评比与素质测评

根据《南昌工学院大学生综合素质测评实施办法》，学生宿舍评比可在德育评分中享受加分，具体为：

五星：院级4分、校级5分。

四星：3分。

三星：2分。

二星：1分。

2. 宿舍评比与荣誉

一学期荣获两次以上（含两次）院校“五星宿舍”称号的宿舍，除宿舍悬挂奖牌外，每人颁发证书，享受对应等级的荣誉加分。

3. 宿舍评比与评优评先

宿舍评比在评优评先中已在综合素质测评中加分，不再享受额外加分，但一学期中有两次以上（含两次）被评为“一星”或“通报”的宿舍，取消宿舍成员本学期的评优评先资格；如果一学年有三次以上（含三次）被评为“一星”或“通报”的宿舍，取消宿舍成员本学年的评优评先资格。

4. 宿舍评比与物质奖励

宿舍评比重在精神奖励，同时适当提供物质和经济奖励。

五、本办法由学工处（部）负责解释

六、本办法自2015年4月起执行

学生宿舍安全用电管理办法

为加强学生宿舍安全管理，保障师生生命财产安全，特制定本办法。

第一章 安全用电

第一条 加强师生用电安全教育，牢固树立安全用电意识，自觉做到安全用电，防止因用电不当引起触电或火灾等意外事故发生。

第二条 宿舍发生线路故障须及时报宿管员，联系后勤部门维修，严禁私自更换或维修。

第三条 严禁擅自拆除、迁移、自增宿舍内的供电线路及设施。

第四条 严禁私拉电线和网线、破坏走廊供电线槽（盒）或供电电缆，供电设施上不得乱挂物品等。

第五条 严禁在宿舍使用“三无”、不合格、劣质或自制的用电设备。

第六条 严禁乱接插座，不得多个移动插座互联，插座不得靠近蚊帐、被褥、衣物、书本等易燃物品。

第七条 禁止学生在宿舍内私拉电线、网线和使用违章电器，如电炉、电热棒（热得快）、电热杯、电热（炒、焖）锅、电饭煲、电熨斗、电暖器、电热毯、电磁炉、电水壶、电冰箱、1000W以上的电吹风机、烘鞋器、卷发棒、蒸蛋器、酸奶机、榨汁机及其他大功率电热设备。

第八条 做到人走关灯、关电源，各种用电设备使用完毕及时关闭电源，不得长时间充电。

第九条 如宿舍发生电器火灾，应第一时间切断上一级电源，用干粉灭火器扑灭明火，然后可用消防栓水降温，打开通道排除烟气，其他人员同时拨打电话报告老师和保卫处（部）。

第二章 供电原则

第十条 宿舍熄灯时间严格按照学校规定作息时间执行：节假日全天不熄灯，非节假日熄灯时间为23:00～次日6:00。

第十一条 每个学生每月可享免费用电3度，每间宿舍每年按10个月供电。学校提供正常生活学习用电保障，对超额使用部分按国家用电收费标准收取。

第十二条 学生宿舍内实施智能控电管理，学生宿舍设计单个电器最大功率不超过1000W，最大用电总功率2500W（没有空调房间控制在1500W），若宿舍总功率超过2500W（或1500W）系统立即自动断电。学生需填写办理“宿舍恢复供电申请表”手续后交给电力值班室给予送电。

第三章　管理职责

第十三条　学工处（部）负责督查检查各二级学院落实学生宿舍安全用电管理，通报并处理各种违章用电情况。

第十四条　后勤处负责安全供电，及时做好用电故障的处置和日常维修工作。

第十五条　各二级学院对本学院学生宿舍安全用电管理负主体责任，负责指导、督促、组织辅导员开展安全用电教育和常态检查工作。

第十六条　辅导员负责在班级开展安全用电教育和查处学生违章用电行为并做好记录。

第十七条　宿舍管理员负责及时向微信报修系统内填报宿舍内公共区域日常维修，学生负责人及时向微信报修系统内填报本宿舍内的日常维修。

第四章　处罚办法

第十八条　违反第三、第六、第七条，违章用电设备将予以收缴销毁。

第十九条　非系统问题造成的智能控电系统断电，视作宿舍违章用电造成。

第二十条　违反本规定的违章用电未造成后果者，首次给予严重警告处分；第二次给予留校察看处分；第三次给予开除学籍。

第二十一条　违反本规定违章用电且造成火警或火灾者，给予留校察看直至开除学籍处分。

第二十二条　违反本规定所造成的一切损失，均由当事人赔偿。

第二十三条　宿舍无人承认上述违章用电行为，视作同宿舍成员共同参与。

第二十四条　二级学院对学生违章用电负领导责任、辅导员负管理责任。学生违章用电情况纳入二级学院个人与单位年度考核，对疏于管理而造成严重后果的个人或单位给予严肃处理。

第二十五条　本办法由学工处（部）负责解释。

第二十六条　本办法自下发之日起执行，其他文件与本办法不一致，以本办法为准。

关于学生宿舍禁止外来人员留宿的规定

为进一步建立和完善学生宿舍管理的长效机制，确保学校安全稳定和谐发展，根据《普通高等学校学生管理规定》《教育部办公厅关于进一步做好高校学生住宿管理的通知》（教思政厅〔2007〕4号）和《南昌工学院学生宿舍管理规定》等文件精神，特制定本规定：

（1）学生宿舍是学生学习、生活、休息的重要场所，是学校管理工作的重要组成部分，为了维护正常的学习、生活秩序，创建文明、整洁、优雅、安全的学习和生活环境，促进学生健康成长，所有学生必须服从本规定，严禁留宿他人。

（2）宿舍留宿本校学生的，留宿者和收留者将给予记过处分，宿舍长及其他成员若瞒报、不报或不及时报告的，视情况给予严重警告或记过处分。

（3）宿舍留宿外来人员的，收留者将给予留校察看处分，宿舍长及其他成员若瞒报、不报或不及时报告的，视情况给予记过或留校察看处分。

（4）宿舍留宿涉案、涉恐等公安机关监控的外来人员的，收留者直接给予开除学籍处分，同时移交公安机关依法处理。留宿者由学校保卫处（部）报公安部门依法处理。宿舍长及其他成员若瞒报、不报或不及时报告的，视情况给予留校察看或开除学籍处分。

学生公寓大件物品进出管理办法

为加强公寓安全文明管理，保护学生财产安全，特制定本办法。

（1）本办法所称大件物品是指体积特别大的公寓管理范围内的物品。

（2）学生公寓是消防安全重点区域，学生添置的任何物品都不得堵塞消防通道，造成交通不便。

（3）学生公寓属于学生集体空间，学生个人添置的大件物品不得占用他人空间和公共空间，如确实需要，需得到宿舍所有同学许可，并经辅导员和学院同意方可。

（4）为保障公寓安全文明，同时履行学生财产安全管理义务，以下物品不得进入宿舍：

①灶具、赌具、违章电器及剧毒、易燃易腐蚀和具有放射性等明文规定禁止的物品严禁进出公寓。

②占地面积过大可能引起交通不便的大件物品不得进出公寓。

③为避免产权纠纷，学校公寓已提供的相关设施和物品（铁架床、组合柜、空调、洗衣机、直饮机等）不得进出公寓。

（5）入住学生需配合公寓管理人员做好大件物品进出登记工作。

①大件物品进入宿舍，首先要填写“大件物品进出宿舍申请表”，然后经本宿舍全体成员签字同意后，再由辅导员对物品进行查看并提出意见，最后报学院分管宿舍工作的领导根据有关文件要求批准。宿管员查阅审批表给予放行并进行登记。

②公寓搬出物品如是已登记的，经核查和检查有效证件后予以办理搬出手续。如未登记，学生公寓管理人员有权要求当事人提供相关佐证材料，待查明情况后方可放行。

（6）本办法自公布之日起施行。

学生因病申请校外住宿暂行办法

第一章　总　则

第一条　为切实加强学生住宿管理，增强校外住宿学生的安全意识、法律意识和责任意识，加强和规范校外住宿学生安全管理，保障学生人身和财物的安全，促进学生身心健康发展，维护学校正常教育教学秩序和生活秩序，根据《教育部办公厅关于进一步加强高校学生住宿管理的通知》(教社政厅〔2005〕4号)、《教育部办公厅关于进一步做好高校学生住宿管理的通知》(教思政厅〔2007〕4号)和《江西省关于加强全省高校宿舍建设管理的指导意见（试行)》等文件精神及国家相关法律法规，结合南昌工学院实际情况，特制定本办法。

第二条　本办法适用于因病申请校外住宿的南昌工学院全日制学生。

第三条　学校为所有学生安排宿舍，原则上不允许学生在校外住宿。学生因病校外住宿实行申请审批制度，符合条件的学生需按照规定程序提出校外住宿申请，各二级学院应对学生校外住宿进行严格控制、严格审批、严格管理，学校视情况审批。

第二章　申请条件和程序

第四条　学生因病申请校外住宿应符合以下条件之一：

（1）学生因病确需住在校外治疗、调养，且有家长陪护的学生。

（2）因病确实不适宜住集体宿舍，需校外治疗、调养，且有家长陪护的学生。

第五条　学生因病申请校外住宿审批程序：

（1）学生申请：符合条件的学生一般应于学年结束前两周（新生可在入学报到前）提出下一学年校外住宿申请；突发疾病者，可临时提出申请。

（2）家长同意：家长或监护人对学生的校外住宿申请知情、同意并在学生填写的“南昌工学院学生因病校外住宿申请表”“南昌工学院学生因病校外住宿安全责任承诺书”签字确认。

（3）辅导员审核：辅导员对学生提交的申请进行初审，并与申请校外住宿的学生及家长或监护人进行确认并开展谈心谈话，宣传教育主管部门及学校对学生校外住宿管理的相关规定。辅导员要对学生申请校外住宿原因等进行全面深入了解核实，判断是否符合具备办理校外住宿的条件，并在审批表中填写初步审批意见，对不具备办理校外住宿条件的，向其说明驳回原因。

（4）二级学院审议：二级学院对学生的校外住宿申请材料进行审议，并根据第二、第三条规定，对是否同意学生校外住宿进行审议。学院审议通过后，填写明确的意见并加盖学院公章，连同相关材料统一报送至学工处（部）审批备案。

（5）学工处（部）审批备案：学工处（部）在收到二级学院提交的材料后3个工作日内完成审批，并做好回复，同时将审批后的材料复印件进行归档备案。

第六条　学生因病申请校外住宿时应提供的材料：

（1）“南昌工学院学生因病校外住宿申请表”。

（2）“南昌工学院学生因病校外住宿安全责任承诺书”。

（3）校医院或二级甲等以上医院开具的证明材料或病历。

（4）校外住宿房屋租赁合同及相关证件复印件。

第三章　校外住宿学生的教育管理

第七条　各二级学院负责本学院因病校外住宿学生的申请审核和日常教育管理工作；学工处（部）负责因病校外住宿学生申请的审批工作。

第八条　各二级学院须向申请校外住宿的学生和家长说明校外住宿可能产生的后果和个人应承担的责任等。

第九条　各二级学院要把校外住宿学生的管理与教育列入日常重点工作，加强规范管理，建立校外住宿学生管理档案、建立广泛的联系和走访制度，由辅导员负责定期联系了解掌握学生的学习、思想和生活状态，并定期向学工处（部）反馈校外住宿学生的有关情况。

第十条　校外住宿学生必须遵守学校和学院各项规章制度和管理要求，按时上课及参加学校、学院、班级组织的各项集体活动。不得以校外住宿为由，上课迟到、早退、旷课，不参加学校、学院、班级组织的各项集体活动，违反者按学校规章制度处理。

第十一条　有下列行为之一的，学校有权责令学生搬回学校住宿，并视其情节轻重，依据《南昌工学院学生违纪处分实施办法》《南昌工学院学生宿舍管理规定》等相关管理规定处理：

（1）学生校外住宿有违纪违法行为或违反社会公德行为的。

（2）不履行本办法所规定责任义务的。

（3）弄虚作假，采取欺骗手段获得校外住宿许可的。

（4）有其他不适合继续校外住宿行为、事实或原因的。

第四章　相关事项

第十二条　批准校外住宿期满或不再具备申请校外住宿条件的，学生须按照学校相关规定立即搬回学生宿舍住宿。

第十三条　若发生突发事件，校外住宿学生应第一时间报告所在学院，并自行承担由此造成的一切损失。

第五章　附　则

第十四条　本办法自印发之日起施行。

第十五条　本办法由学工处（部）负责解释。

CHAPTER 19　班级管理规定

学生班级例会管理制度

学生班级是学校实施计划、进行管理的基本单位，是进行思想政治教育、培养学生集体观念的重要组织形式。建立班级例会制度是加强班级工作、开展班级活动、增强学生班集体荣誉感的重要途径。为了加强班集体建设管理，特制定本制度。

（1）班级例会要正式列入教学日程中，每星期不少于一次，原则上规定每星期日晚上为班级例会时间（特殊情况除外），所有学生必须参加，并严格考勤和做好会议记录。

（2）班级例会原则上由辅导员主持或召集。会议内容主要是传达学校有关工作、文件、会议精神，开展思想政治宣传教育，总结和布置班级工作，开展表扬和批评，组织班级活动等。

（3）班级例会的活动方式，可由辅导员根据本班具体情况确定，活动中要注意发挥班委、团支部干部的作用，提高学生自我教育和自我管理的能力。

（4）辅导员除主持召开班级例会外，还应经常召开班级干部会议，加强对学生干部工作的教育和指导，并通过学生干部及时了解和掌握本班学生思想、学习和生活情况。

（5）根据工作需要，尤其是时间紧迫的工作，辅导员应及时主持召开班级会议，进行传达、动员和布置，开展相应的工作，确保工作落实到位。

（6）班级例会的开展要遵循民主性原则，充分发挥学生主观能动性，为班级建设和学生发展献计献策。

关于学生班级组织建设的指导意见（试行）

学生班级建设是学校实施教育管理的重要环节，也是学校学生工作管理体制中的基础单位。学校的各项政策、措施的贯彻落实，校风与学风建设以及学生思想教育和管理工作的开展都得依靠学生班级来实现。为进一步发挥班级集体在学校建设中的作用，加强基层组织建设，结合南昌工学院实际，提出如下意见。

一、指导思想

贯彻落实中共中央、国务院《关于进一步加强和改进大学生思想政治教育的意见》精神，抓基层、打基础，建立有核心、有层级、有体系的学生组织体制。坚持以二级学院为工作核心，突出团支部和班委会的组织作用，深入推进班级精细化管理，建立班级行政小组，完善班级干部选拔、培训、考核、奖励体制，引导学生自我管理、自我教育和自我服务，全面促进南昌工学院学生思想政治教育和管理工作的加强与改善。

二、班级组织设置及职责

（一）组织设置

1. 班级团支部委员会

班级团支部委员会由本班全体共青团团员民主选举产生。团支部的成立与换届必须经二级学院团委批准备案；团支部由支部书记、支部副书记（班长兼任）、组织委员、宣传委员、纪律委员等组成。

2. 班级委员会

简称“班委会”，由本班全体学生民主选举产生。班委会的成立与换届必须经辅导员批准，并报学院学生科备案；班委会由班长、副班长、学习委员、文体委员、生活委员等组成，负责领导组织班级活动，完成学校下达的各项任务。

班级下设小组，是班级精细管理的末端，是普通课堂教学和实验实训教学的重要组织形式。每班依据人数设立 4 ～ 6 个小组，小组设组长 1 名、副组长 1 名负责落实班级管理具体事务，小组的设立要合理搭配，分组兼顾性别、民族和班干部的比例。

3. 班级服务岗位

课代表。每门课设课代表，课代表是帮助老师开展教学工作的班干部，是连接任课教师和学生的重要纽带，也是全体同学在该学科学习方面的全面代表。各班级每门课程由任课教师指定或由班委会指派 1 名学生担任，课代表由学习委员分工负责，组织好本班的课堂学习。

宿舍长。每个学生宿舍设宿舍长 1 名，由生活委员分工负责，组织好本班宿舍管理工作。

（二）班级学生干部工作职能

班级学生干部依岗位履行其职责。在二级学院（部）领导下，开展工作。

三、学生班级干部的产生

新生入学时，辅导员和班主任可根据学籍档案情况，指定部分学生临时负责班级工作，原则上要求在两个月内通过无记名投票民主选举或竞聘上岗的方式正式产生。班级学生干部每学年选举一次，班级干部一般任期为 1 年，可以连选连任，遇特殊情况也可以提前或推迟选举，但改选时间最长不超过两年。

四、班级干部的任职条件

班干部是师生沟通联系的桥梁和纽带，是发挥班级战斗力的根本，要符合以下条件：

（1）政治坚定。拥护中国特色社会主义和中国共产党的领导，坚决执行党的路线、方针、政策。

（2）品德高尚。团结同学，尊敬师长，公道正派，谦虚谨慎，在同学中具有较高的威信。

（3）学习刻苦。带头学习各科文化知识及政治、经济和科学等相关知识。

（4）工作勤奋。有强烈的事业心和责任感，勤于思考，勇于创新，知难而进，积极主动地在班级中开展工作。

（5）作风扎实。遵守校规校纪，讲实话、办实事、求实效，不搞形式主义，热心为同学服务，能做同学们的知心朋友。

（6）身体健康。能顺利完成本职工作，并且有担任相应工作的特长、兴趣爱好。

五、学生班级建设内容

（1）思想建设。组织学习党的方针政策、国家法律法规以及校纪校规。引导同学们践行社会主义核心价值观，争做社会主义事业建设者和接班人。

（2）组织建设。选拔的班干部要具有示范榜样作用，具有强烈的服务意识；定期、不定期组织班干部参加学校、学院组织的各类培训班，提高班干部的领导、组织、管理和协调能力；定期召开班委会、支委会研究决策班级事务；按时向所在学院提交工作计划和工作总结。

（3）制度建设。班级根据学校管理需要，制定班级各类管理制度，如班级的早操考勤、宿舍卫生检查、课前点名及重大节假日的请销假等制度；学期或学年班费收支情况公开制度；重大事项民主决策及民主公开制度等。

（4）学风建设。积极营造浓厚的学习、学术氛围和生动活泼、健康上进的良好风气，帮助同学们树立正确的学习目标，强化学习纪律，端正学习态度。

（5）文化建设。包括教室环境卫生的干净、整洁、美观、漂亮，学生个人行为的文明礼貌，班级文艺体育活动的丰富多彩等内容。因地制宜开展各种有利于青年学生健康发展和文明进步的讲座、晚会、竞赛等文化娱乐活动，活跃班级文化生活。原则上班费由班委共同管理和使用，一般由生活委员担任会计，班长和团支书分别管理出纳所需的银行卡和密码。

六、班级干部的培养

学工处（部）、团委将进一步加大班级学生干部的培养力度，利用团校、大学生骨干培训班和业务培训等相关平台，系统规划学生干部培训内容，满足不同层次学生干部需要。二级学院要充分发挥班长联席会议和团的“三会两制一课”（支部团员大会、支部委员大会、团小组会，团员教育评议制度、团员年度团籍注册制度，团课）作用，总结经验，交流方法，提高水平。辅导员和班主任更要发挥“传帮带”的作用，一方面指导学生加强学习，组织新老干部交流和结对子；另一方面，要充分信任和尊重学生，让班干部有自主权，注重反馈沟通，注重过程指导，使学生在实践过程中进步成长。

七、班级建设考核与表彰

（一）班级干部的考核

班级干部的考核由学院统一安排，辅导员及班主任、班委会和团支部共同参与，在公平、公正、公开、民主的基础上实施。每学期考核一次，主要考核班干部履行工作职责情况，考核结果作为对班级干部奖惩的依据。考核结果报送学院，由学院汇总后分别报校学工处（部）、团委备案。

（二）班级干部的奖惩

（1）班级干部工作成绩显著，应受校、院表彰。在每年一度的学生素质综合测评和评先评优工作中，在同等条件下，可优先考虑工作成绩显著的班级干部。表现优秀的可参加校级优秀学生干部、学生干部标兵、省级优秀学生干部的评选。

（2）班级干部工作能力较强，工作成绩突出，可经辅导员和学院推荐到校、院学生会工作，或到学校有关部门担任学生工作助理。

（3）在群众中造成较坏影响的班级学生干部，应及时免职，违反校规校纪者应严肃处理。

班集体建设考核细则

第一章　总　则

第一条　班级是学生管理中最基层的组织，班委会、团支部是班级建设执行机构，负责对班级日常管理。为了进一步提升南昌工学院办学水平，发挥学生自我管理、自我教育、自我监督和自我服务的作用，促进班级建设的规范化、制度化，现结合南昌工学院实际情况，特制定本细则。

第二条　班集体建设考核是加强学风、班风建设的一项重要举措，是学生管理水平的重要体现，各二级学院应加强领导、精心组织、广泛宣传、通力配合。

第三条　班级管理是辅导员日常管理的重要内容，是辅导员工作中一项重要职责，辅导员要参与其中，并充分发挥学生干部的作用。

第四条　班集体建设考核工作要坚持“以评促建、评建结合”的实施原则，各班级要把考核的标准和内容作为班级建设和团支部活动的重要依据，制订计划，认真落实。

第五条　班集体建设考核工作要坚持实事求是，坚持公平、公开、公正，坚持任务引领和自主创新相结合，坚持定性与定量相结合的原则。

第二章　考核内容

第六条　班集体建设考核内容主要包括班级思想建设、班级组织建设、班级学习状况和班级文明建设等方面，重点是对班级学习状况的考核。

（1）班级思想建设。班集体热爱社会主义祖国，坚持四项基本原则，拥护中国共产党的领导；班集体能积极组织或参加学习党和国家有关政策法规、时事政策；注重学生思想调研与分析；班级呈现班风正，集体凝聚力强；班级能积极参加校、院组织的集体活动等。

（2）班级组织建设。班级班委会和团支部人员配备齐全，分工明确，能定期召开会议研究班务；各项制度健全并能认真贯彻执行；班级能结合学校中心工作，每学期有工作计划和总结，能主动开展班级工作等。

（3）班级学习状况。班级学习勤奋认真，学习氛围浓厚；全班学生能独立认真完成作业，并按时上交；课堂纪律良好，迟到、早退、旷课现象少，无考试作弊现象；能自觉上早读和晚自习；认真进行实践性环节，遵守学习、实验课纪律；能坚持参加早操锻炼。

（4）班级文明建设。注重品质修养，讲文明，讲礼貌，尊敬师长；同学之间团结友爱，互相帮助；提倡艰苦朴素，无大吃大喝、浪费等现象；遵守学校各项纪律和管理规定，爱护公共财物和公共设施；责任教室、宿舍环境整洁；积极参加并开展各项文体活动；男女之间交往得体，无不文明行为。

第三章　考核办法与考核程序

第七条　考核办法。

（1）班集体建设考核由二级学院具体负责落实，学工处（部）负责复核。二级学院成立考核工作小组负责具体考核事务，分管学生工作副院长兼副书记为组长，学生工作办公室人员和年级主任为成员。

（2）班集体建设考核按学年进行，在每学年开学之初（9月份）进行。

第八条　考核程序：

班集体建设考核总得分包括基本分和额外分，由班级自评分、任课教师评分、二级学院评分、职能部门评分构成。

（1）班级自评。班级按考核的内容和要求，认真总结本学年工作，填写相关考核登记表，并提交与考核有关的材料，如班级工作计划、班级主题教育方案、学生所获荣誉复印件、班级活动相关材料等。

（2）教师评价。在每学期结束后，由任课教师根据班级学生出勤、作业完成、班级学习氛围和考试成绩等情况对班级进行学风评价，由各教学单位配合完成，统一上交学工处（部）汇总，再将各班平均得分下发二级学院。

（3）学院评议。各学院考核工作小组根据本考核制度要求与标准对被考核班级相关方面的表现进行量化考评。

（4）职能部门评议。学工处（部）、校团委等通过查看个人年度总结、日常工作记录材料、重点走访和个别访谈、结合学风督查以及开展参加学校各项活动情况等方式，根据一年来各方面的工作表现，进行量化考评。

第四章　考核成绩与使用

第九条　考核成绩。

班集体建设考核结果分为五星、四星、三星、二星和一星。各等级原则上分别占考核总人数的 5%、15%、60%、15% 和 5%，考核等级依据考核总分从高到低排序，并依照各等级所占比例确定。

1. 有下列情况之一的，考核结果不能评定为“五星”

（1）在评比学年内该班有学生因违反校规校纪、法规受到记过以上纪律处分。

（2）在评比学年内该班有学生因考试作弊或成绩不合格受到纪律处分或学籍预警。

（3）在评比学年内该班有学生参加非法组织或从事非法活动。

2. 有下列情况之一的，考核结果应直接评定为“一星”

（1）发生损害国家安全和政治稳定事件，发生损害社会和谐稳定的群体性事件，发生损害校园公共安全的群死群伤事故，发生重大的社会治安案件或发生追究刑事责任的刑事案件。

（2）在发展学生党员、学生纪律处分、学生评优评奖、勤工助学等工作中有弄虚作假、违规操作行为的。

（3）在考核中存在舞弊行为的。

第十条　考核结果的使用。

考核结果作为奖惩和推优的重要依据。各考核等级结果使用如下：

（1）学年考核为“五星”的班级，由学校授予“优秀班集体”称号，并给予一定物质奖励，在奖励和推优等方面指标上浮 40%。

（2）学年考核为“四星”的班级，在奖励和推优等方面指标上浮 20%。

（3）学年考核为“三星”的班级，在奖励和推优等方面指标不变。

（4）学年考核为“二星”的班级，在奖励和推优等方面指标下调 20%。

（5）学年考核为“一星”的班级，在奖励和推优等方面指标下调 40%。

（6）学年考核为“二星”和“一星”的班级，要在下一学年提出整改计划。

第五章　附　则

第十一条　本细则自 2016 年 6 月 1 日起执行。

第十二条　本细则由学工处（部）负责解释。

班级学生干部岗位职责

一、团支部

（一）团支部书记工作职责

（1）在学院党总支（党委）的指导下，在学院团委的领导下，负责团支部日常工作，对团支部工作全面负责。

（2）负责召集团支部、团干部和团员大会，传达、贯彻党组织和上级团委的决议和指示，研究安排团支部工作，结合班级实际形成具体落实方案。

（3）落实“三会两制一课”制度，定期开展思想政治学习等活动，努力提高团员素质，增强支部的工作能力。

（4）组织研判班级团员青年在思想、工作、学习、生活等方面存在的问题并及时解决，按时向辅导员和学院团委汇报。

（5）兼任班级心理保健员，完成心理咨询中心交办的心理健康教育宣传、教育和辅导工作。

（6）协同支委会其他成员完成上级团委交办的各项任务。

（二）团支部副书记工作职责

（1）团支部副书记是团支部核心的主要负责人之一，协助和支持支部书记开展各项工作。

（2）承担班委会与支委会的沟通与协调。

（3）负责每季度或半年进行一次团内费用开支情况公布。

（三）团支部组织委员工作职责

（1）安排团课和组织生活内容，督促和指导本支部团员过好组织生活。

（2）负责班级积极分子的教育和团员发展工作。

（3）具体负责团支部中团员的各种奖励及处分材料的搜集和整理工作。

（4）按时收缴和上交团费。

（5）负责团籍管理、年度注册、支部团员组织关系的接转及团员的统计，填写支部团员花名册。

（四）团支部宣传委员工作职责

（1）协助团支部书记开展本班学生思想教育工作。

（2）负责支部团员理论学习活动的组织开展。

（3）负责团内各项会议记录的整理和录入。

（4）负责支部活动的宣传报道工作，及时表扬团内好人好事。

（五）团支部文体委员工作职责

（1）组织开展班级文体活动，丰富同学业余文化生活。

（2）组织带领本班同学参加校院的各项体育比赛和文娱活动。

（3）管理好班级的文体器材。

二、班委会

（一）班长工作职责

（1）主持班委会日常工作，抓好班务管理，督促、协调班委会其他成员顺利开展班级管理工作。

（2）负责召开班委会，讨论近期工作情况，主持并开好每周日晚的班会，做好班级工作情况记录。

（3）负责班委会成员的任免工作；与辅导员及学院保持密切联系，协助辅导员做好思想教育工作，了解同学思想动态，批评不良现象和风气，搞好综合测评和奖/助学金的评定工作。

（4）结合本班实际情况，制订学期工作计划和每月具体工作安排，每学期写出书面总结交辅导员。

（5）接受班委会其他成员的监督。

（二）副班长工作职责

（1）协助班长开展工作并做好班委会工作情况记录。

（2）协助班长做好思想教育工作，了解同学思想动态，批评不良现象和风气。

（3）负责同学们日常纪律检查、管理工作；协助团支部纪律委员做好自习纪律管理。

（三）纪律委员工作职责

（1）负责班级学生考勤记录工作；定期召开会议，传达学校和学生会会议的有关精神。

（2）组织学生做好常规检查和评比工作，检查学生遵守学校规章制度的情况。

（3）配合做好各项活动的会场布置，维持集会的纪律。

（4）兼任班级安全信息员，及时向辅导员、学院、保卫处（部）反映学生生活中存在的安全隐患。

（5）协助其他班委做好各项工作。

（四）学习委员工作职责

（1）全面了解本班同学的学习情况，帮助同学端正学习态度，改进学习方法，提高学习自觉性。

（2）负责收集同学们对教学的意见和建议，兼任班级教学信息员，及时向辅导员、任课教师、学院、督导办和教务处反映。

（3）指导和督查课代表履行岗位职责，协助督促同学们按时完成作业，收集课代表课堂考勤记录，保管请假条、调课单。

（4）负责教具的管理，保证讲台粉笔、黑板擦等物件齐全。

（5）协助劳动委员管理教室清洁卫生，保证同学们有一个良好的学习环境。

（6）协助完成各类考试前的报名和信息核对工作。

（五）生活委员工作职责

（1）负责教室、公共区域清洁卫生打扫的安排和清洁卫生检查、监督工作。

（2）负责宿舍清洁卫生的检查和规范，督促宿舍长开展工作。

（3）配合校医院做好卫生防疫工作。

（4）负责全班同学的日常生活管理，记录班费收支情况。

（5）负责安排班级活动及日常后勤管理工作。

（6）协助辅导员开展学生综合测评。

（六）心理委员工作职责

（1）积极参加学校心理中心组织的心理健康知识培训和各项校园文化活动。

（2）制订本班心理健康教育工作计划。

（3）根据本班级的实际情况，因地制宜地开展相关的心理健康教育活动。

（4）宣传和普及心理健康知识，及时到心理中心领取有关心理健康指导的宣传资料。

（5）向学院反馈本班同学心理状况，及时发现重大心理变故与行为异常者。

（七）小组长工作职责

（1）负责管理本组成员的日常学习。检查本小组组员学案、作业的完成情况，对不能独立完成学案或作业的组员进行指导。

（2）负责管理本组成员的课堂纪律和卫生。配合教师做好课堂纪律管理，召集小组成员集中就座，检查本组成员的迟到、缺旷、早退、带早餐或零食进班级的情况。

三、班级服务岗

（一）课代表工作职责

（1）做好教师调课的通知。

（2）协助教师做好课堂考勤工作。

（3）帮助教师收集课堂作业，并对各小组的表现进行记录。

（4）及时汇报和反映该门课班级同学学习情况，做好与任课教师的沟通。

（二）宿舍长工作职责

（1）负责本宿舍的安全工作，是第一责任人。经常向同学宣传学校有关安全方面的规章制度，督促本宿舍成员不违章用电、注意防火；加强自我防范意识，人离开房间一定要锁门。

（2）负责本宿舍卫生纪律工作。健全值日制度，实行轮流值日，督促全宿舍同学遵守作息制度，搞好宿舍内务卫生；对宿舍成员在宿舍内违反纪律的行为进行批评和教育。

（3）负责本宿舍公共财产的管理工作。经常向宿舍成员宣传学生宿舍公共财产管理制度，提醒宿舍成员爱护公物；负责宿舍物品和设施的报修工作。

（4）负责做好宿舍文化建设。督促同学遵守宿舍管理规定。

（5）关心和了解宿舍成员的生活，搞好宿舍成员之间的团结互助。

（6）配合学院宿舍管理委员会、楼层长开展工作。

（7）配合学校各项活动开展。

CHAPTER 20 团学工作管理

共青团工作制度

一、发展及管理团员

发展团员的程序，主要包括确定发展对象，对发展对象的培养、考察，以及接收发展对象入团。

（一）确定发展对象

这是团员发展工作的第一步。要保证发展对象确实是青年中的优秀分子，团支部必须做好两方面工作：一是要根据本单位适龄青年的情况，从团员队伍建设的需要出发，制订出符合实际、切实可行的团员发展计划；二是要对已经提出申请，主动靠近团组织的青年做到心中有数，同时及时发现那些积极要求进步，各方面表现较好的青年，鼓励和引导他们积极申请入团，从而建立起一支青年积极分子队伍，并建立花名册。在此基础上，团支部根据团员发展计划和青年积极分子的成长情况，广泛听取团员青年各方面意见，确定发展对象。

（二）对发展对象的培养、考察

这是发展团员程序的关键环节。这一工作既要体现出团支部对所有青年积极分子的培养、考察，又要体现出对发展对象的重点培养、考察。一般来讲，这项工作可采取下列方式进行：

（1）确定专人与申请入团的青年积极分子联系，通过谈心及其他形式经常了解他们的思想和学习情况，有针对性地做好思想教育工作。确定专人并不排除其他团员积极做工作，相反，需要全体团员共同支持、帮助，并要注意对团外青年的言传身教，树立良好的群众形象。

（2）定期给青年积极分子上团课，或组织他们学习有关精神、知识，参加团支部的一些会议和活动，使他们不断加深对团组织的认识，了解团章，懂得怎样才能成为一名合格的共青团员，端正入团动机和努力方向。

（3）组织和发动青年积极分子参加社会主义物质文明建设和精神文明建设活动，有目的地分配他们做一些适当的团工作和社会工作，使他们在实践中接受教育，经受锻炼。

（4）对青年积极分子在各方面取得的进步，团支部应及时给予鼓励和表扬，对他们的缺点和不足及时批评和帮助，并不断对他们提出新的要求。

（三）接收发展对象入团

团支部经过对发展对象的培养、考察，认为具备入团条件、达到入团标准时，应及时召开支部团员大会，讨论、接收发展对象入团，并履行有关手续。

根据团章和团内的有关规定，青年入团应履行以下手续：

（1）要求入团的青年，必须向团支部委员会提出书面或口头申请。

（2）凡申请入团的青年，必须由本支部两名团员做介绍人。介绍人可由申请人自己选择，也可由团支部指定。介绍人应负责地向团组织说明被介绍人的经历、表现以及培养、考察情况，向被介绍人说明团章。

（3）申请人必须认真如实地填写入团志愿书。介绍人应在入团志愿书上填写自己的意见。

（4）经支部委员会审查，提交支部大会讨论通过。

（5）报上级团委批准。经上级团委批准，申请人才能成为团员。

（6）在团旗下进行入团宣誓。

（7）向新团员颁发团员证。

二、推荐优秀团员作为党的发展对象

（一）总则

共青团是党的助手和后备军，推荐优秀团员作为党的发展对象（以下简称“推优”）是党赋予共青团组织的一项光荣任务，全面认真地开展“推优”工作，是培养造就社会主义事业接班人，激发广大团员青年政治热情、增强共青团组织的吸引力和凝聚力的需要。南昌工学院“推优”工作的开展，有效地促进了在大学生中发展党员的工作，积累了一定的经验。为了进一步使“推优”工作规范化、制度化，特制定本细则。

（二）指导思想

按照文件规定，年龄在28周岁以下青年入党，一般应从团员中发展；发展团员入党一般应经过团组织推荐，通过推荐活动，加强对团员青年的培养、教育，提高广大团员青年的思想政治素质，帮助他们增强党的观念，端正入党动机。

（三）推荐标准

（1）学生团员递交入党申请书三个月以上。

（2）积极参加政治理论学习，具有坚定正确的政治方向，思想进步，入党动机端正。参加过学校组织的团校学习，成绩合格。

（3）积极参加团的活动，自觉履行团员义务，发挥团员的模范带头作用。

（4）工作积极热情，自觉主动，认真负责，踏实肯干，以身作则，成绩显著。

（5）学习目的明确，刻苦勤奋。

（6）团结同学，遵守纪律，积极参加各类活动。

（四）推荐程序

（1）团支部向所在学院党组织了解写入党申请书的团员名单，并认真考察每个申请入党团员的基本情况。

（2）召开团员大会，团支委介绍申请入党团员的情况，个人作自我鉴定，全体团员根据推荐条件对申请入党团员进行民主评议，然后全体团员无记名投票，推荐出初选名单。

（3）团支委根据考察情况和团员大会推荐的初选名单，集体讨论确定推荐名单，报所在二级学院团委审定，二级学院团委审核同意后签署意见。并报校团委审批备案后，提交所在学院党组织，由党组织继续进行培养教育。

（4）校级学生组织干部可由校团委在认真听取广大同学意见的基础上，直接向所在学院党总支推荐。

（五）时间安排

原则上“推优”工作不受时间限制，成熟一个，推荐一个，但党员的发展有一定的计划性，这就要求“推优”时间尽量与院党委制订下一年发展计划同步，即4月、11月，各级团组织按照有关程序将推荐对象审核表逐级报所在单位党组织，以便及时制订和调整党员发展计划。

（六）要求

（1）各级团组织要本着早教育、早选苗、早培养的原则，从新生入校开始就进行启发教育工作，并了解他们在中学的表现，凡在中学已递交了入党申请书或被定为入党积极分子的，培养教育时间可连续计算，学校在接到有关培养教育材料后，要及时推荐。

（2）“推优”是一项非常严肃的工作，各级团组织一定要在党组织领导下，坚持党员标准和“推优”条件，认真负责，保证质量，严格按照规定程序办理，防止片面追求数量降格推荐。

（3）“推优”工作的立足点，在于加强对团员的培养、教育，提高其思想政治素质。因此，各级团组织要积极协助党组织做好推荐对象的继续培养工作。党组织要及时吸收具备党员条件的优秀团员入党。没有发展入党的推荐对象，下次仍按有关程序由团组织推荐。

三、开展班级主题团日活动

团日活动就是以团支部为单位进行的一系列有利于基层团建和团员发展的活动，其活动围绕一定的主题展开。团日活动的现实意义是团结支部成员，扩大支部影响力，加强支部与社会的联系，提升成员的整体素质，并充分发挥支部战斗堡垒作用，广泛服务学校和社会。开展团日活动的过程，也是支部的组织优化过程。

（一）班级主题团日活动的重要作用

班级主题团日活动围绕党的中心工作，根据青年特点，积极组织有影响、有实效的活动，是发挥团的战斗力，带领团员青年在活动中受教育、起作用、作贡献、长才干的重要途径。

（二）团的活动内容

团的活动内容是非常丰富的，不同时间、不同专业、不同支部，都可以有自己不同的活动内容。一般而言，团的活动内容大致可以分为以下几类：

（1）教育活动：以科学社会主义理论体系学习和党的政策学习为中心，包括理论教育、形势政策教育、理想教育、道德教育、纪律教育、爱国主义主题教育等。

（2）科技活动：课题研究、学术研讨、科学实验等。

（3）公益活动：以绿化校园、美化生活、服务人民、方便社会为宗旨的社会公益活动。

（4）组织活动：以团的组织建设和思想建设为主要内容的活动，包括发展组织、整顿组织和组织生活会等。组织活动不同于一般思想教育活动。

（5）文娱活动：以文化娱乐为目的的活动，例如唱歌、跳舞、知识竞赛、读书、演讲、旅游、书法、绘画、集邮等，均属此类活动。

（6）体育活动：组织青年因地制宜地开展体育活动，帮助青年增强体质。

（三）设计和组织团日活动

团日活动要有明确的活动意义和目的。组织团日活动，首先应该对活动的内容、方式和实际步骤进行设计，以保证达到活动的目的。

团日活动，有时是为贯彻上级精神，有时是根据团员、青年的需要来开展的。在这两种情况下，都要深入了解团员、青年的思想状况和实际需要，以此确定活动的基本内容。

团日活动确定了基本内容，要注意活动方式的新颖有趣和具体步骤的切实可行。这也就必须有活动方案的详细设计。有的团组织注意依靠群众，发动团员们献计献策，在团员中征求活动方案；有的搞活动方案的设计比赛活动，效果很好。

团日活动依照不同的活动项目，有不同的组织方法。总的说来，有几点是应该做到的：

（1）应该有一个既有统一指挥，又有分工负责的组织机构，负责做好活动前的各项准备工作和活动中的组织、服务工作，保证活动的顺利进行。

（2）活动前应该做好活动的资金筹措、物质准备和必要的思想动员工作。有些形式复杂、内容重要的活动，如有可能，在活动前还可以进行一些主要项目或活动全部内容的预演，发现问题，及时纠正，以此提高团日活动的质量。

（3）对于活动中可能出现的问题应该有足够的预判，而且要有相应的紧急应变措施，一旦出现情况，可立即补救。

（4）活动以后，搞好总结工作（如果活动规模较大，时间较长，可以进行评比表彰活动），如座谈讨论活动的收获、改进意见，有利于把以后的团日活动搞得更好。

另外，搞好团日活动还应注意：

（1）不要只让团员参加，一些非团员也可以参加团日活动，只要活动内容没有团内限制，应该欢迎。

（2）一次团日活动最好一个主题，内容不宜太多，活动次数也不宜过于频繁，不要贪多而降低效果。

（3）团日活动要强调思想性和知识性，纯娱乐性的活动不要搞得太多。

（4）活动的方式要服从内容需要，不要单纯追求形式热闹而不求效果。

四、校团委、学生会机构设置及品牌活动

共青团南昌工学院委员会是中国共产党南昌工学院委员会领导下的南昌工学院先进青年的群团组织，是广大青年在实践中学习共产主义的阵地，担负着团结、教育、服务和引导广大青年学生，执行党的青年工作方针，创造性地开展工作的职能。校团委坚持以“思想引领，服务成才”为宗旨，紧紧围绕学校的党政中心工作，以素质教育为重点，以高层次校园文化活动为依托，形成了高度的政治风气、浓郁的学术风气、高尚的文明风气、活跃的文体风气，通过优化团组织的工作机制，不断拓展，使共青团成为校园文化建设的主力军，成为加强大学生素质教育的主要实施者之一。校团委设组织科、宣传科、办公室三个科室，指导学生会开展工作，领导团委学生工作委员会、学生社团服务管理中心、青年志愿者协会、红十字会、艺术团、设备技术站、校园之声广播台、国旗护卫队等八个学生组织。各二级学院设分团委，并指导二级学院学生会工作。

（一）校团委下设科室工作职责

1. 组织科工作职责

（1）组织制度制定，基层组织建设，干部队伍建设，团内奖励和处分，基础团务的管理，校园文化活动的开展。

（2）负责校学生会、校团委学生工作委员会。具体指导学生会开展活动。

（3）负责起草团组织各项制度和规定，并监督基层组织执行。

（4）开展对团员青年的思想政治教育工作，负责全校性团支部组织生活、团日活动的整体计划和具体落实，具体负责团校组建及运行。

（5）负责团干部选拔、培养、使用和管理，组织团校、团干部上岗培训、理论研讨会等培训工作，具体落实每年大学生骨干培训工作。

（6）加强基层团组织建设，认真做好团员发展，团员意识教育、团籍注册、团费收缴、团员组织关系转接等工作。

（7）配合党委组织部门做好学生的“推优”入党工作。

（8）组织评优工作，包括二级学院团委工作考核、团支部工作等级评估，并负责优秀团组织、个人材料整理以及学生干部评优工作，及时向上级报告。

（9）协助做好校级学生干部的管理考核晋升工作。

（10）对接团省委学校部共青团文件。

（11）组织校内创新创业大赛。

（12）对接全国大中专学生志愿者暑期“三下乡”社会实践活动。

2. 宣传科工作职责

（1）指导校广播台、青年志愿者协会、校红十字会、大学生后勤保障团（即设备技术站）开展日常工作及各类活动。

（2）负责校团委官方网站、校团委官方微信公众号（“南青年 1988”）、官方新浪微博（“南昌工学院团委”）的日常运营及学校官网新闻发送；经常向国家级和省市级媒体推荐新闻。大力宣传党的路线、方针、政策和学校党委、团委工作重点，提出宣传工作的意见和计划。

（3）了解团员青年的思想动态，及时有针对性地做好引导、教育和宣传工作，并做好学生舆情收集反馈上报工作。

（4）及时总结团的活动经验，宣传好人好事，宣传典型，提出思想政治教育意见。

（5）配合团委各部开展工作及活动宣传。

（6）做好校园内团委所辖学生活动的宣传板、横幅、海报等宣传物品的管理工作。

（7）结合学生专业特点，积极与社会各阶层联系，为学生平时开展多种形式的社会实践活动提供条件，创造机会；创新活动举办模式，引入活动策划资金，打造学生品牌活动。

（8）负责学术报告厅日常租借、维护工作。

（9）对接安排高雅艺术进校园等各类大型艺术类活动。

3. 办公室工作职责

（1）负责协助校团委书记做好团委的各项工作。

（2）负责联系各二级学院分团委书记开展工作。

（3）负责联系协调校团委各部门开展工作。

（4）负责文件登记、摘录、清理、归档、保管和立卷工作，印发有关通知、文件。

（5）负责收缴各个学院团委的学期计划及总结，制订团委的学期总计划及期末总结；开展各单项活动时负责收缴各部门的工作计划及总结，并对活动的开展进行监督跟进，及时向团委书记汇报。

（6）做好后勤服务工作，做好团委的财产管理及其他物品的领借工作。

（7）负责校团委经费预决算、活动经费审查、活动呈批件审批、校团委报（冲）账等工作。

（8）负责与兄弟院校团组织对接，组织交流考察活动。

（9）配合学校做好学生毕业就业和实习的相关工作。

（10）完成校团委领导交办的其他工作。

（11）指导学生社团服务管理中心日常工作及全校社团活动开展。

（12）做好大学生志愿服务西部计划校内宣传、报名、选拔等工作。

（二）校团委各学生组织概况

1. 学生社团服务管理中心

南昌工学院学生社团服务管理中心成立于 2006 年，是在校团委指导下监督和管理南昌工学院所有学生社团、指导开展校园文化活动的学生组织。社团服务管理中心对全校社团进行有组织、有计划、有目标的引导和管理，推动各类社团健康发展，提倡和组织社团开展积极向上的社团活动和社会服务活动，在社团与社团、学校与社团、社会与社团之间搭建交流纽带，并代表学校维护会员正当权益，促进学生社团科学有序发展。南昌工学院现有书法协会、笛箫协会、静轩棋社、大学生 BIM 技术研究协会、摄影协会、疯狂英语协会、春晖文学社、工艺美术协会等校、院级协会 125 个。

校社团服务管理中心下设办公部、公关部、监察部、财务部、宣传部、外联部、组织部等部门。

品牌活动：民族文化艺术节、大学生科技文化节、社团文化艺术节、江西省书法大赛、“春晖杯”南昌高校现场写作大赛、南昌市高校书画艺术节、南昌市大学生辩论邀请赛、南昌市高校棋类团体赛、社团之夜、乐队演出等。

2. 青年志愿者协会

校青年志愿者协会成立于 2007 年 4 月，是学校公益文化和社会公益活动的主要营造者和实践者。协会秉承“服务他人、服务校园、服务社会”的理念，发扬“奉献、友爱、互助、进步”的志愿精神，在维护校园和谐稳定，倡导校园公益，开展社会志愿服务等工作中发挥着重要作用，也是广大同学走向社会、服务社会、实现自我价值的重要平台。2013 年 3 月，校青年志愿者协会成立校雷锋一班，把“践行雷锋精神”作为协会发展的中心指导思想，并大力加强校外服务基地建设，为广大志愿者提供更多的实践和服务机会。

校青年志愿者协会下辖各二级学院分会，协会内部设有办公部、公关部、纪检部、宣传部、支教部、组织部、爱心服务部和慰问演出团。

品牌活动为：留守圆梦计划、大学生暑期“三下乡”社会实践活动、“大手牵小手”爱心支教（每周）、敬老院帮扶活动、南昌工学院爱心流动血库、509 公交执勤、校园卫生清洁活动、公益之星评选、社会志愿服务。

3. 大学生艺术团

艺术团成立于 2007 年，是开展校园文艺活动的主要组织，也是拥有较完备的艺术设备和专业为留守圆梦计划艺术指导的艺术团体。艺术团立足南昌工学院文化特色，以丰富校园文化生活，提升大学生的文化艺术修养，反映当代大学生的精神风貌和营造健康向上的校园生活为宗旨，是学校各类大型文艺活动的主要承办方，也是广大文艺爱好者展示自我、锻炼自我的重要平台，多年来为学校培养了一大批优秀的文艺人才。艺术团活动以排练、演出、参赛、交流活动为主，与中南民族大学、华中师范大学、南昌大学、江西工贸学院等学校建立了良好交流合作关系。

艺术团下设五大分团：声乐分团、管弦乐分团、话剧分团、舞蹈分团、礼仪模特分团。艺术团内部设有宣传部、舞美部、办公部、外联部、艺术开发部等部门。

品牌活动：艺术专项集训（节假日）、省市艺术类大赛、校迎新晚会、古尔邦节晚会、元旦晚会、校园舞蹈大赛、声器乐专场音乐会、活动礼仪、军训慰问演出、敬老院慰问演出、高雅艺术进校园之广场舞（每周五）、大学生暑期“三下乡”社会实践。

4. 红十字会

南昌工学院红十字会成立于2008年，自成立以来，遵循红十字运动人道、公正、中立、独立、志愿服务、统一、普遍的七项基本原则，发扬博爱奉献的红十字精神，保护人的生命健康，促进校园和谐稳定。校红十字会成立以来，总共发展学生会员700余人次，培训了大量具有急救常识的会员，积极开展社会公益活动和社会救济活动，先后多次荣获“南昌高校红十字先进集体”。

校红十字会下设义工联合会、物资部、监评部、公关部、组织部、宣传部、办公部等部门，此外，校红十字会还在网络上创立了博客、百度百科等，为红十字会的发展奠定基石。

品牌活动：爱心捐赠、急救员培训、新生军训基本急救、社会救助、应急救护进社区国家级项目、大学生暑期“三下乡”社会实践。

5. 广播站

校园之声广播站是南昌工学院唯一的有声媒体，是学校与学生相互联系的重要桥梁纽带，也是有志于播音主持工作的学生重要的锻炼平台。校园广播站负责学校日常广播及各大校园活动的主持工作，并开设专业课堂，为南昌工学院播音主持输送了大量人才。除对播音主持人才的发掘和培养外，由校广播站举办的“金话筒”主持人大赛、朗诵比赛等语言类经典赛事，代表了学校播音主持项目的最高水准。

校广播站下设主席团、播音部、编辑部、技术部、办公部、新闻部。

6. 校设备技术站

校设备技术站是一个特殊学生组织，成立于2010年。设备技术站以设备为基础，以技术为中心，以服务为理念，始终活跃在每一次校园活动中，是校园文化活动成功举办的重要保障。设备站视技术和设备为生命线，始终把学好技术、管好设备、做好服务作为组织生存宗旨。其拥有较完备的舞台音响、灯光设备，培养出了一大批技术娴熟的音响灯光操作人员、摄影人员、影像制作人员和设备维修人员。

设备技术站下设技术部、纪检部、办公部、宣传部、组织部、秘书部等部门。

7. 国旗护卫队

校国旗护卫队是在校团委的大力支持下组建的一个服务国旗的半军事化管理的团体，是由团委直接领导的学生组织，主要职责是负责每周的例行升旗、学校重大节日活动的升国旗仪式、校园安全巡护、宣传爱国主义教育以及出席学校要求的校外实践和迎宾活动。国旗护卫队率先在各学生组织中成立团支部，并设政治委员职务，是南昌工学院政治理论学习以及红色主题文化宣传的重要力量。

国旗护卫队下设教导队、组织部、宣传部、纪检部、技术部。

（三）南昌工学院学生会章程（修正案）

第一章　总　则

第一条　南昌工学院学生会是南昌工学院学生的群众组织，接受南昌工学院党委、江西省学生联合会的领导和南昌工学院团委的具体指导。依照法律、学校规章制度和学生会章程，独立自主地开展工作。一切权力属于全体会员。

第二条　学生会的宗旨和任务：

（1）以党的二十大精神为引领，以习近平新时代中国特色社会主义思想为行动指南，树立政治意识、大局意识、核心意识、看齐意识，坚定道路自信、理论自信、制度自信、文化自信，坚决维护习近平总书记党中央的核心、全党的核心地位，坚决维护以习近平同志为核心的党中央权威和集中统一领导，贯彻党的基本理论、基本路线、基本方略，高举习近平新时代中国特色社会主义思想伟大旗帜，不忘初心、牢记使命，决胜全面建设社会主义现代化国家、夺取新时代中国特色社会主义伟大胜利。

（2）发挥好学校联系同学的桥梁纽带作用，坚持从同学中来到同学中去，通过学校各种正常渠道，正当表达学生诉求、维护学生利益。

（3）大力倡导改革创新精神，勇于开拓，带领全校同学以主人翁的态度关心和参与学校的改革、发展与稳定工作；团结其他学生组织。

（4）发展与兄弟院校学生的友好关系，广泛传播和弘扬南工学子的良好声誉。

第三条　学生会的一切活动以《中华人民共和国宪法》为最高准则。

第四条　学生会承认《中华全国学生联合会章程》和《江西省学生联合会章程》。

第五条　学生会实行民主集中制原则。全校学生代表大会和各学院学生代表大会代表通过民主选举产生，大会对会员负责，受会员监督。

第二章 会 员

第六条 学生会的最广泛代表性：实行会员制，凡在本校就读的本、专科生并且承认学生会章程的学生自动成为学生会会员。

第七条 会员根据本章程具有以下权利：

（1）有权通过各种正当途径和方式对学生会的各级组织和干部及其工作进行监督并提出意见。

（2）在学生会享有平等的选举权和被选举权。

（3）享有参加学生会组织的各项活动的权利。

（4）依照本会章程规定的民主程序，讨论和决定本会的重大事务。

（5）在本会内以适当方式参与学校管理，对学校与学生权益相关事务享有知情权、参与权、表达权和监督权。

受到留校察看处分者，在留校察看期间不享有上述权利。

第八条 会员在履行本章程的权利时需履行以下义务：

（1）树立全心全意为同学服务的思想，弘扬爱国主义、社会主义和集体主义的精神，做先进文化的倡导者、传播者。

（2）刻苦钻研科学文化知识，认真完成各项学习任务，积极参加体育锻炼，促进个人全面发展。

（3）遵守国家法律法规和校纪校规，遵守本会章程，执行本会决议，支持和配合本会工作，维护本校荣誉。

（4）各级学生会工作人员除履行会员义务外，必须做到作风正派，努力学习，热心为同学服务，注意自身行为对学校荣誉的影响，不得捏造和传播不正当言论。

第三章 组织和职权

第九条 学生会的组织原则是民主集中制。

第十条 学生会的最高权力机关是南昌工学院学生代表大会。

第十一条 南昌工学院学生代表大会每年召开一次。特殊情况下，由南昌工学院学生委员会主席团提出，并得到委员会三分之二以上会员的同意，可以提前或推迟召开。南昌工学院学生代表大会代表以学院为单位民主选举产生。各学院学生代表名额根据学院学生总数占全校学生总数比例进行分配。南昌工学院学生代表大会应有三分之二以上正式代表出席方可召开。南昌工学院学生代表大会的职权：

（1）审议通过校学生会主席团的工作报告。

（2）讨论和决定学生会的工作方针与任务。

（3）修改学生会章程，监督章程实施情况。

（4）选举新一届学生委员会。

（5）讨论、决定应提交学生代表大会决议的其他重大事项。

第十二条　南昌工学院学生委员会是南昌工学院学生代表大会闭会期间的最高权力机关。委员会由正式委员和候补委员组成，由学生代表大会选举产生，每届任期一年。委员会每届任期内应至少召开两次全体会议。委员会全体会议应当有三分之二以上委员出席方可召开。委员会委员在任期内因故不能继续担任委员的，由候补委员经委员会全体会议选举后增补。全体会议由学生会执行主席召集和主持。

委员会行使下列职权：

（1）召集南昌工学院学生代表大会。

（2）在学生代表大会闭会期间，执行代表大会决议，决定学生会的重大事项。

（3）选举南昌工学院学生会主席团。

（4）对学生会各项工作享有监督、建议、质询的权利。

（5）根据主席团提名，决定聘任和解聘秘书长。

第十三条　执行委员会（以下简称“执委会”）由主席团成员及各院学生会主席组成。执委会主席团是执委会的领导机构，主持执委会的日常工作。执委会全体会议应当有三分之二以上委员出席方可召开。

第十四条　学生委员会中没有进入主席团的委员自动成为常任学生代表委员会（以下简称“常代会”）委员。常代会全体会议应当有三分之二以上委员出席方可召开。学生会主席团成员不超过5人，不设主席、副主席，设执行主席。执行主席负责召集会议、牵头日常工作。

第十五条　校学生会主席团是学生代表大会闭会期间的最高决策机构和执行机构。学生会主席团成员经学生代表大会民主选举产生。

主席团行使下列职权：

（1）在学生代表大会闭会期间，执行委员会决议，讨论和制订学生会工作计划，决定学生会的重大事务。

（2）决定校学生会日常机构设置，批准和任免学生会各部门负责人。

（3）维护会员权益，以提案报告、召开见面会等各种方式收集并向学校相关部门反映会员提出的对学校发展建设事项的意见建议。

（4）指导各学院学生会工作。

（5）向委员会提出秘书长人选。

第十六条　执委会各部门为学生会处理日常工作事务、开展各项活动的常设职能机构。各部由部长主持工作，并对执委会主席团负责。

第十七条 常代会设专门工作委员会。常代会专门工作委员会由代表工作委员会、提案工作委员会及制度工作委员会组成，分别负责代表培训、提案整理落实和制度完善等相关工作。委员会的设置由常代会全体会议决定。根据常代会会长团的提名，审议并任命常代会各专门委员会主任委员。

第十八条 校团委专职副书记指导校级学生会组织，学生会聘任校团委专职干部担任学生会秘书长。

第四章 基层组织

各二级学院学生会是校学生会的基层组织，接受校学生会指导。凡取得南昌工学院全日制学籍并且承认院学生会章程的学生自动成为该院学生会会员。

第十九条 各二级学院学生会在学院党委（总支）的领导下，在学院团委的指导下，依照法律、学校和学院的规章制度、各自章程，独立自主地开展工作。

学院学生会的基本任务：

（1）严格遵循学校的教育方针，坚决拥护学院党委（党总支）的领导，围绕学院中心工作，以高水平的工作，全面促进学生综合素质提升，团结和带领同学成长为德才兼备的中国特色社会主义事业的合格建设者和可靠接班人。

（2）做好学院和学生间的沟通联系工作，畅通学生与学院之间的沟通渠道，带领同学共同营造和维护良好风气，建立良好的学习和生活秩序。

（3）组织开展适应学生特点、意义深远、内容丰富、形式多样的校园文化和社会实践活动，满足学生成长需要。

（4）增进与兄弟学院学生间的友谊，进一步增强南工学生的向心力与凝聚力。

第二十条 学院学生代表大会每年举行一次，审查和决定学生会的工作，选举新一届学院学生会主席团，修改学生会章程。学院学生代表大会可成立学院学生委员会，作为全院学生代表大会在闭会期间的权力机构。其下可建立班长联席会制度，代表全体同学指导和监督学生会的工作。

第二十一条 院学生会主席团主持学生会的日常工作，对学院学生代表大会及学生委员会负责并向其报告工作。院学生会主席团可聘任学院专职团干部任秘书长指导工作。

第二十二条 班级委员会（简称“班委会”）是学院学生会的基层组织，由班级大会直接选举产生，对全班同学负责并向班级大会及学院学生会报告工作。班委会在学院学生会的领导下依照法律、学校、学院规章制度和各自的章程，开展工作。

班委会的基本任务：

（1）严格遵循学校的教育方针，坚决拥护学院党委的领导，围绕“公能”素质教育体系，以高水平的工作，全面促进学生综合素质提升，培养德才兼备的优秀人才。

（2）协助老师做好班级的日常管理工作，帮助学生解决实际困难。加强老师与学生间的直接沟通。

（3）建设良好班风学风，营造团结友爱、互帮互助、健康向上的集体环境。

（4）开展丰富多彩、有益身心的日常活动，拓展学生综合素质。

第二十三条　班委会由班级大会选举产生，班级大会每学期或每学年举行一次，审查和决定班委会的工作，选举班委会成员。

第二十四条　班委会一般设班长一人，主持班委会日常工作，可设副班长、班委若干人协助工作。

第二十五条　班委会的工作组织程序由各学院学生会规定。

第五章　附　则

第二十六条　本章程在学生会内具有最高效力，学生会内的任何机构不得制定与本章程相抵触的规章、文件、决定。

第二十七条　本章程的解释权属于南昌工学院学生委员会所有。

● 附：南昌工学院学生会各部门职责

学生会常设工作部门：办公室，权益服务中心，融媒体中心，文体活动中心，学生联络与发展中心，素质拓展中心。

（1）办公室：负责开展学生会日常工作，纪律问题，团队建设，管理学生会财务、物资、文书以及档案，联络各二级学院学生会进行学习思想、交流经验、考核等工作，是为学生会工作提供坚实支持的枢纽部门。

（2）权益服务中心：依托于南昌工学院学生会权益工作反馈机制，直面学生们的权益问题，搭建学生与学校之间的沟通桥梁，做好同学们的权益服务工作。

（3）融媒体中心：学生会对外宣传的窗口，通过海报、网络媒体等媒介向同学们传递最新、最快的有益身心健康的信息，承担学生会官方微信公众号、微博等新媒体平台的运营工作。

（4）文体活动中心：以提高同学们艺术修养、营造良好的校园文艺体育氛围为目的，开展各种同学们喜闻乐见的娱乐体育学习的活动，以提高同学们的艺术素养，弘扬体育文化精神，培养优良学风。

（5）学生联络与发展中心：负责高校间学生会交流，搭建学生社会实践平台。

（6）素质拓展中心：为同学们提供素质提升的平台和机会，参与学生会对外交流活动，建设学校内专业的素质拓展队伍。

（四）南昌工学院学生会主席团成员候选人产生办法及选举办法

为落实共青团中央、教育部、全国学联联合下发的《关于推动高校学生会（研究生会）深化改革的若干意见》，以及《高校学生会组织深化改革评估工作方案》要求，根据《中华全国学生联合会章程》《江西省学生联合会章程》和《南昌工学院学生会章程（修正案）》相关规定，特此完善学生会工作人员选举办法，具体内容如下：

1. 选拔条件

（1）应为南昌工学院全日制在校本科生。

（2）应为中共党员或共青团员，具有较高的思想政治素质、坚定的理想信念，具有强烈的爱国意识、爱国感情，品行端正、作风务实、乐于奉献。

（3）具备牢固的专业基础与合理的知识结构，有较强的学术精神和学习能力，学业成绩优秀，综合素质排名和学业成绩排名位于本专业前 30% 且无课业不及格情况。

（4）具有较强的组织协调能力和人际沟通能力、较强的文字功底，具备良好的计算机应用能力。

（5）学生会主席团由学生代表大会选举产生。校级学生会主席团候选人由学院团组织推荐，经学院党组织同意，由学校党委学生工作部和学校团委联合审查后，报学校党委确定，由学生代表大会差额选举产生。通过公示上报党委批准后，上报上级团组织、学联备案。

2. 组织遴选

（1）资格审查：校学生会对报名人员进行资格审查，并组织符合条件者参加选拔考试。

（2）笔试选拔：本阶段主要对竞聘者的思想政治理论知识、公文写作能力等进行考核。

（3）面试选拔：适时以结构化面试或无领导小组讨论等形式开展。

（4）民主测评：校学生会组织第三方工作人员对竞聘者进行民主测评。

3. 名单公示与任命

最终拟录用人员名单将进行校内公示，公示无异议者将入职试用，试用期满且合格的学生会主席候选人报请校党委、省学联批准同意，提交学校学生代表大会表决通过后，正式发文任命。

选拔由校学生会常任代表委员会成员全程监督，确保做到公平、公正、公开。

五、团支部工作职责

（一）组织支部团员青年学好党的各项路线、方针、政策，了解国内外大事，及时传达党、团组织的工作精神，并认真加以落实。

（二）做好支部团员和非团员青年的思想政治工作，帮助他们解决学习、工作和生活中遇到的各种问题，并向团总支反映团员青年的思想情况和意见建议。

（三）制定团支部组织生活制度，认真组织好政治学习、团日活动，组织开展争创

“五四红旗团支部”、争当“优秀团员”的活动，切实发挥团员的先锋模范作用和团支部的战斗堡垒作用。

（四）积极主动地配合上级党、团组织，做好入党积极分子的培养教育工作，并做好推荐党的发展对象工作。

（五）做好团籍管理工作，建立支部工作档案，负责团费的收缴。

（六）负责推选新的支委成员和出席上级团代会的代表，发展新团员、讨论通过对团员的奖励和处分，监督团员履行义务和行使民主权利。

（七）与班委保持密切联系，协助班委做好日常班级工作和开展丰富多彩的文娱、体育活动。

（八）完成上级党团组织交办的其他事宜。

（九）团支部各委员职责。

1. 团支书职责

（1）协助辅导员抓好本支部团员青年的政治思想建设，引导学生树立正确的世界观、人生观、价值观。

（2）结合工作计划，组织开展团日活动。

（3）组织开展形式多样、内容活泼的文体活动。

（4）负责新团员的组织发展。

（5）负责推荐优秀团员作为党的培养对象。

（6）完成上级团组织及辅导员交给的其他工作。

2. 副团支书职责

（1）协助团支书抓好支部建设。

（2）抓好各项具体工作。

（3）团支书不在时，代理团支书抓好工作。

3. 组织委员职责

（1）协助团支书做好团日活动。

（2）抓好新团员的组织发展工作。

（3）负责建立支部工作档案。

（4）负责团费的收缴与团籍的管理工作。

4. 宣传委员职责

（1）协助团支书抓好支部好人好事的宣传报道。

（2）抓好支部的宣传工作。

（3）成立通信小组，宣传上级党、团组织的指示精神。

（4）完成团支书交给的其他具体工作。

六、学生干部管理条例

第一章 总 则

第一条 为加强学生干部队伍建设，增强学生干部的服务意识，有效地发挥学生干部的先进、骨干作用，特制定本条例。

第二条 本条例所指学生干部包括校、院、班各级团学干部及学生社团主要干部。

第二章 学生干部的产生和任职条件

第三条 学生干部的产生原则及程序：

（1）学生干部的产生应坚持公平、公开、公正、择优录用的原则。

（2）班级学生干部通过个人申请及班级民主选举与辅导员任命相结合的方式产生。

（3）院级学生干部由个人申请、辅导员推荐有一定工作经验的学生，通过竞聘等方式，由所在学院考核产生。

（4）校级学生干部由个人申请、学院推荐有一定工作经验的学生，通过竞聘等方式，由校团委考核产生。

（5）学生社团干部由各学生社团民主选举产生。

（6）校、院级学生干部在任职前须进行公示。

第四条 学生干部的任职条件：

（1）坚持四项基本原则，拥护党的路线、方针、政策。

（2）自觉遵守校规、校纪，有良好的道德品质和精神风貌。

（3）有强烈的集体荣誉感和奉献精神，工作积极主动，责任心强。

（4）有较强的实践能力和组织管理能力。

（5）勤奋学习，努力掌握科学文化知识，学习成绩优良。

（6）身体健康。

第五条 学生干部实行任期制，每届任期为一年，到期必须重新任命。班级干部可连选连任。

第六条 有下列情况之一者，不得担任（或推荐担任）学生干部，已担任学生干部的，应予以解聘或辞职。

（1）不爱学习，有多门功课补考或重修者。

（2）违反校规校纪受到校纪处分者。

（3）工作不认真负责，造成严重后果者。

第三章 学生干部的管理和考核

第七条 学生干部由校团委和学工处（部）负责管理。

第八条　校级学生干部由校团委负责考核，并将考核结果分别通报学生干部所在学院党总支。

第九条　院级学生干部由各二级学院团委负责考核。

第十条　班级团学干部由辅导员具体管理和考核，并将主要干部的考核结果报学院团委、党总支。

第十一条　根据学生干部的表现及考核结果，学校每学年度评选一次优秀学生干部。

第四章　学生干部的义务和权利

第十二条　学生干部必须履行下列义务：

（1）认真学习，积极宣传党的路线、方针和政策。

（2）及时反映广大同学的意见和呼声，做学生利益的忠实代表和维护者。

（3）团结广大同学，成为同学的知心朋友。

（4）认真组织各项有益于学生身心健康的课外活动。

（5）做好本职工作，完成组织交办的任务，不断改进工作方法，创造性地开展工作。

（6）努力提高自己的组织能力、表达能力以及社会实践能力。

（7）正确处理好工作与学习的关系。

（8）模范遵守国家法规和校规校纪。

第十三条　学生干部享受下列权利：

（1）代表学生参与学校教学和管理事务，加强学校有关部门和有关领导与广大学生的联系，促进学校学生工作和后勤工作等与学生利益相关的工作的开展。

（2）组织学生开展自我管理、自我教育和自我服务活动，在维护学校整体利益的同时，维护广大同学的正当权益。

（3）对校团委各学生组织、学生会、学生社团及其下属组织有建议和批评的权利，并有权要求其改进工作。

（4）有维护集体、他人及自身的正当权益不受侵犯的权利。

（5）按学校的有关规定享受其他应享受的待遇。

第五章　附　则

第十四条　本办法由校团委和学工处（部）解释。

第十五条　本办法自 2014 年 9 月起执行。

团校章程

第一章 总 则

第一条 中国共产主义青年团是中国共产党领导的先进青年的群团组织，是广大青年在实践中学习中国特色社会主义和共产主义的学校，是中国共产党的助手和后备军。其基本任务是用共产主义理论教育青年，帮助青年用马克思列宁主义、毛泽东思想、邓小平理论以及现代科学文化知识武装头脑。为进一步完善团的组织建设，增强团组织的凝聚力和战斗力，培养一批素质过硬、工作能力强的团干部，充分发挥团校的作用，特制定本章程。

第二条 建立团校是优化共青团工作的内外部环境，丰富完善共青团工作的内容，全面活跃共青团工作的必然选择，是在改革开放的形势下，使共青团工作进入系统化、经常化、科学化的教育轨道的有效组织形式，是培养社会主义建设者和接班人的需要。

第三条 南昌工学院团校在学校党委的领导下，由学校团委负责日常教育和管理工作，是学校共青团工作组织建设的主要基地和思想政治教育的有效载体。

第四条 南昌工学院团校始终坚持鲜明正确的政治方向，坚持不懈地对广大团员青年和团干部的教育和引导，组织团员青年学习马克思列宁主义、毛泽东思想、邓小平理论、“三个代表”重要思想、科学发展观、习近平新时代中国特色社会主义思想，深入开展党的基本理论、基本路线、基本纲领和基本经验的宣传教育，深入学习党的二十大等相关会议精神，开展中国革命、建设和改革开放的历史教育，开展基本国情和形势政策教育，开展中华民族优良传统和中国革命传统教育，开展各民族平等团结教育，开展社会公德、职业道德和家庭美德教育，加强民主法治教育，加强人文素质和科学精神教育，加强集体主义和团结合作精神教育，增强团员青年的民族自尊、自信和自强精神，树立正确的理想、信念和价值观。

第二章 学员及管理

第五条 凡南昌工学院申请入团的青年、共青团员、团干部以及要求入党的优秀团员均属团校的培训对象。

第六条 参加团校的学员，须由本人提出申请，所在团支部推荐，并经团总支审查同意后，由各团总支上报院团委。

第七条 培训时间由学校团委根据实际情况决定，一般在每年的 4 月和 11 月。

第八条 入团积极分子和入党积极分子，校团委、二级学院分团委主要干部必须参加团校学习。

第九条 学员在参加团校学习期间，必须严格遵守校规校纪和团校的一切规章制度，认真学习，积极参与团校的各项活动。

第十条　对学员学习成绩的考核，主要采取理论考试和平时考核相结合的方法进行。理论考试总分 100 分，60 分以上为合格。平时考核分优秀、良好、合格和不合格四种。

（1）学员结业考试由校团委统一命题，并安排好考试的有关工作，对无故不参加结业考试和考试作弊的学员，其结业考试成绩以零分计，并根据情节轻重给予团内纪律处分。考试不合格的学员，在规定时间内参加补考，经补考仍不合格或平时考核不合格的学员，不发给结业证书，非团员在本年度内不能发展入团，是团员（团干）的在年度表彰时，不能评为模范团员（优秀团干），不能列为党员培养发展对象。

（2）学员结业时，本人应写出自我总结，由团校作出评定。理论考试和平时考核都合格的学员，发给结业证书，作为青年入团、团员（团干）评选先进和推优入党的重要条件，并将有关材料转入学员的团员档案。

第三章　奖励和处分制度

第十一条　学员在参加团校学习期间表现突出的应给予表扬，并授予“优秀学员”称号，评比条件如下：

（1）按时参加培训，认真学习，不旷课、不迟到、不早退，遵守学校、团校规章制度。

（2）结业考试理论成绩不低于 80 分，平时考核优秀。

（3）通过系统化学习有关知识，能够结合自身实际，写出结业论文交校团委，形成自己的独特见解。

（4）如在某一方面有突出表现者，经办公室主任推荐，团校校长同意，可酌情放宽条件。

第十二条　学员在参加团校学习期间违反校规校纪和团校各项规章制度的，给予批评教育，情节严重的给予团内处分。具体办法如下：

（1）迟到、早退或违反课堂纪律累计两次或旷课一次，取消评优资格；旷课两次给予批评警告；旷课三次取消培训资格。

（2）学员在培训期间受到学院行政处分的，一律取消培训资格。

第十三条　考试成绩及奖惩情况将于培训结束后通报学员所在分团委，作为推优评先的重要依据之一。

第四章　授课办法

第十四条　团校设理论课和教育实践课。

第十五条　理论课是团校教育教学的主题。包括共青团理论知识和工作实务，党的基本知识、时事教育和国情教育等。教育实践课包括学员座谈，社会调查与观摩，共青团理论研讨等。

第十六条　团校教师由校团委聘请校内外有关领导、专家和有丰富共青团工作经验的团干担任。

第十七条　团校利用主题团日或课外活动时间开课，每周开课 6 ～ 8 学时，开课不少于两周。

第十八条　学员对授课（包括授课内容、时间等）如有特殊要求，可向办公室主任提出。经征求大部分学员同意，校团委应充分考虑学员的意见。

第五章　附　则

第十九条　未尽事宜，由团校通知补充。

第二十条　本章程由校团委负责解释修改。

五四评优实施细则

为集中展示南昌工学院青年崭新的精神风貌，引领学校广大青年秉承“忠信笃行、自强不息”的精神，发扬南昌工学院“艰苦创业、勤俭务实、锐意改革、乐于奉献、自强不息”的建校精神，教育引导南工学子向先进典型看齐，充分发挥身边人、身边事的“典型引领、示范带动”作用，不断优化团员青年成长成才环境，激励广大青年学生奋斗不息，锐意进取，校团委特组织开展五四评优活动。

一、评选对象

全校在籍的全日制本、专科生和民族预科生。

二、评选类别

共青团系列：优秀团员、优秀团干（老师、学生）、五四红旗团支部、五四红旗团委。

南工之星系列：自强之星、公益之星、科技之星、实践之星、学业之星、学干之星、文明之星、文体之星、宣传之星，共九个类别。

“十优百佳”团日活动系列：十优团日活动、百佳团日活动、优秀指导教师。

三、评选条件

（一）共青团系列

1. 优秀团员

（1）坚持四项基本原则，拥护党的基本路线、方针和政策，政治上积极要求进步，有坚定正确的政治方向，树立社会主义荣辱观。

（2）能够模范履行和正确行使团章规定的团员权利和义务，自觉参加各项组织活动，积极完成组织交办的工作。

（3）学习目的明确、态度端正，学习成绩良好，上学年无补考，在综合测评中排名不低于班级前 15 名。

（4）勇于开展批评与自我批评，能认真听取别人的意见，并能通过努力加以克服，勇于和各种不良习气作斗争。

（5）尊敬师长、团结同志，能够在和谐校园建设及所属团组织的各项活动中发挥模范带头作用，至少获得过一次院（处）级以上的表彰。

（6）必须参加过或在参加团校培训，已经或即将拿到团校结业证。

2. 优秀团干

（1）学生优秀团干必须具备优秀团员的六项条件。

（2）现任团支部及以上干部，任职时间不少于一学期。

（3）热心团的工作，具有强烈的责任感，积极主动地开展好团和青年工作，有较强的独立工作能力，工作成绩显著。

另：教师团干评优面向各学院、各单位长期从事共青团工作的同志（校团委工作人员、各二级学院共青团工作人员、校党委各部门指导共青团工作人员），任期至少满一个学期，且工作积极，表现优秀。

3. 五四红旗团支部

必须至少组织开展一次班级团日活动，其他事项详见申报表。

4. 五四红旗团委

所属团支部开展团日活动需达到 50% 以上，其他事项详见申报表。

（二）南工之星系列

1. 自强之星

（1）具有良好的思想政治素质，学业成绩优良，品行端正，乐观向上。

（2）有梦想并勇于克服困难、突破限制、超越自我去实现自己的梦想，在爱国奉献、科研创新、自主创业、志愿公益等方面表现出非同一般的个人能力，有突出的自强事迹或个人成就，为当代大学生树立了可亲、可敬、可信、可学的时代榜样。

（3）本人的自强事迹在校报、校园网等校园媒体或其他社会媒体上有过相关报道或介绍，自强事迹在校园内引起较大反响者优先。

2. 公益之星

（1）已经正式注册的青年志愿者、义工或长期从事公益活动的普通同学。

（2）积极参加志愿服务活动，积极组织、参加爱心公益活动，事迹突出，积极为有困难的人群提供热心帮助。

（3）充分发扬“奉献、友爱、互助、进步”的志愿者精神，在志愿服务中受教育、长才干、作贡献。弘扬雷锋精神，积极争做好人好事，全心全意为人民服务，艰苦奋斗，无私奉献，事迹突出。

（4）积极主动倡导、参加青年志愿者活动，全年累计参加青年志愿者活动 100 小时以上，获得过学校或社会志愿服务表彰，在同学中有良好反响，能起到模范带头作用。

3. 科技之星

（1）在学科竞赛、大学生科技创新发明竞赛活动中取得优异成绩。

（2）学术科研成果具有一定的理论价值和推广价值，或应用于实践领域产生社会经济效益。

（3）在某些行业或领域刻苦钻研，勤于训练，有突出技能，获得相关机构的认定，或在相关的技能大赛中获得突出成绩。

（4）在科技进步、技术革新、发明创造、技术攻关、学术研究中成绩优秀，为提高学校综合竞争力作出一定贡献。

4. 实践之星

（1）积极参加各类创业计划竞赛（挑战杯），项目突出，有坚定的创业意志、卓越的创新能力，或自主创业事迹突出，在创业实践过程中起到先锋模范作用。

（2）实践经历真实可信，在同学中有一定的影响力，并得到同学的广泛认同。

（3）关注国情民生，关注社会热点，以主人翁姿态积极参加社会实践并撰写优秀调查报告，有典型事迹，并获得过社会或学校的相关表彰。

5. 学业之星

（1）学习成绩优异，学年成绩为专业或年级前三名，并帮助带动周围同学共同进步，事迹突出。

（2）能够带领广大团员青年贯彻执行党的路线、方针、政策，积极参加各项活动，上好党课、团课，引导团员青年坚持德、智、体、美、劳全面发展，养成刻苦勤学的作风，所属团组织成员学习成绩突出。

（3）至少获得二等校级奖学金，获得国家奖学金者优先考虑。

（4）积极拓宽专业知识，英语过四级或者六级。

6. 学干之星

（1）学校、学院各类学生组织的学生骨干、干事，创建了卓越的团队形象，营造了优秀的团队文化，享有较高威信，为同学服务作出突出事迹。

（2）能够结合青年学生特点，围绕党的中心工作，积极主动开展各项活动，帮助青年学生解决学习、工作、生活、思想中的问题，有很高的威信和号召力。

（3）能够围绕中心工作、大局工作，做好自己的本职工作，有明确的团的工作思路，在理论学习、素质拓展、科技创新、社会实践、青年志愿者、校园文化活动等各方面工作表现突出，能够出色完成组织交给的任务。

（4）认真组织、参与校园活动，积极营造积极、健康、向上的校园文化氛围，在丰富校园文化生活、促进校园精神文明建设中发挥积极作用。

（5）工作作风严谨、态度端正、成绩突出，有较好的群众基础，在校园活动中表现出较强的组织能力和协调能力，并取得较好的成绩。

（6）或受校级或校级以上学干序列表彰，参加过校级或校级以上大学生骨干培训班。

7. 文明之星

（1）集体荣誉感强，精神风貌良好，素质较高，言谈举止规范、文明。

（2）立足于学校学生中的文明人、文明事（如无私奉献、见义勇为、助人为乐、尊老爱幼、孝老爱亲、爱岗敬业、乐善好施等）。

（3）具有诚信意识、良好考风和大学生信用信誉，遵守校纪校规，努力完成所作的决定和承诺，深受同学信任。

（4）富有爱心，积极参与组织各种爱心捐助、帮残助困、环保等活动，积极投身社会及校园各种公益行动。

（5）以身作则，关爱生命、关注自然、厉行节约，从自己做起、从小事做起、从身边做起，为建设和谐校园而不懈努力。

（6）因拾金不昧、乐于助人、文明礼貌等行为受到过院级或院级以上表彰。

8. 文体之星

（1）具有一定的特长和水准，积极参加校内外各项文体活动。

（2）在学校和院（系）举行的各种文艺演出或体育比赛中取得优异成绩，在校级以上重大文艺、体育赛事中取得突出成绩。

9. 宣传之星

（1）积极宣传学校教学管理工作、校园好人好事、校园文化活动，在校园内积极传播正能量。

（2）所创作反映校园主题的新闻、传记、影视作品、摄影、广播、微博、博客等有公开发表并产生一定影响。

（三）“十优百佳”团日活动系列

1. 十优团日活动

（1）团日活动契合主题，活动形式新颖、得体，活动内容丰富，能广泛调动支部团员积极性，弘扬正能量，充分体现团组织的战斗堡垒作用。

（2）每项活动该支部团员参与率不低于 90%，且分工得当，活动有详细的活动策划、实施流程、活动报道和活动总结。

（3）活动具有较大影响力，能在校园网、贴吧、微信平台等网络媒介中进行宣传，且活动报道至少在院级网站中登出。

（4）活动在引领团员思想，凝聚支部战斗力中起到重要作用，活动满意度评价为优秀（班级支部评估 + 二级学院评估）。

（5）各二级学院按照《关于全校开展班级主题团日活动的通知》文件中附件五《班级主题团日活动评比考核参考方案》评选推荐。

2. 百佳团日活动

（1）团日活动契合主题，活动形式新颖、得体，活动内容丰富，能广泛调动支部团员积极性，弘扬正能量，充分体现团组织的战斗堡垒作用。

（2）每项活动该支部团员参与率不低于 80%，且分工得当，活动有较详细的活动策划、实施流程、活动报道和活动总结。

（3）活动具有较大影响力，能在校园网、贴吧、微信平台等网络媒介中进行宣传。

（4）活动在引领团员思想，凝聚支部战斗力中起到重要作用，活动满意度评价为良好以上（班级支部评估 + 二级学院评估）。

（5）各二级学院团委按照《关于全校开展班级主题团日活动的通知》文件中附件五《班级主题团日活动评比考核参考方案》评选推荐。

3. 优秀指导教师

（1）能积极指导所带班级支部开展团日活动，且在活动策划中被明确指定为指导教师，在活动策划、组织、总结和报道中起到指导帮助作用。

（2）所带班级支部开展团日活动比例不低于 75%，各支部参加活动团员不低于 85%。

（3）所指导活动中至少有一个获得“十优百佳”团日活动。

（4）各指导教师自己申请，各二级学院团委按照其在指导支部开展活动中综合表现严格筛选推报。

四、评选办法

（1）各二级学院团委根据评选要求，开展相关的评选活动，结合学生或集体实际情况和突出事迹，按照要求准备材料，按时上报。

（2）学院根据申报的材料对候选人进行初评，并将候选人或集体及其事迹在学院网站上进行公示，广泛征求意见，最终确定获奖名单。

五、申报指标

（1）优秀团员按照各学院团员数的 3% 进行推报，此项指标以各学院每年注册团员数为准。

（2）学生优秀团干按照各单位、各学院团干部数的 10% 推报，教师优秀团干按照干部数 50%（可四舍五入）推报。此项指标只针对各班级支部书记、团组织委员、团宣传委员、二级学院团委团口干部（含干事）、校团委团口干部（含干事）、党委宣传部干部（含干事）和从事共青团工作的教师。

（3）五四红旗团支部按照各学院团支部数的 10% 推报，含各级雷锋班支部。

（4）五四红旗团委 4 个（民主评议）。

（5）南工之星：南工之星推选不设指标，宁缺毋滥，各学院按推荐最优秀、最合格人选参与全校总评。

（6）十优团日活动：每学院申报一个。

（7）百佳团日活动：各学院按开展的活动数的 30% 择优推报（以报备校团委数为准，民主评议产生）。

（8）团日活动优秀指导教师（按指导活动教师数的 20%，四舍五入）。

六、评选要求

（1）各学院要高度重视，组织力量积极做好宣传发动候选人和集体推荐工作，确保活动顺利开展。

（2）在推荐候选人和集体的工作中，要严格按照评选条件坚持择优原则，所推荐的人选和集体应是本学院中最具有代表性的人物或集体。

（3）申报材料应包含以下内容：

①所申报项目表。

②被推荐个人除所填写表格外另写 800 字以上的事迹材料 1 份，A4 纸，小四号仿宋字体，行间距取固定值 25，统一排版；被推荐集体除所填写表格外另写 1500 字以上的事迹材料 1 份，小四号仿宋字体，行间距取固定值 25，统一排版。

③提供事迹材料中涉及的主要奖项的证书复印件和证明材料。

学生社团管理办法

第一章　总　则

第一条　为进一步规范南昌工学院学生社团的管理，推动社团的健康发展，繁荣校园文化，促进校园精神文明建设，依照国家宪法及有关法律法规，结合学校实际情况，特制定本办法。

第二条　本办法所称学生社团指由南昌工学院学生依据相同兴趣爱好，为实现提高成员素质的共同意愿，按照其章程开展活动的自愿组成的学生组织。学生社团的会员应是具有南昌工学院学籍的学生。学生社团在组建过程中应坚持开放性原则，不得由其单一民族成员或单一学生群体组成。

第三条 学生社团须遵守国家宪法、法律和法规，认真贯彻党和国家的教育方针，遵守学院的规章制度，积极践行和弘扬社会主义核心价值观。

第四条 共青团南昌工学院委员会受南昌工学院党委的委托，在学校党委宣传部、学工处（部）、教务处、科研处、保卫处（部）等部门的配合下，负责学生社团管理和指导；南昌工学院学生社团服务管理中心受学校团委等有关部门的共同委托，负责学院学生社团的日常管理、协调工作。

第五条 学生社团的基本任务是：适应社会发展需求，适应教育改革及学生成长成才的需要，积极开展健康有益、丰富多彩的第二课堂活动，按照自愿、自主、自发原则，善用网络技术和新媒体，开展主题鲜明、健康有益、丰富多彩的线上和线下课外活动，繁荣校园文化，培养学生的社会责任感、创新精神和实践能力，提升学生社团的思想教育功能、凝聚功能、培养功能、示范功能，促进学生德、智、体、美全面发展，提高学生综合素质。

第六条 学生社团的活动经费来源为相关部门拨款、成员会费缴纳以及接受奖励或赠予等。社团财务管理须遵守学校及社团服务管理中心的财务制度。

第二章 成立、注册办法

第七条 成立学生社团须履行下列程序：

（1）发起人向学生社团服务管理中心监察部提出成立申请。

（2）学生社团服务管理中心进行审核、评估及听证会。

（3）团委批准。

（4）成立、登记。

第八条 申请成立学生社团须具备以下条件：

（1）由5名以上学生联合发起，发起人必须具有开展该学生社团活动所必备的基本素质，未受纪律处分。

（2）有规范的名称和相应的组织机构；规范的名称指学生社团的名称符合法律法规及校规的规定，不违背校园文明风尚，与其性质相符，准确反映其特征。

（3）有业务指导单位。

（4）有至少一名社团指导教师。

（5）有规范的社团章程，包括社团名称、类别，宗旨，成员资格、权利和义务，组织管理制度、财务制度，负责人产生程序，章程修改程序，社团终止程序及其他应当由章程规定的相关事项。

（6）筹备申请学生社团，发起人应当递交下列材料：

①筹备申请书，章程草案，发起人和拟任责任人基本情况及学生证复印件，指导教师

基本情况，业务指导单位的确认书及学生社团名称、宗旨和类别（思想政治类、学术科技类、创新创业类、文化体育类、志愿公益类及其他类）。

②学生社团活动基本内容、范围和方式。

③会员资格及其权利、义务。

④组织管理制度、执行机构的产生程序及权限。

⑤经费来源、管理与使用的规定。

⑥负责人条件、权限和产生、罢免程序。

⑦社团的终止程序。

⑧章程修改程序。

⑨社团建设、发展的可行性报告。

第九条　学生会社团服务管理中心收到申请书后，对申请成立的学生社团进行调查和论证，调查论证后在申请书上写出意见。团委自收到本办法第十四条所列全部有效文件之日起 15 个工作日内，以书面的形式给予批复。

第十条　申请成立的社团，在批准成立之前不得以社团名义开展与筹备工作无关的活动。经批准成立的社团，应当自联合会批准筹备成立之日起 30 日内召开成员大会，通过章程，产生执行机构、负责人。

第十一条　有下列情形之一的，不予批准成立，已成立的勒令取消并追究当事人责任：

（1）成立申请及筹备期间有不符合本办法规定的。

（2）在申请成立时弄虚作假的。

（3）有性质、活动内容相同或相近的社团存在，造成社团重复组建的。

（4）不符合第八条所规定的学生社团成立必备条件的。

第十二条　学生注册社团成立以后由社团服务管理中心颁发社团临时许可证，社团成立发展一年通过团委指导教师及社团服务管理中心的考察之后，方可颁发正式社团许可证。社团因特殊原因注销后，社团许可证必须上交社团服务管理中心。

第十三条　学生社团申请注册并颁发社团许可证的条件为南昌工学院校内所有正式批准成立的学生社团。

第十四条　学生社团的注册工作程序如下：

（1）向校团委学生社团服务管理中心上交本学年工作总结和财务报告、下学年工作计划，并填写“南昌工学院学生社团注册登记表”。

（2）社团服务管理中心根据各学生社团上报的资料，对各学生社团的学年工作提出全面的意见，上报团委。

（3）社团服务管理中心根据团委的批复，对符合注册要求的学生社团进行注册登记。

第十五条　有以下情况的学生社团暂缓注册：

（1）没有及时上交本学年工作总结和财务报告、下学年工作计划的或上交后欠缺真实性。

（2）限期整改的。

（3）有违纪违规行为，正在调查中的。

（4）其他经审验被认定为需暂缓注册的。

（5）该社团成员对该社团所开展的活动或主要负责人存在重大意见的。

（6）社团之间产生不正当竞争行为的。

第十六条　没有进行注册（含暂缓注册）的学生社团不得以南昌工学院学生社团的名义开展任何活动，否则将追究该社团负责人的责任；有违法乱纪行为，情节严重的将报学校保卫部门及司法机关处理。

第十七条　学生社团更改名称必须按照相关条款重新申报登记，更名后原社团资格不再存在。

第三章　组织机构

第十八条　社团负责人的产生及评估：

（1）负责人由本社团民主选举产生，经过社团服务管理中心考核通过，并报校团委，由校团委社团服务管理中心正式任命后方可就任，享受学生干部待遇。

（2）若社团负责人管理不善，有碍社团发展者，社团所有成员有权报请社团服务管理中心并经校团委同意，免去其职务。由社团服务管理中心主持该社团重新选举，并报校团委批准。

第十九条　学生社团组织机构由会员大会产生，会员大会由全体会员组成，会员大会是学生社团的最高权力机构。

第二十条　社团服务管理中心有权监督会员大会。

第二十一条　会员大会作出决议必须在公平、公正、公开的原则下进行，决议通过应超过出席会议会员数的半数；对学生社团变更、注销和修改章程作出决议，必须经出席会议的会员三分之二以上通过。

第二十二条　出席会议的会员数必须达到会员总数一半以上，否则会员大会无效。

第二十三条　会员大会行使下列职权：

（1）选举和更换学生社团负责人，最终由社团服务管理中心听取该社团上一届负责人的意见，审核考察后批准。

（2）审议批准负责人的工作报告。

（3）对学生社团变更、注销等事项作出决定。

（4）通过或修改学生社团章程。

（5）监督学生社团财务活动。

第二十四条 学生社团负责人主要指社团正副会长，学生社团负责人由本社团成员经会员大会选举，经社团服务管理中心审查后产生。学生社团的正副会长不得兼任财务负责人。

第二十五条 有下列情况之一的，不得担任或继任学生社团负责人：

（1）在校期间受到纪律处分的。

（2）因违反有关规定被撤职或学生社团被宣布解散，应当承担主要责任的学生社团负责人。

（3）在一个学期内有三门及以上课程不合格或有一门课程重修的。

（4）不符合学生社团章程规定的社团负责人条件的。

第四章 监督与活动管理

第二十六条 校团委学生社团服务管理中心负责下列监督管理工作：

（1）负责学生社团的成立、变更、注销的登记和备案。

（2）对学生社团实施年度检查和注册。

（3）对学生社团聘请校内专家担任顾问的申请进行审核。

（4）对学生社团的举报和投诉，有具体事实的，应当进行初步核实，上报团委。

（5）对社团负责人进行评议。

（6）对学生社团实施不定期财务审核。

（7）定期召开社团服务管理中心委员工作会议，并听取他们的工作和活动情况汇报，给予指导性意见。

（8）除学校特定需要，并经学校批准的以外，学生社团不得以校外机构或个人冠名，也不得成为校外任何机构的分支机构。

（9）学生社团团员人数超过3人的须建立团支部，团支部负责人原则上由具有团籍的社团负责人兼任，也可单独配备。社团团支部要在校团委的直接领导下开展工作。

第二十七条 学生社团不得刻制公章，可以自备艺术图章和其他标志，但必须由学生社团服务管理中心报经校团委批准。

第二十八条 学生社团活动或经批准与学校以外的部门合作开展的活动必须遵守国家宪法、法律法规和学校规章制度，不得在学生中散布违背宪法、法律法规和党的路线方针政策的错误言论，不得开展与其宗旨不符的活动，不得开展纯商业性活动。

第二十九条 学生社团活动内容要健康、积极，活动的开展要有创新意识。

第三十条 学生社团活动必须坚持课余、自愿的原则，不得占用上课、自修、集体活动和政治学习时间。

第三十一条 学生社团活动在开展前要以书面形式（活动计划、流程、经费预算和宣传计划）向指导教师、业务指导单位和社团服务管理中心申请，在得到明确的批示同意后方可开展。对参与人数较多或在校外举办的活动，对活动的流程、方案、经费管理、安全预案，必要时会同保卫部门一同对安全预案进行审核，确保活动安全有序地进行。在活动结束后6日内向社团服务管理中心提交活动有关情况的文字材料。

第三十二条　学生社团除按自己的计划进行活动外，应承担学校统一策划的有关活动的相应义务。当学校总体安排与学生社团活动发生冲突时，学生社团应自觉服从学校的统一安排。

第三十三条　学生社团的活动经费主要以自筹（如会员缴纳会费、个人捐助或拉赞助等）方式解决，参与学校统一安排的重大活动时，可由学生社团服务管理中心向团委申请资金以适当资助。

第三十四条　学生社团如要印刷在校内交流和向校外赠阅的社团刊物，必须向社团服务管理中心提交书面申请，团委签署意见后，送校党委宣传部审批，未经批准不得印刷。

第三十五条　学生社团在对外联络时，必须署真实姓名，必须强调学生社团身份。不得冒用社团服务管理中心或学校及其他名义进行活动，不得做任何有损学校形象的事。

第三十六条　学生社团邀请校外人员来学校举办讲座、辅导报告及联欢等活动，必须向社团服务管理中心提出申请，由校团委批准，必要时须报校党委宣传部门批准。

第三十七条　学生社团以社团名义到校外参加活动时，应提前向学校团委申请，并报告活动相关情况，原则上应由社团指导教师或校团委教师带队。

第三十八条　校外机构或个人支持学生社团开展调研、交流、访问、培训等活动由校团委审核和管理。对于与企业、社会机构联系紧密的创新创业类社团，确需冠名，须经校团委同意，并报校党委批准。

第三十九条　社团服务管理中心负责学生社团网络化建设管理工作。对社团运营网站、新媒体平台、印发刊物的管理和指导，明确社团成员的网络化文明意识，践行社会主义核心价值观，传播向上向善的正能量，对网络新媒体社团的管理和引导。

第五章　成员权利和义务

第四十条　在校学生有权按照任何一个学生社团的章程自由加入或退出该学生社团，学生社团成员在享有权利和履行义务方面一律平等。

第四十一条　学生社团负责人的权利：

（1）对社团服务管理中心开展工作提出意见，并对社团服务管理中心进行监督。

（2）统筹管理该社团的事务，带领该社团成员开展活跃校园文化的活动。

（3）在不违反法规法纪、校规校纪的前提下，组织策划校内外的交流促进活动。

（4）享有学生干部的待遇。

（5）可参与评选“优秀社团干部”，并由校团委、学生社团服务管理中心向全校公布获奖社团干部予以表彰。

第四十二条　会员的权利：

（1）学生社团会员有权了解所在社团的章程、组织机构和财务制度，有权对学生社团的管理和活动提出建议和质询。

（2）若学生社团负责人违反《南昌工学院学生社团管理办法》有关规定，损害成员利益，学生社团会员有权向社团服务管理中心反映问题和情况。

（3）学生社团会员有选举权和被选举权，有按照章程担任社团职务的权利。

第四十三条　学生社团成员的义务：

（1）学生社团成员应当接受社团的领导并定期注册。

（2）学生社团成员应积极参加社团各项活动、会议。

（3）学生社团成员必须遵守社团服务管理中心和本社团各项规章制度。

第六章　年审制度

第四十四条　学生社团实行年审制度，通过文件及网络方法进行集中公示公告社团年审情况。

第四十五条　年审内容及办法：

（1）年审内容包括社团规模、社团成员构成、年度活动清单、指导教师情况、业务指导单位意见、财务状况、有无违纪违规等情况。

（2）年审过程公开、公平、公正。

（3）年审不合格的社团，提出整改意见，在整改期间，社团不得开展除整改以外的其他活动。

（4）对运行良好的社团，可给予适当的表彰和鼓励，对连续三年审查情况良好的社团，可根据实际情况延长审查年限。

（5）对学生社团的登记事项、备案事项需要变更的，应当向社团服务管理中心申请变更登记，社团服务管理中心应在 15 个工作日内完成核准；学生社团修改章程，应当报社团服务管理中心，社团服务管理中心在 15 个工作日内完成核准。

第四十六条　学生社团有下列情形之一的，对其进行注销：

（1）违背宪法、法律法规和党的路线方针政策，违反各级教育部门、共青团组织、学联组织和所属高校相关规定的。

（2）已完成学生社团章程规定的使命宗旨的。

（3）会员大会决议解散的。

（4）分立、合并的。

（5）社团活动范围、内容与社团宗旨、章程不符的。

（6）年审不合格且整改无效的。

（7）其他原因终止的。

第四十七条　学生社团的注销程序：

（1）学生社团自动要求注销的，将报告上交社团服务管理中心，在报告中必须阐明申请注销的理由，同时将善后工作计划上报，由社团服务管理中心将有关材料上报团委。

（2）社团服务管理中心根据被警告的学生社团的整改情况，认为应该注销的，上报团委。

（3）团委批复同意注销的，由社团服务管理中心公布该学生社团注销。

第四十八条　已经被注销的学生社团，不得以南昌工学院学生社团的名义开展任何活动，否则将按照有关校纪校规，追究该学生社团负责人的责任，有违法乱纪行为、情节严重的将上报司法机关处理。

第七章　经费管理

第四十九条　学生社团活动经费应主要来自学校拨款、社会赞助和会员会费等合法渠道，社团活动经费必须用于社团集体活动，任何单位和个人不得侵占、私分或者挪用。

第五十条　学生社团如收取会费，须根据实际情况明确收费标准，须经社团内部民主决策，报校团委审核后进行公示，并应写入社团章程。

第五十一条　学生社团应制定严格的经费管理制度，每学期向全体成员公布经费使用情况。校团委将做好社团经费来源，经费使用情况的监督和指导工作。

第五十二条　学生社团接受校团委的领导和管理，校团委对学生社团所收校外资金进行合法合规性审查和管理，各项收入全部纳入学校预算，统一核算，统一管理。

第八章　星级学生社团奖惩制度

第五十三条　校团委每年根据学生社团年度开展活动的情况，对学生社团进行年度考评。

考评旨在进一步调动学生社团的工作积极性，强化竞争意识，鼓励优秀学生社团脱颖而出，起到引领带头作用，推进学生社团工作的不断发展，为学校的校园文化建设添砖加瓦。

第五十四条　参评资格：

（1）经校团委批准正式成立的学生社团。

（2）社团主要负责人参评年度内无违纪现象。

（3）学生社团年度无违纪现象。

（4）经学生社团服务管理中心年审为合格。

第五十五条

（一）综合评定

综合评定由学生社团服务管理中心负责，内容包括：

（1）学生社团的注册登记情况。

（2）负责人品学兼优，组织能力强，按时参加社团会议，群众基础好。

（3）机构健全，制度完备，队伍团结。

（4）财务管理及档案管理科学有序。

（5）活动开展有特色，有创新，有影响，有实效。

（6）学生社团对社团服务管理中心网页建设的支持。

（7）与其他社团及团委联系紧密。

（8）校内外媒体（报纸杂志、网络及广播电视等）对本社团的宣传报道，有较好社会影响。

（二）评比程序

学生社团评优定于每年6月进行，社团服务管理中心也可定期举行社团评优表彰大会。程序为：

（1）学生社团向学生社团服务管理中心递交自评材料。自评材料应包括社团章程及其他规章制度、组织机构成员名单、年度工作计划及总结、业务社团活动声像材料等。

（2）学生社团服务管理中心依据自评材料对学生社团进行初选。

（3）学生社团服务管理中心将通过初选的学生社团名单上报团委审批。

（4）校团委、学生社团服务管理中心向全校公布获奖社团名单并对获奖学生社团予以表彰。

（三）奖励办法

（1）校团委、学生社团服务管理中心联合发文向全校通报并向获奖星级学生社团颁发证书。

（2）校团委对荣获“年度星级优秀学生社团”称号的学生社团在今后的工作中予以重点支持。

第五十六条　学生社团有下列情形之一的，社团服务管理中心在校团委批准后将视情节轻重给予警告、通报批评、停止活动和注销的处分。

（1）登记中隐瞒真实情况，弄虚作假的。

（2）应当定期注册而未注册的。

（3）学生社团执行机构有严重违纪现象的。

（4）学生社团内部财务制度混乱，不能及时上报账目的。

（5）从事以营利为目的商业性活动的。

（6）活动范围、内容与学生社团宗旨、章程不符的。

（7）开展活动不履行相应程序，擅自做主的。

（8）不及时上报学生社团活动材料的。

（9）不及时上报学生社团组织结构变更，成员交替情况，擅自更名而不到社团服务管理中心注册的。

（10）无故缺席社团服务管理中心各种会议的。

（11）在学校范围内乱张乱贴宣传通知的。

（12）年审不合格的。

第五十七条　学校给予警告、通报批评的学生社团取消参评本学年星级优秀学生社团的资格。

第九章　档案管理制度

第五十八条　学生社团档案是指各学生社团上交社团服务管理中心存档，以及社团服务管理中心备案的文字、图表及影像资料。

第五十九条　社团服务管理中心及各学生社团要建立自己的档案集，并有专人负责收集与管理。

第六十条　社团服务管理中心及各学生社团的档案主要包括：

（1）章程、组织结构、主要负责人简历及联系方式。

（2）每学年的注册登记表。

（3）每学年的工作计划及工作总结。

（4）每次活动的文件、图片等。

（5）学生社团成员的流动变化情况。

（6）学生社团干部换届情况。

（7）学生社团奖惩情况。

第六十一条　社团办公室管理制度：

（1）社团办公室归校团委社团服务管理中心统一管理，统一分配。

（2）为加强南昌工学院社团办公室的管理，使其规范化和制度化，结合社团服务管理中心工作特点，特制定本制度。

（3）本制度适用于社团所有成员，所有成员都必须遵守，社团的办公室管理必须按照本制度实行。

（一）值班时间

（1）每天 17:00 ～ 18:00 必须保证社团办公室内有人值班（如有特殊情况另行通知）。

（2）各值班人员在值班期间必须遵守值班纪律，不得在办公室内高声讨论以及做任何有损社团形象的行为。违者将根据相关规定追究相关人员的责任。

（二）卫生管理

（1）办公室每日都必须做一次清扫。每周一次大扫除。

（2）办公室内应保持门窗洁净，地面、墙面干净，各种物品归类清楚、摆放整齐，室内空气清新。

（3）值班人员和其他办公室使用者必须保持办公室清洁卫生，不得乱摆器具、乱扔垃圾。

（4）值班人员离开时必须切断电源，并锁好门窗。

（5）每周三校团委统一检查办公室卫生情况，必须在17:30前做好卫生工作。

（三）办公室物资管理

（1）办公室内设备包括桌椅、音响、风扇及照明设备等。

（2）办公用品属社团公共财产，使用时应爱惜并掌握正确的使用方法。

（3）办公室物品损坏应及时做好记录，并上报社团服务管理中心监察部。

（四）办公室钥匙管理

（1）办公室钥匙由社团主要负责人保管，不得随便转借或翻配，不得随意交给其他人使用。

（2）办公室钥匙只允许一把作为值班钥匙使用。

第十章　社团服务管理中心及学生社团换届管理制度

第六十二条　换届时间：南昌工学院各学生社团于每年6月中旬开始进行社团换届工作，要求自学校社团服务管理中心下发社团换届通知之日起两周内完成换届工作。

第六十三条　学生社团成员候选人条件：

（1）南昌工学院正式注册的学生且积极参加本社团工作者均有资格参选。

（2）在该学生社团担任干事及干事以上级别职务半年以上，或为新成立学生社团发起小组成员，熟悉学生社团的事务，同时具有较高的管理水平和较强的综合能力。

（3）工作积极，具有奉献精神和吃苦耐劳的精神，有一定工作成绩，在该学生社团有较高威信。

（4）工作能顾全大局，善于独立思考，原则性强，责任心强，有为广大同学服务的思想，有一定的创新精神，具有较强的自我表达和协调能力。

（5）学习态度端正，学习成绩居于班上中上等，各学期考试均无不及格科目。

（6）在校期间从未受过校级或院级行政处分。

（7）积极支持和配合南昌工学院学生社团服务管理中心的工作。

（8）必须持有南昌工学院大学生社团骨干培训班结业证书。

第六十四条　社团换届程序：

（1）由本协会干事以上成员填写“学生社团竞选会长资格申请表”。

（2）由本届社团会长向学生社团服务管理中心移交“学生社团竞选会长资格申请表”。

（3）在社团服务管理中心监察部监督下召开社团换届大会，选举产生社团组成人员，然后在社团组成人员中，选出新一届社团会长。

第六十五条　各学生社团会长每届任期一年，如有特殊情况，需要替换社团会长，需提前两周向社团服务管理中心提出申请，并经过社团服务管理中心审核校团委批准后方可执行生效。

第六十六条　社团会长必须由全体会员大会民主选举产生，如由于社团性质特殊，不宜实行全体会员大会民主选举的，必须经社团服务管理中心批准和校团委同意，方可采用其他的方式产生社团会长。

第六十七条　选举大会由该学生社团所有会员（干事及干事以上级别）参加，与会人数必须达到应到人数的四分之三以上方能召开，由监察部、办公部登记。

第六十八条　选举大会产生的新一届社团会长，需当场交接本社团一切事宜。

第六十九条　选举产生的新一届社团会长，需在3天内上报学生社团服务管理中心审查通过，并上报校团委批准后方可正式上任。如未上报或未通过审查，学生社团服务管理中心有权要求相关社团重新选举社团会长。

第七十条　学生社团会长不得兼任财务部长。

第七十一条　在新一届社团会长被批准的一星期内，本社团应通过各种宣传渠道向全校同学公布任命决定，责成新任社团会长在一周内完成社团内部组织建设，并将内部人员名单上交社团服务管理中心审核备案。

第七十二条　学生社团换届后一周内，新一届社团会长必须及时向社团服务管理中心办公部上交个人资料（包括姓名、专业班级、个人联系方式、个人考试成绩及获奖情况），以及新一届社团组织机构情况及工作计划。

第七十三条　任期已满一年的社团会长需做好移交工作（包括公共资产、档案文件、经费情况、支出存根），并主动邀请社团服务管理中心相关部门做好监督工作。

第七十四条　对有如下条件之一者，社团服务管理中心有权解除学生社团会长，进行再次选举，或直接任命其第一会长：

（1）违反国家法律法规，严重违反校纪校规或不服从社团服务管理中心管理、监督。

（2）学生社团3个月内无活动，虽有零散活动，但参加者甚少，无任何影响。

（3）进行与学生社团不符、与学生身份不符的活动。

（4）内部管理不善，人事紊乱，社团日常活动无法正常进行，且无视社团服务管理中心整改警告。

第七十五条　社团会长违规处理措施：

（1）未在规定时间内进行换届的社团，将给予通报批评，扣除社团相应的量化考评分；批评无效者，将注销其社团。

（2）私自内定社团会长，取消该会长的职务，扣除社团相应的下一年星级社团评分，直至取消各项荣誉的评选资格；并在社团服务管理中心成员的监督下按照以上制度再次进行选举。

（3）在选举过程中出现舞弊现象取消已选定的会长的职务，并在社团网上通报批评。

（4）逾期不上交相关材料者，社团服务管理中心将给予警告，警告后仍拖延不交者将在社团服务管理中心网上给予通报批评，材料虚假者取消一切评优资格，新任社团会长取消其社团会长职务，前任社团会长收回已得荣誉。

（5）换届期间不服从社团服务管理中心安排，管理者恶意冲撞社团服务管理中心相关人员者，扣除社团相应的下一年星级社团评分，情节严重者将注销其社团，相关会长和责任人上报校团委。

（6）违反以上任意一条者，社团服务管理中心均给予警告处分，警告无效者，将在社团给予通报批评，情节严重者将注销其社团，相关会长和责任人上报校团委。

第七十六条　社团服务管理中心会长管理制度：

为了更好地加强对社团的管理，促进社团健康科学发展，增强各社团会长的工作积极性，提高会长的工作效率，特制定本制度。

一、考勤制度

（一）社团服务管理中心例会

（1）会长需准时参加社团服务管理中心例会，会长的出勤率需达到80%以上。

（2）例会每学期累计三次无故不到（旷会）者，社团服务管理中心有权罢免其会长职位。

（3）因故不能参加例会者，需直接向社团服务管理中心主席团请假，并在例会前向社团服务管理中心办公室递交请假条。该协会副会长或财务部长需参加例会，并认真及时向会长传达会议精神。每请三次假按旷会一次处理。

（4）参加例会不许迟到或早退，一般要提前5分钟签到，晚到5分钟以迟到处理，每迟到或早退三次记作一次旷会。

（5）会议期间不准交头接耳，认真听取会议精神。如发现在会议上严重扰乱会场纪律者，先予以当场批评，对屡教不改者可罢免其会长职位。

（6）参加例会必须佩戴好工作证，带好会议记录本，未戴工作证或会议记录本达两次记作一次旷会。

（7）以上条例由监察部执行，主席团及各部门部长监督。

（二）其他会议

（1）财务部召开的财务会议或其他必要会议，财务部长需准时到达开会地点。此类会议如旷会累计两次，按社团服务管理中心例会旷会一次处理。

（2）因故不能参加会议者，需直接向社团服务管理中心主席团请假。该协会副会长代理参加例会，并认真及时向会长传达会议精神。

（3）此类会议迟到或早退予以批评，若屡教不改者将在社团服务管理中心例会上点名批评。

（4）以上条例由监察部执行并监督。

二、活动制度

（1）会长需定期认真负责策划组织活动。如发现某社团一学年举办活动低于一次，社团服务管理中心有权罢免该社团会长。

（2）社团举行活动，会长必须提前到达活动地点，带动全体会员开展活动，保证活动的正常进行。

（3）会长在举行活动前，必须做好所有的前期筹备工作，包括审批及资金到位与否，避免出现活动中途被迫停止现象。

关于在公共场所开展大学生文体活动的若干规定

第一章　总　则

第一条　为进一步加强和改进校园文化建设与管理，提升校园文化品位，规范校园文化秩序，优化育人环境，营造良好的校园文化氛围，更好地为学校人才培养和良好校风建设服务，特制定本规定。

第二条　在公共场所开展的任何文体活动以活跃校园文化生活、陶冶学生高尚情操、塑造学生美好心灵、提高学生审美能力、激发学生成才动力、促进学生全面发展为宗旨。

第三条　在公共场所开展的任何文体活动必须遵循导向正确、格调高雅、内容丰富、形式多样、课余开展以及有组织、非营利原则，不能冲击正常的教学、生活秩序，不得挤占学生学习时间。

第四条　在公共场所开展的任何文体活动内容必须以宣传党的路线方针政策、弘扬爱国主义精神、提升学生思想政治素质、提高学生人文科学素养、培养学生创新创业能力、引导学生努力成才为主题。

第二章 细 则

第五条 公共场所开展大学生文体活动实行校院二级管理，遵循“谁组织、谁负责”的原则。

（一）校团委为校级主管和协调单位

（1）根据学校要求以及工作需要组织开展全校性的学生校园文化活动，负责加强对有关活动的指导和监督。

（2）负责大学生校园文化活动的日常管理，指导和监督二级管理机构有关活动的开展。

（3）指导校团委、学生会等学生组织开展校园文化活动。

（4）组织校内外有关专家参与校园文化活动的指导和评估。

（二）二级学院分团委为二级负责单位

（1）根据学校要求以及工作需要组织学生开展本院校园文化活动，积极配合上级部门落实有关工作。

（2）负责本院内部校园文化活动的日常管理。

（3）负责组织本院校园文化活动的总结、考核、评估和推荐。

第六条 公共场所开展大学生文体活动必须办理完整的申报与审批手续，活动的审批、管理等由组织单位负责。首先填写“南昌工学院公共场所开展活动申请表”，说明活动的目的、形式、规模、起止时间、具体负责人等，交由组织单位管理部门审批，再交校团委审查，提出意见并盖章，如同意举办，须有一位以上的组织单位负责人参加指导和监督工作。

第七条 组织单位必须是学校有关部门认可或批准成立的各级组织。以个人名义在公共场所举办的校园文化活动须经学校和有关部门审批同意。

第八条 组织单位或个人必须预先与活动场地的管理部门商定好使用场地的具体时间后才可申请举办活动，并凭审批好的活动审批表使用场地，开展活动；活动达 300 人以上规模，必须报保卫处（部）和后勤部门备案。

第九条 组织单位凭申请内容开展活动，不得擅自改变活动计划、不得随意增减活动内容、不得随便改变活动的形式和扩大活动的规模范围。

第十条 组织单位必须严格制定、执行安全保卫方案，工作人员要坚守岗位，履行职责，发现扰乱公共秩序的人员应予劝阻、制止，对不听劝阻的交保卫部门处理。

第十一条 在校园内必须自觉遵守活动场地的管理规定，认真履行场地使用单位的责任。租借场地、设施及其他用具需事先办理好租借手续并妥善保管，丢失、损坏各种设施和用具要照价赔偿。

第十二条 禁止开展纯粹的商业宣传、买卖等活动；提倡公益类商业活动。

第十三条　在公共场所开展大学生文体活动，如需开展跨校活动，须经有关政府部门和学校有关部门批准。

第十四条　活动结束后，组织单位需上交有关活动材料报主管（指导）单位备案。

第十五条　公共场所开展大学生文体活动经费通过组织管理单位行政拨款、社会赞助、学生组织会费以及其他渠道筹措。

第十六条　任何组织或个人，凡违反上述规定者，负责单位有权制止，不听劝阻或已触犯校纪校规的，学校将根据有关规定追究当事人责任并给予相应的处分。

第三章　附　则

第十七条　本规定由校团委负责解释，自发布之日起执行。

新媒体宣传管理办法

根据教育部、国家互联网信息办公室《关于进一步加强高等学校网络建设和管理工作的意见》文件精神以及《互联网信息服务管理办法》等法律法规的要求，高校要着力打造集群化、系统化、网络化的新媒体工作格局，营造良好的校园网络舆论环境。南昌工学院为进一步规范各级单位和各类组织新媒体建设与管理，加强和推进校园新媒体健康有序发展，特制定本办法。

第一章　总　则

第一条　新媒体以其传播快、覆盖广、影响大等特点，在新闻宣传和舆论引导方面日益发挥着重要作用。官方新媒体公众账号已成为校务公开、服务师生的重要载体，成为密切联系师生、改进工作作风、引导校园舆论、塑造学校形象、建设网络文化的重要措施。

第二条　校内各级党组织要按照党管媒体的原则，增强对互联网发展的适应性，牢牢把握网络舆论导向的主动权，实现党管媒体的与时俱进。学校提倡校内各部门、学院和学生组织在各级党组织的指导下建设必要的官方新媒体平台。

第三条　新媒体主要指微博、微信、手机报、客户端、网络视频、移动电视等新媒体平台。南昌工学院官方新媒体包括以南昌工学院、南昌工学院某单位、部门以及某项工作业务、团学组织的名义开通并经网站实名认证的各类新媒体。

第二章　新媒体建设的审批

第四条　学校禁止任何个人以南昌工学院及所属各学院、部门、任何组织的名义开通各类新媒体。

第五条　学校各学院、部门开通官方新媒体，必须填写“南昌工学院新媒体建设备案登记表”，对相关情况（如名称、宗旨、信息发布范围等）进行说明，明确主管领导、后台管理人员，登记表须经所在单位主要负责人或二级学院党总支书记签字并加盖公章，报党委宣传部审批，经批准后方可实施。开通新媒体后，应及时申请认证。如因工作需要，发生新媒体建设分管领导或管理员变更，应重新填写“南昌工学院新媒体建设备案登记表”，并及时报党委宣传部备案。

第六条　实行年度检查制度。校内各级官方新媒体应每年填写年度检查报告，报学校党委宣传部进行年度审核检查，年审不合格的新媒体，学校有权责令其注销账号或通过新浪网、腾讯网关闭其账号。

第七条　学校官方新媒体建设、管理、维护的协调牵头部门为党委宣传部，学校网络管理中心负责学校官方新媒体的信息审核发布，学工处（部）、团委负责各级团学组织新媒体信息的正面引导和管理工作，学校网络管理中心负责新媒体建设的维护、信息监控和技术支持，各学院、各部门负责本部门新媒体建设、管理、维护并协助配合做好学校官方新媒体的建设管理维护工作。

第三章　新媒体的信息发布

第八条　官方新媒体主要发布学校各方面工作的最新动态、重要公告以及与学校、师生相关的其他信息，服务师生学习、工作、生活和发展，宣传学校的发展成就，展示学校良好形象。

第九条　校内各级官方新媒体发布和转载有关信息应遵守国家相关保密规定。凡涉及党和国家秘密等相关资料及文件、学校内部办公信息或暂不宜向公众公开的事项，要严格把关，避免泄密事件发生。违者将追究其法律责任。

第十条　官方新媒体发布消息要严格遵守相关法律及规定，未经学校相关部门授权，各级官方新媒体不得擅自发布涉及学校重大事件、突发事件和社会热点及敏感问题的相关信息内容。

第十一条　新媒体用户通过官方新媒体咨询业务，相应单位、部门应及时回复。如不能及时回复，应承诺答复期限。

第四章　新媒体的安全管理

第十二条　以学校、学校各二级单位或学生组织名义注册的官方新媒体，按照“谁建设谁负责，谁主管谁负责”的原则实行归口管理，建立官方新媒体的主办单位党政主要负责人为第一责任人。

第十三条　新媒体公众账号要以“占领阵地、守住阵地、用好阵地”为指导原则，制订信息审核、发布等管理规范。各建设单位应主动建立健全新媒体管理制度，明确分管领导，落实专人具体负责新媒体内容审核与日常维护等工作。实行 24 小时监控。发现评论中有违法及有损学校声誉的信息，要及时向主管校领导和宣传部汇报，并与新媒体开设的网站及时沟通，妥善处理。

第十四条　校园各级官方新媒体在管理过程中，应高度重视网络舆情，发生舆情危机时，应主动予以正面回复，积极疏导，将负面影响降到最低。对重大事件、紧急信息或有损学校声誉的信息，官方新媒体管理人员应及时向单位领导和党委宣传部汇报，并与新媒体的注册网站及时沟通，妥善处理。给学校声誉造成不良影响的新媒体，学校有权责令其关闭，并追究主管单位、主管单位分管领导和管理员的相关责任。

第十五条　完善新媒体运行机制。建立问题解决机制，有效应对突发事件。学校突发事件新闻报道由党委宣传部统筹协调，及时上报学校相关领导，统一发声，做好信息报告、新闻发布、澄清事实等工作，涉事单位要做好配合及相关事件处置工作。

第十六条　加强新媒体协同联动。学校将根据情况将登记在册的新媒体纳入学校新媒体工作圈，给予推广宣传、实名认证和技术支持。各级各类新媒体要积极转载评论学校官方新媒体发布的信息，要充分利用“互粉”，发布重要信息要及时 @ 南昌工学院，形成校内新媒体矩阵，放大集群新闻宣传效应，协同协作，构建有效的信息共享、动态交流、联动反应的网络工作模式，形成强大的新媒体宣传合力，不断提高南昌工学院的网络舆论引导能力。

第十七条　对违反相关法律法规的新媒体用户，依照新闻管理部门、公安机关、通信管理部门、互联网信息内容主管部门有关法律法规、规章进行处理。

第五章　表彰及奖惩

第十八条　学校从 2015 年 1 月起将新媒体平台建设纳入新闻宣传工作年度考核体系中“阵地建设”栏目加分和在校微信公众平台新闻发布加分。

第十九条　对违反相关法律法规和本办法的新媒体建设单位，年度新闻宣传工作考核实行一票否决制。

第六章　附　则

第二十条　开通官方新媒体的单位、部门、各类组织，可参照本办法制定相应的管理办法，健全管理制度。

第二十一条　本办法由党委宣传部负责解释，自发布之日起施行。

CHAPTER 21 图书馆管理

图书馆入馆须知

图书馆是学校文化氛围凝聚的重要区域，是全校师生学习、研究、工作的重要场所，在此公共区域内，大家必须体现应有的文明素养，共同维护图书馆的正常运行。

准入原则：本校读者刷脸入馆；非本校人员进入图书馆应主动向工作人员出示有效证件，经同意并登记后方可入馆。

无声原则：进入各阅览室的读者及工作人员，禁止喧哗打闹，应将手机调整到静音或振动状态，以免影响他人。

文明原则：读者入馆，言谈举止文明大方，着装整齐，体现自身素质，不得穿背心、拖鞋进馆。爱护公共书刊资料、设施设备，不得涂抹、拖拽或刻画书桌、墙壁等设施设备。

安全原则：严禁馆内吸烟，爱护馆内消防设施；严禁携带易燃易爆及有腐蚀性物品入馆。

卫生原则：保持馆内清洁卫生，不得随地吐痰、乱扔垃圾；禁止携带食品进入图书馆。

场所使用原则：爱护馆内公共设施，正确使用馆内电子设备；不得用物件占座，图书馆对占座物品不负保管责任。

遵守公共秩序，遵守图书馆各项规章制度，读者有义务协助工作人员共同营造良好的学习氛围。

图书馆数字文献资源使用制度

图书馆馆藏数字文献资源是图书馆合法引进所得，为规范读者使用，尊重他人知识产权，请遵守以下相关规定：

（1）严禁使用任何自动下载软件或智能机器人等下载工具连续、系统、集中、批量下载图书馆引进的数据库和自建数据库的数据；严禁整本、整期地下载电子书刊全文。

（2）本校引进的数据库仅限南昌工学院师生员工个人学习、教学及研究使用，禁止将个人借阅证件的账号和密码告诉校外人员。任何单位或个人不得私设代理服务器将本校引进的数字文献资源提供给校外人员使用。

（3）用户使用本馆采购、引进的数字文献资源，不得用于以盈利为目的活动。引起知识产权诉讼的违规者，将自行承担相应法律责任。

（4）使用馆内电脑时，禁止浏览与学习无关的网页，禁止打开游戏及不健康网页，一经发现，立即取消使用资格。

图书馆纸质图书借阅制度

此制度适用于馆内纸质图书、文献的借阅。

一、借书办法

校内读者通过电子借阅证在自助借还机上办理借阅手续。借阅证不得转借他人。

借书时，需确认借阅书籍的信息，包括书籍名称，有无污损、残缺，是否有光盘等附件夹带等，在自助借还机上确定消磁成功后方可带离图书馆；严禁将未办理借阅手续的图书带出图书馆。借书结束后退出本人借书界面，防止他人冒用借书界面继续借书。

所借书籍，须妥善保管，请勿涂改、批划与撕毁，一经发现，将依据《遗失损坏书刊赔偿制度》进行赔偿。

对未办理借阅手续的夹带书刊者，均以盗窃书刊论处。

二、借阅数量与期限（表 21–1）

表 21–1

读者类型	出借册数	借期	续借
学生	5 册	30 天	1 次（30 天）
教师	5 册	60 天	1 次（30 天）

三、还书办法

读者所借图书须在规定的借期内归还，逾期还书，须缴纳超期罚款，每本书 0.1 元 / 天，寒暑假不计算时间。

寒暑假期内到期的图书，可在开学两周内还清，超过两周按逾期处理，因外出实习或因公差而致逾期者，须返校后由院（部）开具证明，三天内归还，否则按逾期处理。

在自助借还机上还书时显示充磁成功后，才能把图书放入还书车中。

图书馆借阅证（电子）注册、使用说明

（1）有关读者借阅证启用等通知，请关注“南昌工学院图书馆”微信公众号。

（2）进入微信公众号→点击“读者查询”→点击“绑定读者”→输入读者账号和初始密码→第一次登录需要修改成强密码→修改完密码退出。

（3）读者绑定后，直接登录，查看“个人中心”。

（4）点击“个人中心”→点击“电子借阅证”，借书时直接出示二维码扫码即可。

图书馆纸质图书自助借还机使用说明

为方便读者借还图书，图书馆开通图书自助借还，读者可自行在自助借还机上借还图书，以下介绍如何借还图书：

一、借书

第一步：点击“借书”按钮。

第二步：进入微信公众号→读者查阅→个人中心→电子借阅证界面，将借阅证二维码对着自助借还机扫描器扫描二维码。

第三步：将图书翻至条码页，放置图书到V形槽内，屏幕上显示扫描图书条形码区域，不要拿走图书。

第四步：等待界面提示“消磁借阅成功”，如借阅失败，请重新放书后再借阅。

第五步：点击“退出”按钮，退出借阅界面，带走已借图书。

二、还书

第一步：点击“还书”按钮。

第二步：将需要归还的图书翻至条码页，放置图书到V形槽内，屏幕上显示扫描图书条形码区域，不要拿走图书。

第三步：等待界面提示“充磁归还成功”，如归还图书失败，请重新放书后再归还。

第四步：点击“退出”按钮，退出还书界面，并将归还的图书放入还书车。

注：若出现借还图书多次失败的情况，请到服务台人工借还图书。

图书馆遗失损坏书刊赔偿制度

图书馆藏书是高校的重要财产，是学校教学科研的重要保障，教育部《普通高等学校图书馆规程（修订）》第二十条规定：高等学校图书馆应教育读者遵守规章制度，爱护文献资料和图书馆设施，对违反规章制度，损坏、盗窃文献资料或设备者，按照校纪、法规予以处理。为此，特制定相关赔偿制度。

（1）读者借阅书刊应当面检查，如发现污损等情况，要及时由本馆工作人员在污损处加盖印章，以区分责任。

（2）读者借阅书刊须妥善保管，如有损毁、遗失等情况，应归还损毁书刊并按照规定作出赔偿。

（3）读者归还书刊时，发现书刊有批点、涂画、撕页等情况，按其损毁程度进行赔偿：

不影响内容完整情况：按原价的 10% 赔款。

影响内容完整情况：以原书的相同版本抵偿，或按图书原价赔款。

（4）读者严重损毁或遗失书刊，应以原书的相同版本或经本馆领导同意用新版书抵偿（每本书须缴纳手续费 2 元），或者按照图书原价赔偿。

（5）凡借出书刊，未经本馆同意，不得私自拆散，否则除付装订费外，还将进行罚款处理：平装本罚款 10 元，精装本罚款 25 元。

（6）读者遗失或损毁书刊，应主动申请处理，并在借期内办理赔偿手续，逾期按章加罚。书刊赔款后，若在本学期内复得者，可凭本馆收据还书退款，但须缴纳手续费 2 元。

（7）故意损坏书刊者，除批评教育、照价赔款外，还须写出书面检查，情节严重者上报学校、院系给予警告处分。

图书馆书架区管理制度

（1）读者不得携带雨伞进入书库，随手带走垃圾，保持室内干净、整洁和卫生。

（2）严禁在书库内喧哗、吵闹、大声说话及接打电话，在室内须保持安静。

（3）读者应爱护图书、不损毁图书、不私自把图书带离图书馆。如需借阅图书，须办理借阅手续。

（4）读者归还图书，工作人员应及时上架；书标脱落或破损，应送至编目区修补。

（5）工作人员应定期清洁书架，保持书架和图书清洁。书架区严禁存放易燃品、杂物和食品，定期检查书架区门窗和水电设备，注意关好门窗，确保书架、书籍安全。

（6）工作人员热情、周到、主动地为读者服务，严禁与读者发生争吵。

图书馆阅览区管理制度

图书馆是公共的学习场所，为维护馆内环境，规范读者行为，保障读者利益，特制定本管理制度。

一、图书馆阅览区管理通则

实行座位预约制度，一人一座，严格杜绝占座行为。占座物品不定时清理，物品被清理后可凭有效证件（身份证 / 学生证）找相关工作人员领回（注：发生遗失，图书馆概不负责）。

自习期间离座两小时以上，请自觉带走自己的书籍、书包等个人物品，阅览桌上不要留有物品，为其他读者空出座位。请随时保管好自身财物（手机、平板、电脑等），发生遗失图书馆概不负责。

阅览区内书籍均可外借。爱惜阅览区的书籍、报刊等文献资料，阅览后请放回原位，不得随意污损书籍，一经发现，轻者罚款警告，重者上报二级学院，予以警告。

进入阅览区应保持安静，爱护卫生环境，禁止大声喧哗，手机等通信设备调至振动或者静音模式，不得乱扔废弃物，阅览区禁止抽烟，自觉维护自习室的清洁卫生。未经图书馆允许，不得随意挪动阅览桌椅及沙发等馆内家具、设施。

为了保证用电安全，禁止私自使用插线板、大功率电器等（如电暖宝、加热电器）。严禁携带易燃易爆等危险物品入馆，保障馆内消防安全。

阅览区只供自习使用，请勿从事与学习无关的活动。

读者无权控制公共设施开关（包括空调、新风、照明、窗户）。

二、电子阅览区

爱护阅览区的电脑等电子设备，合理使用，遇到问题，及时报告工作人员，使用者不得私自更改电子设备的硬件和软件；提倡使用者利用电子设备文明学习与阅览。

读者下载文献数据，须及时用闪存或其他方式转存，以免丢失，禁止非法下载，个人行为导致不良影响，后果自负。

三、报刊阅览区

报刊阅览区实行全开架管理，读者可以自由选取，应保持期刊和报纸的完整与干净。

期刊、报纸等纸质文献资料概不外借，读者只在本阅览区内阅读，阅读后请放回原位。

图书馆报告厅使用管理制度

报告厅是学校举办学术报告、讲座、工作会议的场所，为规范报告厅管理，特制定如下制度：

（1）以部门为单位，线上预约，预约流程：微信公众号→南昌工学院图书馆→读者园地→空间预约。

（2）进入报告厅须遵循图书馆的入馆须知，谁使用谁负责。

（3）报告厅的使用遵循校级会议优先及预约成功的时间顺序。

（4）图书馆提供报告厅空间服务，使用时请爱护馆内设施设备，禁止改动空间布局。

（5）如需使用报告厅的电子设备，预约成功后请提前一个工作日向管理人员申请。

（6）图书馆不负责保管读者个人物品，报告厅使用完毕后，须将个人物品带走，确保空间干净整齐。

（7）使用结束后，使用方应告知图书馆工作人员，工作人员检查设施设备情况。报告厅设备设施使用期间如遭人为损坏，由使用方负责，同时限制其本学期再次预约。

图书馆研修室使用管理规定

研修室是进行研究、讨论、学习和交流的活动场所，为规范研修室管理，特制定如下制度：

（1）以部门为单位，线上预约，预约流程：微信公众号→南昌工学院图书馆→读者园地→空间预约。

（2）进入研修室须遵循图书馆的入馆须知，谁使用谁负责。

（3）研修室的使用遵循预约成功的时间顺序。

（4）图书馆提供研修室空间服务，使用时请爱护馆内设施设备，禁止改动空间布局。

（5）如需使用研修室的电子设备，预约成功后请提前一个工作日向管理人员申请。

（6）图书馆不负责保管读者个人物品，研修室使用完毕，须将个人物品带走，确保空间干净整齐。

（7）使用结束后，使用方应告知图书馆工作人员，工作人员检查设施设备情况。研修室设备设施在使用期间如遭人为损坏，由使用方负责，同时限制其本学期再次预约。

图书馆录播室管理制度

录播室是进行录播录课、考研复试、就业面试的活动场所，为规范录播室管理，特制定如下制度：

（1）以部门为单位，线上预约，预约流程：微信公众号→南昌工学院图书馆→读者园地→空间预约。

（2）进入录播室须遵循图书馆的入馆须知，谁使用谁负责。

（3）录播室的使用遵循预约成功的时间顺序。

（4）图书馆提供录播室空间服务，使用时请爱护馆内设施设备，禁止改动空间布局。

（5）如需使用录播室的电子设备及安装软件，预约成功后请提前一个工作日向管理人员申请。

（6）在使用过程中，要严格遵守操作规程，遇到问题，须及时与管理人员联系。

（7）图书馆不负责保管读者个人物品，录播室使用完毕，需将个人物品带走，确保空间干净整齐。

（8）使用结束后，使用方应告知图书馆工作人员，工作人员检查设施设备情况。录播室设备设施在使用期间如遭人为损坏，由使用方负责，同时限制其本学期再次预约。

图书馆智慧教室管理制度

智慧教室是针对学生上课使用的场所，为规范智慧教室管理，特制定如下制度：

（1）以部门为单位，线上预约，预约流程：微信公众号→南昌工学院图书馆→读者园地→空间预约。

（2）进入智慧教室须遵循图书馆的入馆须知，谁使用谁负责。

（3）智慧教室的使用遵循预约成功的时间顺序。

（4）图书馆提供智慧教室空间服务，使用时请爱护馆内设施设备，禁止改动空间布局。

（5）如需使用智慧教室的电子设备，预约成功后请提前一个工作日向管理员申请。

（6）图书馆不负责保管读者个人物品，智慧教室使用完毕，应确保空间干净、整齐、复原。

（7）使用结束后，使用方应告知图书馆工作人员，工作人员检查无误后方可离开。智慧教室设备设施在使用期间如遭人为损坏，由使用方负责，同时限制其本学期再次预约。

图书馆离校手续办理制度

学生毕业、退学及教职工离职、退休前，须到图书馆办理图书清还手续，遗失图书应办理赔偿手续，离校后注销其借阅权限，具体流程如下：

（1）离职／退学手续办理：到图书馆20楼，找资源建设与服务部相关老师进行办理（如有借书，须将欠书归还、欠款缴清）。

（2）毕业生离校手续办理：图书馆对接教务处并提供学生欠书欠款名单，教务处负责对接学院催还，图书馆及时反馈还书及还款情况，读者只需将欠书归还欠款缴清即可。

图书馆常见问题解答

（1）图书馆开放时间？

答：周一至周六 8:00 ～ 21:50，周日 8:00 ～ 17:00。

（2）图书馆开放区域？

答：开放区域根据情况调整，详见图书馆 1 ～ 5 号电梯厢通知 / 南昌工学院图书馆官微通知。

（3）图书馆门禁如何进入?

答：读者使用图书馆须从图书馆一号门刷脸进出。新生报到之后需要等待一段时间，图书馆从相关部门获取新生信息导入门禁系统后，新生即可从图书馆一号门刷脸入馆，具体时间请关注南昌工学院图书馆官微通知。

（4）新生报到后何时可以开始借阅纸质图书?

答：新生报到之后需要等待一段时间，图书馆从相关部门获取新生信息导入系统后，即可借阅图书，具体时间请关注南昌工学院图书馆官微通知。

（5）在图书馆如何寻求帮助?

答：

一是联系在线客服图图，关注南昌工学院图书馆官微，直接发送文字，即可在线咨询馆内工作人员。

二是到服务台找戴工作牌值班人员。

三是拨打图书馆服务电话寻求帮助：0791—87713600。

（6）座位如何预约?

答：

①预约方法：关注南昌工学院图书馆官微→点击读者园地→解压区和空间预约，预约时应选择楼层并点击相应的座位号、时间段。

②图书馆座位分为长期预约、短期预约、无需预约区。楼层开放详见图书馆 1 ～ 5 号电梯厢内通知 / 南昌工学院图书馆官网 / 南昌工学院图书馆官微。

③预约规则详见座位预约系统通知公告。

（7）空间如何预约?

答：预约方法：关注南昌工学院图书馆官微，点击读者园地→空间预约→用户绑定→点击相应空间→点击时间段→立即预约。

（8）如何成为图书馆学生馆员?

答：关注南昌工学院图书馆官方网站、官方微信公众号、图书馆招新海报、一楼服务台咨询等方式，获取招新通知，按照要求进行面试、培训、考核后，成为图书馆学生馆员。

（9）如何参加图书馆举办的阅读推广活动?

答：关注南昌工学院图书馆微信公众号、到梦空间 App、图书馆橱窗海报，获取活动信息及参与方式。

CHAPTER 22　卫生保健

新生入校前传染病排查

为做好新生入校前传染病的排查工作，及时发现和治疗学生结核病患者，避免校内传播，根据省卫健委、省教育厅联合下发的《关于进一步加强当前学校结核病防控工作的通知》（赣卫疾控字〔2022〕8号）文件精神，原则上要求新生在入校前完成肺结核病胸片筛查，结合《中国学校结核病防控指南（2020年版）》要求，请新生在入学时将一个月内胸片DR报告交给所属学院，由学院统一存档备案。

学校医院就诊、咨询须知

一、校医院简介

南昌工学院医院是由南昌市卫生局批准设置的一所一级综合性医院，承担着本校大学生和教职工的医疗、预防保健及危重症病员转送等任务，是南昌市城镇职工医保、南昌市城镇居民医保（含大学生医保）的定点医疗机构。医院设立内科、外科、中医科、全科、检验科、特诊科及预防保健科（接种二类非免疫苗，如乙肝、流感疫苗、HPV疫苗等）。

大学生到本院门诊就诊可享受大学生医保待遇、住院享受城镇居民医保待遇，报销比例较高，门槛费低。本校教职工也可享受南昌市城镇职工医保（门诊和住院）待遇。

医院本着“师生至上、生命至上”的服务理念，规范诊治，以高度的责任心，认真做好疾病的诊疗工作，不断提高医疗质量和服务水平。医院采用信息化办公系统，收费严格按照江西省医疗服务价格收费标准。药品价格按照省级招标采购价格的规定执行。每年组织医护人员适时在校园举办各类健康教育现场咨询活动，如世界结核病防治日、艾滋病日、控烟日等；认真做好新生入校体检及教职工入职体检工作；按照相关法律和部门规定，认真做好本校的传染病防控工作。

二、门诊就医流程

（1）凭本人身份证或医保卡（含电子身份证和电子医保卡）挂号（享受医保师生免收挂号费），初诊时请同时购买门诊病历，复诊时带来；急重症可先诊治，后补挂号；挂号时建议使用手机支付。

（2）挂完号直接到相应诊室医生处就诊，医生会给您问诊、体格检查或开检查单做辅助检查。

（3）持检查单到收费处缴费（如化验单、X线拍片单等）。

（4）持缴费检查单到相应科室做检查（未开检查单者 3、4 步骤可省略）。

（5）持各项检查结果单到医生处进行诊断、开处方和治疗单；

（6）持处方单、治疗单到收费处缴费；

（7）持缴费后处方到药房取药；

（8）结果可有以下几种：

①仅开口服药，按医嘱服药，就诊完毕。

②注射用药，凭注射单到注射室由护士给您进行肌肉注射或静脉用药观察等。

③其他治疗，如清创缝合、换药等。

④本院住院治疗，进入本院住院流程。

⑤转诊到上级医院诊治，应及时转诊到上级医院。

三、办理住院流程

（1）先按照门诊流程就诊，经医生诊断需外出住院时，由医生开具转诊单。

（2）院外住院患者享受南昌市职工医保相应待遇。

（3）外出住院患者需向学工处（部）学生医保科备案，出院后办理相关医疗费用的报销。

四、学生医保待遇

（1）门诊部分：学生凭本人身份证（或医保卡）到校医院门诊就诊可享受门诊待遇，门诊额度、治疗方法、检查项目、药品使用范围均不受限：

①学生在本院门诊所发生的医疗费用中，65%（医疗补助部分）为医保统筹记账，35% 为个人支付。

②医保核算以一个年度内（即每年的 9 月 1 日至次年的 8 月 31 日）结算。

（2）住院部分：参保学生凭本人医保卡住院所发生的医疗费用，可直接享受南昌市城镇居民医保待遇，住院起付标准分别为：一级医院起付标准 100 元、二级医院 200 元、三级医院 300 元；报销比例分别为：一级医院 80%、二级医院 70%、三级医院 60%。

五、校医院工作时间安排

（1）校医院设立急诊科，实施 24 小时接诊。

（2）普通门诊时间为：周一至周五 8:00 ～ 12:00；14:00 ～ 18:00。

（3）急诊门诊时间为：周一至周五 12:00 ～ 14:00；18:00 ～次日 8:00；周六、周日及法定节假日全天。

六、转诊转院

因校医院条件有限，为保障师生们的生命安全，如遇重症、疑难、病情复杂等本院无条件诊治的病例，均需转上级医院诊治。在本院就诊的急、重患者转诊转院，可选择本院 120 救护车运送病员，收取部分费用；特殊紧急情况下，也可直接拨打南昌急救中心 120，详细说明自己的具体方位、症状和联系方式，以便准确接送，不耽误病情，费用自理。

七、学生因病请假的条件

学生请病假要符合以下条件：

（1）经校医院确认须转送外单位就诊的。

（2）各种病因所致的输液留观治疗或住院治疗的。

（3）外伤造成行为受限的。

（4）其他，如高热患者。

八、传染病、精神病休学复学条件

1. 肺结核病

（1）肺结核符合下述病情条件之一者，可开具休学诊断证明：

①菌阳肺结核患者。

② X 线胸片显示肺部病灶范围广泛和 / 或伴有空洞的菌阴肺结核患者。

③具有明显的肺结核症状。

（2）肺结核符合下列条件之一者，凭疾控部门或结核病专科医院证明可开具复学证明：

①菌阳肺结核患者至少经过两个月的规则治疗，症状减轻或消失，胸部 X 线病灶明显吸收，连续 3 次痰涂片检查均阴性（每次痰涂片检查的间隔时间至少满 1 个月）。

②菌阴肺结核患者经过两个月的规则治疗，症状减轻或消失，胸部 X 线病灶明显吸收，空洞缩小或闭合，连续 3 次痰涂片检查均阴性（每次痰涂片检查的间隔时间至少满 1 个月）。

2. 病毒性肝炎中的甲、戊型这两种肝炎是通过粪口密切接触传播的，需要休学隔离治疗，治疗待症状消失、肝功能正常，凭县级医院以上治愈证明，即可复学

3. 其他患有经有关部门鉴定无法在校学习的疾病，应劝其退学。患有精神病的学生，经省级精神卫生医疗机构确诊后，由二级学院立即通知家长酌情办理休学或退学

在休学期间学生不得以任何理由返回学校就读或宿舍居住，属传染病的如拒绝隔离治疗或隔离期未满擅自脱离治疗，将负相关责任。传染病病人及亲属和相关单位以及同学或学生组织有配合实施传染病控制的法律义务。

九、正常的医疗秩序

学校医院是维护学校正常教学的医疗保障单位，任何个人及团体不得阻碍正常医疗活动的开展，尊重医护人员，不得在医院内聚众吵闹。如有类似情况按扰乱正常教学秩序论处，情节严重移送公安机关处理。

十、校医院急救电话

校医院急救电话：0791—83903120。

十一、校医院服务投诉电话

见门诊大厅电子屏。

附：中国公民健康素养 66 条

（1）健康不仅仅是没有疾病或虚弱，而是身体、心理和社会适应的完好状态。

（2）每个人都有维护自身和他人健康的责任，健康的生活方式能够维护和促进自身健康。

（3）健康生活方式主要包括合理膳食、适量运动、戒烟限酒、心理平衡 4 个方面。

（4）劳逸结合，每天保证 7～8 小时睡眠。

（5）吸烟和被动吸烟会导致癌症、心血管疾病、呼吸系统疾病等多种疾病。

（6）戒烟越早越好，什么时候戒烟都为时不晚。

（7）保健食品不能代替药品。

（8）环境与健康息息相关，保护环境促进健康。

（9）献血助人利己，提倡无偿献血。

（10）成人的正常血压为收缩压低于 140 毫米汞柱，舒张压低于 90 毫米汞柱；腋下体温 36℃～37℃；平静呼吸 16～20 次 / 分；脉搏 60～100 次 / 分。

（11）避免不必要的注射和输液，注射时必须做到一人一针一管。

（12）从事有毒有害工种的劳动者享有职业保护的权利。

（13）接种疫苗是预防一些传染病最有效、最经济的措施。

（14）肺结核主要通过病人咳嗽、打喷嚏、大声说话等产生的飞沫传播。

（15）出现咳嗽、咳痰两周以上，或痰中带血，应及时检查是否得了肺结核。

（16）坚持正规治疗，绝大部分肺结核病人能够治愈。

（17）艾滋病、乙肝和丙肝通过性接触、血液和母婴三种途径传播，日常生活和工作接触不会传播。

（18）蚊子、苍蝇、老鼠、蟑螂等传播疾病。

（19）异常肿块、腔肠出血、体重减轻是癌症重要的早期报警信号。

（20）遇到呼吸、心搏骤停的伤病员，可通过人工呼吸和胸外心脏按压急救。

（21）应该重视和维护心理健康，遇到心理问题时应主动寻求帮助。

（22）每个人都应当关爱、帮助、不歧视病残人员。

（23）在流感流行季节前接种流感疫苗可减少患流感的机会或减轻流感的症状。

（24）妥善存放农药和药品等有毒物品，谨防儿童接触。

（25）发生创伤性出血，尤其是大出血时，应立即包扎止血；对骨折的伤员不应轻易搬动。

（26）勤洗手、常洗澡，不共用毛巾和洗漱用具。

（27）每天刷牙，饭后漱口。

（28）咳嗽、打喷嚏时遮掩口鼻，不随地吐痰。

（29）不在公共场所吸烟，尊重不吸烟者免于被动吸烟的权利。

（30）少饮酒，不酗酒。

（31）不滥用镇静催眠药和镇痛剂等成瘾性药物。

（32）拒绝毒品。

（33）使用卫生厕所，管理好人畜粪便。

（34）讲究饮水卫生，注意饮水安全。

（35）经常开窗通风。

（36）膳食应以谷类为主，多吃蔬菜水果和薯类，注意荤素搭配。

（37）经常食用奶类、豆类及其制品。

（38）膳食要清淡少盐。

（39）保持正常体重，避免超重与肥胖。

（40）生病后要及时就诊，配合医生治疗，按照医嘱用药。

（41）不滥用抗生素。

（42）饭菜要做熟，生吃蔬菜水果要洗净。

（43）生、熟食品要分开存放和加工。

（44）不吃变质、超过保质期的食品。

（45）妇女怀孕后及时去医院体检，孕期体检至少 5 次，住院分娩。

（46）孩子出生后应尽早开始母乳喂养，6 个月合理添加辅食。

（47）儿童青少年应培养良好的用眼习惯，预防近视的发生和发展。

（48）劳动者要了解工作岗位存在的危害因素，遵守操作规程，注意个人防护，养成良好习惯。

（49）孩子出生后要按照计划免疫程序进行预防接种。

（50）正确使用安全套，可以减少感染艾滋病、性病的危险。

（51）发现病死禽畜要报告，不加工、不食用病死禽畜。

（52）家养犬应接种狂犬病疫苗；人被犬、猫抓伤、咬伤后，应立即冲洗伤口，并尽快注射抗血清和狂犬病疫苗。

（53）在血吸虫病疫区，应尽量避免接触疫水；接触疫水后，应及时预防性服药。

（54）食用合格碘盐，预防碘缺乏病。

（55）每年做 1 次健康体检。

（56）系安全带（或戴头盔）、不超速、不酒后驾车能有效减少道路交通伤害。

（57）避免儿童接近危险水域，预防溺水。

（58）安全存放农药，依照说明书使用农药。

（59）冬季取暖注意通风，谨防煤气中毒。

（60）需要紧急医疗救助时拨打 120 急救电话。

（61）能看懂食品、药品、化妆品、保健品的标签和说明书。

（62）会测量腋下体温。

（63）会测量脉搏。

（64）会识别常见的危险标识，如高压、易燃、易爆、剧毒、放射性、生物安全等，远离危险物。

（65）抢救触电者时，不直接接触触电者身体，会首先切断电源。

（66）发生火灾时，会隔离烟雾、用湿毛巾捂住口鼻、低姿逃生；会拨打火警电话119。

学生体检制度及健康档案管理暂行办法

第一条　为了切实做好学生在校期间的健康管理，明确学校在学生健康管理方面的责任，对疾病做到提前预防、提前治疗，消除安全隐患，特制定本办法。

第二条　本办法依据《中华人民共和国教育法》《中华人民共和国传染病防治法》《学校体育运动风险防控暂行办法》《学校卫生工作条例》《普通高等学校招生体检工作指导意见》《预防性健康检查管理办法》《医疗事故处理条例》《招生体检医学建议书制度》等法律法规制定。

第三条　建立学生体检制度。

（1）新生体检。新生入校后，在第一个月内要进行身体的全面检查，校医院要将检查的情况以书面的形式告知学生本人和所在学院。

（2）心理普查。新生入校后，在前两个月内要安排心理健康普查，普查结果应以书面的形式告知学生所在学院。心理健康教育与咨询中心依据心理普查的结果组织心理咨询约谈，进一步排查心理疾病。

（3）高原地区学生体检。对来自高原地区的学生，老生每年春季开学在校医院进行一次健康专项体检，新生每年秋季入校时进行一次健康专项检查。检查内容主要包括心电图、血液分析、肝功能、肾功能、血糖、血脂、血压等，检查情况应告知学生本人和所在学院。

（4）体育运动体检。学生在参加学校、学院等组织的体育赛事前，应主动进行心脑血管等方面的体检，体检不合格的学生不能参加任何运动量较大的体育项目。

第四条　建立学生健康管理档案。学生入校后，各二级学院（部）要根据校医院的体检报告、学生的身体情况和心理普查结果，建立学生个人健康档案，档案不仅要包括学生体检、既往病史、学生家族病史和心理健康档案等基本情况，还要包括在校期间严重伤病情况、因病休学、复学以及心理咨询约谈情况等。

第五条　对于体检中发现的疾病，应及时告知学生家长，积极配合治疗。

第六条　建立重点学生跟踪制度。二级学院（部）对患有心脑血管疾病、心理疾病、传染疾病的学生要重点关注，并督促学生及时复查。

第七条　校医院、学工处（部）、各二级学院（部）要定期开展健康知识宣传，加强学生对常见病、传染病等的了解和预防。

第八条　体检中发现异常，经诊断不宜在校学习的学生，应根据规定办理休学。

第九条　学生体检后，学校及时进行数据的汇总和分析，对存在的突出问题要有针对性地制定预防措施。体检中如果发现传染病，校医院应该按照《中华人民共和国传染病防治法》的有关要求，向主管单位及时上报。

CHAPTER 23　心理健康教育

心理咨询预约制度

为规范心理咨询服务，合理安排咨询时间，保障咨询效果，更好地服务来访学生，学工处（部）心理健康教育与咨询中心（简称“心理中心”）实行心理咨询预约登记制度，具体规定如下：

（1）学生面谈咨询可以提前预约：

①本人预约：来访者到心理中心（29 栋 02S、29 栋 02T）登记预约。

②电话预约：来访者致电心理中心进行预约。咨询电话：0791—87713613。

③微信公众平台预约：微信公众号搜索“南昌工学院学工处”，然后点击进入学工服务 / 心理咨询预约即可预约咨询。

④ QQ 预约：可通过 QQ1612040974 进行预约。

⑤登录“朗心”心理服务平台（http://218.204.129.251:8088/user/web-v2/），账号为“学号”，密码为“出生年月日”，例如：2002502。

⑥心理危机干预绿色通道（24 小时）。

许老师 QQ：643224468　　赵老师 QQ：934452003　　张老师 QQ：815436628

罗老师 QQ：1429319351　　吴老师 QQ：1165593886　　周老师 QQ：1909945141

杨老师 QQ：944491337　　徐老师 QQ：1512447717

（2）为防止重复预约的现象发生，来访者如需指定某位咨询老师，需由工作人员与咨询老师协商后方能确定。

（3）如果咨询老师在咨询时间有事耽误，需提前告知来访学生并确定下次预约时间。

（4）学生可登录学校官网，点击进入学工处（部）/ 心理咨询网页，查看心理咨询服务的相关情况。

（5）预约者应客观如实地填写预约咨询的各项内容。

（6）心理咨询的服务理念：自愿、尊重、平等、保密。

（7）学校心理咨询服务时间：8:20 ～ 11:30，14:00 ～ 17:00 。

班级心理委员管理办法

一、班级心理委员

班级心理委员是南昌工学院心理健康教育工作四级网络体系的重要组成部分，是沟通学生、辅导员、学院以及心理健康教育与咨询中心（简称“心理中心”）的桥梁和纽带，也是学生心理素质教育和危机干预的重要力量。

二、班级心理委员的工作职责

（1）积极参加学校心理中心组织的心理健康知识培训和各项校园文化活动，不断提高自身的身心健康素质，提升工作技能和水平，努力成为校园宣传心理健康知识和理念的重要力量。

（2）制订本班心理健康教育工作计划。

（3）根据本班级的实际情况，因地制宜地开展相关的心理健康教育活动，帮助全班同学培养良好的心理素质，协助辅导员开展心理健康教育活动。

（4）宣传和普及心理健康知识，及时到心理中心领取有关心理健康指导的宣传资料，向学生传达心理中心发布的心理健康教育信息，向班级同学宣讲心理健康知识，帮助同学们理解心理健康与心理咨询的基本常识。

（5）向学院反馈本班同学心理状况，及时发现重大心理变故与行为异常者，上报辅导员、学院心理健康教育兼职教师及心理中心老师，定期填写“班级心理信息反馈表”并上交给学院的心理健康教育兼职教师。

三、班级心理委员的选拔、学习、考核

（1）班级心理委员由辅导员推荐或者在班级竞选产生，被推荐学生要求品学兼优，心理素质良好，在班级里有一定的群众基础，乐于助人，对心理学感兴趣。有明显心理问题倾向的学生不宜担任班级心理委员。

（2）受推荐的班级心理委员，必须参加心理中心组织的相关培训；在培训结束后由心理中心进行考核，考核通过并且达到学院心理健康教育兼职教师的工作考评要求者，颁发班级心理委员结业证书。

（3）班级心理委员原则上不允许更改，因特殊原因不能继续担任班级心理委员，应及时向所在班辅导员说明情况，辅导员需要另行推荐人选，报学院心理健康教育兼职教师备案，并重新参加相关学习。

四、奖励与处罚

（1）采取学期考评与学年总评相结合的办法，总成绩由培训后考核成绩加工作表现成绩构成，总成绩优异者推荐评选校优秀学生干部。

（2）在重大心理危机事件中，表现优秀，发挥积极作用的班级心理委员，将由心理中心上报有关上级部门，特别给予奖励。

（3）班级心理委员应该认真履行工作职责，发挥心理保健的功能。对于违反班级心理委员管理办法相关条例的同学，根据情况将予以撤销其班级心理委员的资格。

关于进一步完善心理健康五级网络体系的实施办法

第一章　总　则

第一条　为深入学习习近平新时代中国特色社会主义思想，贯彻《教育部等十七部门关于印发〈全面加强和改进新时代学生心理健康工作专项行动计划（2023—2025年）〉的通知》（教体艺〔2023〕1号）文件精神，落实江西省人民政府办公厅《关于加强和改进新时代学生心理健康教育工作实施方案》，进一步健全和完善学校“五育创五心，三全育全人”（五育创五心指：“以德育心”“以智慧心”“以体健心”“以美润心”“以劳强心”；三全育全人指：全员、全方位、全过程育全面发展的人，或者潜能得到充分发挥的人）心理育人体系，提升学生心理素质，促进大学生心理健康成长，结合南昌工学院实际，制定本实施办法。

第二条　本办法适用于南昌工学院所有在籍在册本、专科学生。

第三条　心理健康五级网络体系是指“学校—中心—学院—班级—宿舍”开展心理健康教育和预警工作的机构或人员。具体包括：学校心理健康教育与心理危机干预领导小组（以下简称“领导小组”）、学工处（部）心理健康教育与咨询中心（以下简称“中心”）、学院心理辅导站、班级心理委员和宿舍心理互助志愿者。

第四条　健全心理健康五级网络体系旨在落实层级责任，推动形成统一领导、上下联动、运转高效的心理育人机制，保证心理健康教育全覆盖、分层次、有重点，对学生心理异常情况做到早发现、早预防、有效干预，形成全员关心、全员参与心理健康教育的工作氛围，引导学生提高心理健康素质，培育自尊自信、理性平和、积极向上的健康心态，努力成长为担当民族复兴大任的时代新人。

第二章　机构设置与管理

第五条　学校成立心理健康教育与心理危机干预领导小组。领导小组由学校分管学生工作的校领导任组长，成员由各二级学院党政负责人和各职能部门负责人组成，设立领导小组办公室，办公室设在学工处（部）。

领导小组负责统筹、协调、指导、检查、监督全校学生心理健康教育工作；负责加强与驻地文明办、卫生健康、公安等部门及精神卫生专业机构的沟通协作，建立联防联控机制；领导学生心理危机预警及干预工作，对严重心理危机事件做出处理决策；办公室负责制定和完善学校心理健康教育工作制度。

第六条　学工处（部）设立心理健康教育与咨询中心。中心由心理咨询中心和心理健康教育教研室组成，具体人员配置依据教育厅、学校有关制度执行。

中心负责按照领导小组的工作要求，制订心理健康教育工作计划并组织实施；负责心理健康教育相关课程的教学组织与管理工作，开展心理健康教育工作研究；负责组织开展心理健康宣传教育活动，指导学校学生组织开展工作；负责组织安排心理健康普查工作，建立学生心理档案；负责汇总心理异常学生信息，建立“重点关注学生信息库”，做好后续跟踪及心理辅导；负责组织开展心理咨询、团体辅导、医校合作工作；负责指导学院心理辅导站工作，组织开展学院心理辅导站负责人和骨干成员培训；建立心理健康数据安全保护机制，遵循保密原则，保护学生隐私，杜绝信息泄露。

第七条　学院设立心理辅导站。站长由分管学生工作的院领导担任，成员由学院心理兼职教师、辅导员、班主任、学院学生组织、班级心理委员和宿舍心理互助志愿者组成。

心理辅导站负责按照学校心理健康教育工作计划要求，制订并实施学院心理健康教育工作计划；负责结合学院实际与特点，建立完善学院辅导站工作制度；负责心理育人场地建设，为学院日常心理辅导提供场所，做好工作记录；负责指导学院学生组织开展宣传教育和朋辈辅导；负责结合年级、专业特点，组织开展心理团体活动；负责组织完成心理健康普查，建立并完善学生心理问题早期预警机制；负责心理危机学生全程监护和转介工作，按规定及时汇报和处理突发心理危机事件，遵循保密原则，保护学生隐私，杜绝信息泄露。

第八条　班级设置两名心理委员（男女各 1 名），由群众基础好、责任心强、热心班级心理健康工作的学生担任。心理委员可优先加入校院两级心理学生组织。

班级心理委员负责安排制订班级心理健康活动计划；负责组织同学积极参与学校、学院、班级组织的心理健康教育活动及班级团体辅导活动；负责宿舍心理互助志愿者的日常管理；关心了解同学的情绪、心理状况等，及时向辅导员、班主任或学院心理辅导站反馈信息；开展朋辈心理辅导，主动帮助同学解决日常学习和生活中出现的心理困扰，遇有问题严重或表现异常的情况及时向学院辅导员或学校心理咨询中心反映；协助学院心理辅导站做好本班重点关注学生的日常关注、资料收集和信息反馈；积极参与学院心理辅导站相关培训，不断提高心理健康知识水平；严格遵守保密原则，自觉保护同学隐私，切实维护同学的人格尊严和合法权益。

第九条　宿舍设置 1 名宿舍心理互助志愿者，由宿舍长兼任。心理互助志愿者可优先加入校院两级心理学生组织。

宿舍心理互助志愿者负责了解宿舍成员的心理动态，特别是要关注近期受重大事件影响的同学，发现异常情况及时向班级心理委员、辅导员、班主任或学院心理辅导站汇报；协助班级心理委员组织开展心理健康教育活动，宣传心理健康知识，增强同学的心理健康意识，营造和谐融洽的宿舍氛围；协助学院心理辅导站、班级心理委员做好本宿舍重点关注学生的日常关注和信息反馈；积极参加学校及学院组织的相关培训，不断提高心理健康水平和助人技巧，促进自我成长；严格遵守保密原则，自觉保护同学隐私，切实维护同学的人格尊严和合法权益。

第三章　附　则

第十条　本办法自发布之日起施行。

第十一条　本办法由学工处（部）负责解释。

CHAPTER 24 创新创业

大学生创业孵化基地管理办法（暂行）

为鼓励学生开展创新创业实践活动，进一步引导和支持大学生自主创业，优化创业环境，为入驻南昌工学院大学生创业孵化基地（以下简称“孵化基地”）的创业工作室提供服务，保证孵化基地各项工作有序开展，特制定本管理办法。

第一章 总 则

第一条 孵化基地以扶持大学生自主创业为核心目标，为学校创新创业教育提供实践环境，为大学生自主创业提供指导与服务。

第二条 南昌工学院在校生组建的创业工作室可申请入驻孵化基地。

第二章 组织机构与职责

第三条 孵化基地在学校创新创业领导小组的领导下，由招生就业处负责相关管理工作。其职责包括：

（1）由实验实训中心牵头规划出各学院创新创业场地后交由招生就业处统筹分配孵化基地工作室办公场地。

（2）代表学校与创业工作室签订相关入驻协议，办理入驻与退出孵化基地的相关手续。

（3）掌握国家、省、地方以及南昌工学院大学生创业政策，聘请校内外专家、专业教师、创业人士等，为入驻创业工作室提供创业咨询和指导服务。

（4）积极争取省、市、区有关单位对大学生创业的优惠扶持政策及扶持资金。

（5）负责与政府以及企业间的合作，协调相关单位为入驻创业工作室办理工商注册登记等有关手续。

（6）负责对入驻创业工作室进行全程管理、监督和考核，防止其出现停滞运营或擅自改变创业项目等违规行为，对于经营不善、管理混乱的创业工作室进行清退。

（7）负责对外宣传，组织入驻创业工作室参加校内外各种交流活动。

第三章 入驻条件与审批程序

第四条 入驻条件：

（1）创业工作室负责人及其成员必须为南昌工学院在校生，学习成绩良好，无任何违反校规校纪现象。

（2）创业工作室负责人开展创业实践活动需经过家长同意，原则上一年级学生不能担任负责人。

（3）创业工作室必须有明确的创业项目，项目应具有一定的创新性或良好的市场潜力，创业项目应符合国家相关政策。

（4）创业工作室须有一定的项目启动资金和具备承担风险的能力，须自行邀请一位以上在校教职工作为指导教师。

（5）创业工作室能够自觉接受并遵守孵化基地的各项管理制度，确保项目在孵化期间正常运营。

第五条　入驻审批程序：

（1）创业工作室提供入驻申报材料，包括入驻申报书、工作室章程和相关管理规章制度、负责人和成员简历及身份证复印件等材料，创业工作室是法人实体，需提供营业执照证书复印件。

（2）招生就业处会同相关部门对创业工作室提交的申报材料组织相关人员进行评审，将符合入驻条件的创业工作室报创新创业领导小组办公室审批。

（3）确定入驻的创业工作室与招生就业处签订入驻协议，学习孵化基地管理办法，并办理其他相关手续。

（4）确定入驻的创业工作室在招生就业处的指导下，10 天内完成创业工作室的装修装饰，经检查合格，5 天内正式开展创业活动，否则视为自动放弃。

第四章　创业工作室的管理

第六条　运营管理：

（1）创业工作室入驻后，必须按照申报项目依法开展创业活动，在运营过程中自主经营、独立核算、自负盈亏，独立承担民事责任。

（2）创业工作室成员在孵化基地期间，其人身安全、财产安全、经营风险等自行负责，与本办法中提及的其他各方无关。

（3）创业工作室不得超出业务范围进行经营，需要拓展经营项目时需另行向招生就业处提交书面申请。

（4）创业工作室必须积极配合孵化基地的来访考察、项目路演、创新创业赛事、安全卫生检查等活动。

（5）创业工作室在入驻孵化基地后，因发展需对工作室装修装饰进行改造时，必须向招生就业处提出书面申请并经相关部门审批通过后方可实施。

（6）创业工作室须按招生就业处要求及时提交不涉及经营秘密的运营报表、数据及报告，并确保其真实有效，支持学校完成相关统计工作。

（7）创业工作室须按要求参加招生就业处组织的考核评审，结合日常考核和期末评审，学校将对优秀创业工作室予以表彰。

（8）创业工作室要积极参加学校和省市组织的各类创新创业活动；被邀请去校外参加活动的，需提前向招生就业处报备，并得到相关部门批准后方可进行。

第七条　场地管理：

（1）创业工作室不得将办公场地转让、转借或擅自调换使用人；不得利用办公场地进行非法活动。

（2）创业工作室应在各自指定区域内经营，不得私自占用孵化基地的其他工作室或公共区域。

（3）创业工作室需对工作室进行布置，制作“工作室简介、Logo、商业模式、经营范围、科研成果”等宣传板并挂墙展示。

（4）创业工作室成员不得在孵化基地内大声喧哗或是从事干扰其他团队工作的任何事宜。

（5）因经营管理不当，造成公共物品丢失或损坏，创业工作室须及时报告招生就业处并按照原价赔偿。

第八条　卫生安全管理：

（1）创业工作室应每天做好各自区域以及对应公共区域的卫生清扫工作，始终保持场地环境幽雅、卫生清洁。

（2）创业工作室必须严格遵守孵化基地作息时间，离开场地须及时关闭电源，锁好门窗。

（3）因创业工作室成员管理不当，造成安全事故，损失由工作室全部承担，后果严重的，依法追究其法律责任。

（4）创业工作室应无条件遵守南昌工学院及孵化基地制定的其他安全、环卫、消防等各项规定。

第五章　创业工作室的考核

第九条　考核办法。

创业工作室考核分为日常考核和学期评审两部分，日常考核贯穿整个协议期，学期评审于每年的 6 月和 12 月进行。

第十条　考核结果的效用：

（1）中止或缩减孵化期。如果任一项一级考核指标总分小于该项总分的 60%，每有一项缩减三个月的孵化期；如果考核总分小于 60 分，学校可终止孵化协议。

（2）评比表彰。依据考核结果，评选优秀创业工作室和创业新星，并给予奖励，同时根据学校相关规定，给予相应的学分抵免。

（3）其他用途。组织考核评比中的优秀团队到校外进行考察学习。

第六章 创业工作室的退出

第十一条 孵化期满退出：

（1）入驻孵化基地的创业工作室，原则上孵化期为两年。孵化期期满后，办理相关手续，自动退出。

（2）如确有需要继续孵化的创业工作室，允许其重新申请入驻，但需重新参加遴选评审。

第十二条 主动申请退出。

因入驻创业工作室内部问题，工作室负责人提出退出申请，经招生就业处审核，终止协议，办理相关手续，方可退出。

第十三条 孵化成功提前退出。

创业工作室孵化成功，工作室负责人提出退出申请，经招生就业处审核，终止协议，办理相关手续，可提前退出。

第十四条 勒令退出。

创业工作室若出现以下问题，招生就业处有权直接终止孵化协议，办理相关手续，勒令退出。

（1）创业项目失败或终止。

（2）工作室负责人毕业离校一年（含一年）以上。

（3）经考核评审认定为不合格的。

（4）屡次或严重违反孵化基地管理规章制度。

（5）其他不宜留在孵化基地的情况。

第十五条 入驻创业工作室须在收到“退出通知书”后的10日内，撤出设备，清理场地，并办理有关手续。逾期不退出者，孵化基地将从逾期之日起按标准收取场地租赁费、管理费或处以相应罚金。

第十六条 入驻创业工作室若违反本办法的相关规定，学校可对其进行批评教育或按章处罚。因履行过程中产生的争议、纠纷，经各方协调无果时，可提请当地法院进行诉讼。

第七章 附 则

第十七条 本办法适用范围为南昌工学院大学生创业孵化基地，以及其中的入驻工作室。

第十八条 在南昌工学院校内非入驻孵化基地的创新创业工作室由项目负责人所在学院具体管理，可参照本管理办法执行。

第十九条 本办法自发布之日起执行，由创新创业领导小组办公室负责解释。

大学生创业孵化基地入驻工作室考评细则

表 24-1

一级指标	二级指标	分值	评分标准（单项分值扣完为止）
日常管理（20 分）	日常会议参会情况	5	会议不得迟到、缺席。违者每人次扣 0.5 分
	值班考核情况	7	须提交工作室值班时间安排表，管理人员实行不定期检查。每查到一次应到而未到的情况，扣 0.5 分
	活动参与情况	8	积极参加各类相关活动，不得迟到、缺席。违者每人次扣 1 分
场地布置卫生情况（15 分）	工作室宣传展示	4	按规定对创业工作室进行布置，制作宣传板并挂墙展示，定期对宣传板进行擦拭保持清洁。未按规定实施者酌情扣 1 ～ 4 分
	工作室卫生	6	1. 保持办公桌面清洁整齐、不摆放与工作无关的物品。违者每次扣 0.5 分 2. 保持室内卫生，垃圾及时清理。违者每次扣 0.5 分 3. 工作时间不得在室内停放摩托车、电动车、自行车等交通工具。违者每次扣 0.5 分
	公共区域卫生	5	1. 禁止将摩托车、电动车、自行车等交通工具停放在基地公共区域。违者每次扣 0.5 分 2. 保持公共区域卫生整洁。违者每次扣 0.5 分。 3. 保持店面外墙、窗户、玻璃门清洁卫生。违者每次扣 0.5 分
安全情况（10 分）	营运项目安全性	5	团队运营项目过程中不得危害他人和学校的利益，不得造成不良社会影响。影响仅涉及校内的，酌情扣 1 ～ 3 分；影响涉及校外的，酌情扣 3 ～ 5 分
	设施设备安全性	5	1. 定期对各种设备进行全面检查，保证安全。被发现存在安全隐患的每次扣 2 分，发生安全事故的扣 5 分 2. 注意防火防盗，确保用电安全。被发现存在安全隐患的每次扣 2 分，发生安全事故的扣 5 分
材料上报（15 分）	季度运营报告	7	每季度末上交一份月度运营报告。逾期未交者，每次酌情扣 2 ～ 7 分
	学期评审材料	8	每学期末提交团队人员名册、内部管理制度、学期工作总结、下学期工作计划、学期运营报告，以及其他要求提供的材料。逾期未交者酌情扣 5 ～ 8 分

续表

一级指标	二级指标	分值	评分标准（单项分值扣完为止）
配合工作（15分）	服从学校相关部门管理	5	服从二级学院、招生就业处、实验实训中心等其他职能部门的管理。违者酌情扣1～5分
	服从孵化基地管理	5	服从孵化基地的日常管理，配合其工作开展。违者酌情扣1～5分
	提供建设性意见	5	为学校创新创业教育提供宝贵意见。由管理部门依据意见的提供和采纳情况酌情打分
期末评审（25分）	制度文化建设	5	组织制度健全、有团队文化。依据期末评审情况酌情打分
	工作实施监控	6	有计划、有目标、有过程监控。依据期末评审情况酌情打分
	盈利状况分析	6	经营状况真实可信，财务管理规范。依据期末评审情况酌情打分
	创新举措	4	有产品开发新技术、商业运营新模式。依据期末评审情况酌情打分
	创业成果展示	4	创造了一定经济或社会效益。依据期末评审情况酌情打分

附 录

《中华人民共和国高等教育法》

http://www.moe.gov.cn/jyb_sjzl/sjzl_zcfg/zcfg_jyfl/202204/t20220421_620257.html

《中华人民共和国学位条例暂行实施办法》

http://www.moe.gov.cn/jyb_sjzl/sjzl_zcfg/zcfg_jyxzfg/202204/t20220422_620528.html

《普通高等学校学生管理规定》

http://www.moe.gov.cn/srcsite/A02/s5911/moe_621/201702/t20170216_296385.html

《学生伤害事故处理办法》

http://www.moe.gov.cn/jyb_xxgk/xxgk/zhengce/guizhang/202112/t20211206_585115.html

《高等学校学生行为准则》

http://www.moe.gov.cn/jyb_xxgk/gk_gbgg/moe_0/moe_495/moe_1073/tnull_11916.html

《国家教育考试违规处理办法》

http://www.moe.gov.cn/jyb_xxgk/xxgk/zhengce/guizhang/202112/t20211206_584999.html

《应征入伍服义务兵役高等学校在校生学费补偿国家助学贷款代偿及退役复学后学费资助暂行办法》

http://www.moe.gov.cn/jyb_xxgk/moe_1777/moe_1779/201110/t20111019_130088.html

《江西省高等学校毕业生学费和国家助学贷款代偿暂行办法》

http://jyt.jiangxi.gov.cn/art/2017/4/6/art_25937_1517178.html

《江西省学校学生人身伤害事故预防与处理条例》

http://jyt.jiangxi.gov.cn/art/2016/8/9/art_25505_1725701.html

《江西省生源地信用助学贷款实施方案》

http://jxf.jiangxi.gov.cn/art/2009/9/9/art_39218_2531916.html